互联网金融

贾 焱 编著

北京理工大学出版社
BEIJING INSTITUTE OF TECHNOLOGY PRESS

版权专有　侵权必究

图书在版编目（CIP）数据

互联网金融/贾焱编著．—北京：北京理工大学出版社，2018.2（2022.2重印）
ISBN 978 – 7 – 5682 – 5025 – 2

Ⅰ．①互…　Ⅱ．①贾…　Ⅲ．①互联网络 – 应用 – 金融 – 研究　Ⅳ．①F830.49

中国版本图书馆 CIP 数据核字（2017）第 298713 号

出版发行 / 北京理工大学出版社有限责任公司
社　　址 / 北京市海淀区中关村南大街 5 号
邮　　编 / 100081
电　　话 / （010）68914775（总编室）
　　　　　（010）82562903（教材售后服务热线）
　　　　　（010）68944723（其他图书服务热线）
网　　址 / http：//www.bitpress.com.cn
经　　销 / 全国各地新华书店
印　　刷 / 北京虎彩文化传播有限公司
开　　本 / 787 毫米 × 1092 毫米　1/16
印　　张 / 16.5　　　　　　　　　　　　　　　　　责任编辑 / 刘永兵
字　　数 / 400 千字　　　　　　　　　　　　　　　文案编辑 / 刘永兵
版　　次 / 2018 年 2 月第 1 版　2022 年 2 月第 5 次印刷　责任校对 / 周瑞红
定　　价 / 45.00 元　　　　　　　　　　　　　　　责任印制 / 李　洋

图书出现印装质量问题，请拨打售后服务热线，本社负责调换

前　言

互联网金融是指传统金融机构与互联网企业利用互联网技术和信息通信技术实现资金融通、支付、投资和信息中介服务的新型金融业务模式。2013年以来，我国的互联网金融发展十分迅速，给传统金融领域带来了强大的创新力。截至2016年年底，我国互联网金融总交易规模超过12万亿元，接近GDP总量的20%，互联网金融用户人数超过5亿元，位列世界第一。大数据、云计算、移动支付的兴起以及众筹平台、P2P平台的迅速崛起，给传统运营模式带来了翻天覆地的变化。互联网与金融的深度融合，拓宽了金融产品的营销渠道、丰富了资金支付方式，这些转型和升级也为金融的教育、科研和人才培养提出了相应的要求。现阶段金融类专业的教学迫切需要改革和创新，拓宽学生的知识广度。为此，我们组织编写了这本《互联网金融》。

本书依照互联网金融的发展方向，结合学生的认知水平以及技能、兴趣，采用任务导向系统化的编写思路，设置了三个模块十个项目的内容。

模块一：互联网金融概述。介绍了互联网金融的内涵及特点，并分析了传统金融的互联网化，使读者能够快速建立起对互联网金融的整体概念。

模块二：互联网金融业务模式。介绍了第三方支付、P2P网络借贷、众筹融资、大数据金融等互联网金融的常见业务模式。针对每一种业务，都给出了具体的业务流程及典型案例，使读者能够全面、具体地认知互联网金融业务。

模块三：互联网金融风控与监管。介绍了互联网金融面临的风险种类以及控制风险的方法，并对监管原则和方法进行了具体的阐述。

本书的主要特点如下：

第一，在写作思路上，本书注重理论与实践相结合。除了在书中穿插实际的案例外，还在部分章节中安排了实操内容。

第二，在内容安排上，设置了任务描述、任务分析、任务实施、拓展阅读、同步测试等。在每个任务学习之余，设置了丰富的习题，以巩固所学知识。力图通过任务导向型、系统化的学习模式，实现对学生的知识和技能培养，增强其就业竞争力。

第三，在表现形式上，本书利用信息化工具进行创新，将丰富的案例或有关新闻转化成二维码的形式，方便学生在手机上观看。

第四，在写作风格上，本书力求通俗易懂和简洁明了，以实例配合深入浅出的讲解来阐明复杂的问题。

由于编著者水平和经验的局限性，书中难免存在疏漏和错误之处，恳请读者和同行批评指正。

编著者

目 录

模块一

项目一 互联网金融概论 ……………………………………………………… (3)

  任务一 互联网金融概况 ……………………………………………………… (4)

    一、互联网金融的起源和发展 ………………………………………………… (5)

    二、互联网金融的特点 ………………………………………………………… (6)

  任务二 互联网金融的主要模式和新业态 …………………………………… (8)

    一、互联网金融的主要模式 …………………………………………………… (9)

    二、互联网金融的新业态 ……………………………………………………… (12)

  任务三 互联网金融发展的基础及问题 ……………………………………… (15)

    一、互联网金融发展的基础 …………………………………………………… (15)

    二、互联网金融发展中存在的问题 …………………………………………… (17)

项目二 互联网金融与传统金融 ……………………………………………… (21)

  任务一 互联网金融与金融互联网的异同 …………………………………… (22)

    一、互联网金融和金融互联网的内涵 ………………………………………… (23)

    二、两种金融模式的比较 ……………………………………………………… (24)

  任务二 互联网金融与传统金融的异同 ……………………………………… (28)

    一、互联网金融与传统金融的区别 …………………………………………… (28)

    二、互联网金融与传统金融的相同点 ………………………………………… (29)

    三、传统金融与互联网金融的关系 …………………………………………… (30)

    四、互联网金融的 SWOT 分析 ………………………………………………… (31)

    五、互联网金融给传统金融带来的机遇与挑战 ……………………………… (34)

模块二

项目一 第三方支付 (41)

任务一 第三方支付概况 (43)
一、第三方支付的定义 (43)
二、第三方支付的背景 (44)
三、第三方支付的特点 (45)
四、第三方支付的分类 (45)
五、第三方支付的发展现状 (47)
六、第三方支付的交易流程 (47)

任务二 第三方支付的模式 (49)
一、第三方支付机构 (50)
二、第三方支付的运营模式 (50)
三、第三方支付的产业链 (51)
四、第三方支付与传统支付方式的对比 (54)

任务三 第三方支付风险分析及风险防范 (56)
一、第三方支付的主要风险 (56)
二、第三方支付风险的防范建议 (60)

任务四 第三方支付发展趋势 (63)
一、竞争激烈、监管趋严挤压行业利润 (63)
二、服务企业和垂直行业领域尚有深挖空间 (63)
三、从支付到多元金融服务 (64)

任务五 典型案例分析 (64)
一、支付宝 (64)
二、财付通 (66)

项目二 P2P网络借贷 (69)

任务一 P2P网络借贷概况 (70)
一、P2P网络借贷的起源与定义 (70)
二、P2P网络借贷的基本原理与业务流程 (72)
三、P2P网络借贷的发展历程 (74)
四、P2P网络借贷兴起的原因及特点 (76)

任务二 P2P网络借贷的运营模式 (77)
一、国外的P2P网络借贷模式 (77)
二、中国P2P网络借贷的运营模式 (82)

任务三 P2P网络借贷的风险分析 (88)

一、P2P 网络借贷的风险 ··· (89)
　　二、P2P 网贷平台在国内发展的问题 ··· (91)
　任务四　P2P 网络借贷的风险控制与监管 ·· (94)
　　一、P2P 网络借贷的内部风险控制 ··· (95)
　　二、P2P 网络借贷的外部监管 ·· (96)
　任务五　实操体验 ·· (99)
　　一、宜信"新新贷"产品的申请 ··· (99)
　　二、宜信"宜人贷""极速模式"操作实践 ·· (102)

项目三　众筹融资 ·· (106)
　任务一　众筹的概况 ··· (107)
　　一、众筹的发展 ·· (108)
　　二、众筹的内涵 ·· (110)
　　三、众筹的模式 ·· (111)
　任务二　股权众筹 ·· (113)
　　一、股权众筹的概念和特征 ·· (113)
　　二、股权众筹的运营模式 ··· (114)
　　三、股权众筹网站典型案例介绍 ·· (115)
　　四、股权众筹投资风险 ·· (117)
　任务三　非股权众筹 ··· (118)
　　一、非股权众筹的概念和特征 ··· (119)
　　二、非股权众筹的运营模式 ·· (120)
　任务四　众筹的风险分析 ··· (124)
　　一、非股权众筹的风险分析 ·· (125)
　　二、非股权众筹的风险防范措施 ·· (125)
　　三、股权众筹的风险分析 ··· (125)
　　四、股权众筹的风险防范措施 ··· (127)
　任务五　典型案例分析与实操体验 ··· (128)
　　一、融资者（项目方）撰写商业计划书，提出融资需求 ······························· (129)
　　二、选择股权众筹平台，完成用户注册 ·· (130)
　　三、发布股权众筹项目 ·· (130)
　　四、等待审核，根据审核结果修改完善商业计划书 ····································· (130)
　　五、投资人注册会员和预约认购 ·· (131)
　　六、众筹项目路演 ·· (131)
　　七、投资决策与项目认购 ··· (132)
　　八、签订投资协议 ·· (132)
　　九、项目分红查询及投资收益率测算 ··· (139)

项目四 大数据金融 (141)

任务一 大数据金融概况 (142)
一、大数据金融的含义 (142)
二、大数据金融的特点 (143)
三、大数据与金融结合的模式 (144)

任务二 大数据金融的运营模式 (145)
一、平台金融模式 (146)
二、供应链金融模式 (147)
三、大数据征信模式 (149)

任务三 大数据金融对金融业发展的影响 (153)
一、大数据金融带来的挑战 (153)
二、大数据金融带来的机遇 (155)

任务四 大数据金融的风险分析及防范 (157)
一、大数据金融的风险分析 (158)
二、大数据金融风险防范建议 (159)

项目五 互联网金融销售模式 (163)

任务一 互联网基金 (164)
一、互联网基金的概念及分类 (165)
二、互联网基金的特点及风险 (166)
三、互联网基金的主体架构和业务流程 (167)
四、互联网基金的影响 (167)
五、互联网基金的监管 (168)

任务二 互联网保险 (169)
一、互联网保险发展的缘由 (170)
二、互联网保险的特征 (171)
三、互联网保险平台简介及运营模式 (171)
四、互联网保险的法律监管 (172)

任务三 互联网证券 (174)
一、互联网证券概述 (175)
二、互联网证券的主要模式 (176)
四、传统券商的互联网化转型 (178)

任务四 智能理财 (180)
一、智能理财的概念及优势 (181)
二、智能理财产生的背景 (181)
三、智能理财在国内外的发展现状 (182)

任务五 典型案例分析与实操体验 (183)

项目六 互联网货币 (192)

任务一 互联网货币概况 (193)
一、互联网货币产生的背景 (194)
二、互联网货币的种类和特点 (195)
三、互联网货币的发展趋势 (197)

任务二 互联网货币的运营模式 (199)
一、特定平台上封闭运行的互联网货币运营模式 (199)
二、具有传统货币属性的互联网货币运营模式 (203)
三、互联网货币运营模式对经济体系的影响 (204)

任务三 互联网货币风险 (206)
一、互联网货币风险分析 (207)
二、互联网货币风险防范措施 (208)

任务四 典型案例分析与实操体验 (210)

项目七 信息化金融机构 (216)

任务一 信息化金融机构概况 (217)
一、信息化金融机构定义 (217)
二、金融机构信息化历程 (218)
三、信息化金融机构的特点 (218)

任务二 认识互联网银行 (220)
一、互联网银行的定义 (220)
二、互联网银行的种类 (221)
三、互联网银行的发展趋势 (222)

任务三 认识互联网证券 (226)
一、互联网证券的概念与影响 (226)
二、互联网证券交易流程 (227)
三、互联网证券的发展意义和发展趋势 (228)

任务四 认识互联网保险 (230)
一、互联网保险的概念 (231)
二、互联网保险产品创新的"四重境界" (231)
三、互联网保险的发展趋势 (232)

模块三

项目 互联网金融风险分析及风险管控 (239)
任务一 国内互联网金融风险的现状 (240)
一、金融风险的扩散速度较快 (240)

二、金融风险监管比较困难 …………………………………………………（240）
　　三、金融风险之间传染的概率较高 …………………………………………（241）

任务二　互联网金融中的主要风险分析 ………………………………………（241）
　　一、网络安全风险 ……………………………………………………………（241）
　　二、操作风险 …………………………………………………………………（242）
　　三、信用风险 …………………………………………………………………（243）
　　四、金融业务风险 ……………………………………………………………（243）
　　五、法律及声誉风险 …………………………………………………………（245）

任务三　互联网金融风险的管控分析 …………………………………………（246）
　　一、互联网金融风险的形成原因 ……………………………………………（246）
　　二、互联网金融风险防范与管控措施 ………………………………………（247）
　　三、促进我国互联网金融发展的建议 ………………………………………（248）

参考文献 ……………………………………………………………………………（252）

模块一

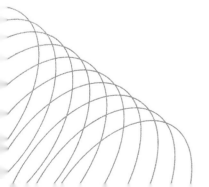

项目一

互联网金融概论

项目介绍

本项目首先介绍了互联网金融的起源、发展及特点,以及互联网金融的主要模式。在此基础上,介绍了互联网金融发展的基础,进而分析了互联网金融存在的问题。

知识目标

1. 了解互联网金融的定义;
2. 掌握互联网金融及互联网金融平台的主要特征;
3. 掌握国内外互联网金融发展概况;
4. 认识互联网金融给金融业带来的变革。

技能目标

1. 能够准确辨别互联网金融的本质及特征;
2. 掌握互联网金融的主要模式。

案例导入

大学生手机移动支付成主流　对互联网金融接受程度高

在校园中,大学生习惯使用手机付款而非传统的校园卡,对互联网金融接受程度高。浦发银行发布的业内首份《大学生金融知识及消费习惯调研报告》揭示了这一新特征。

这份调研报告从金融知识素养、金融消费行为、金融安全意识等多角度综合分析中国大学生的金融素养情况,为研究大学生群体对金融知识、行为和风险的了解,金融消费权益保护和规范的金融产品在大学生群体中进一步推广,提供了数据支持和思路拓展。

调研报告显示,大学生群体对于互联网金融的接受程度非常高。在互联网金融领域,蚂蚁金服花呗、微信和京东三大巨头已经成型，占据学生互联网金融支付和消费的绝对市场份额。有近六成的大学生以网购和移动支付为主，移动支付近几年来的迅猛普及使学生在校园中都习惯使用手机付款，而不是传统的校园卡。

对大学生信贷信用的调研显示，近六成的学生有意愿或使用过分期付款的购买方式，近三成的学生有意愿或使用过信用卡。有10%的学生在生活费有缺口时会考虑使用信用贷款，普遍获取的贷款额度在5 000元以下，有一半获得贷款的学生会使用其中40%~70%的额度。使用过信用贷款产品的学生中，有近10%的学生未还清贷款超过10 000元，另有33%的学生选择"拆东墙补西墙"的方式，从其他平台借钱还款。

调研报告指出，如何让持有信用贷款的学生正确地面对需求，引导其消费正规的金融信贷产品，并且在其整个贷款期限中控制风险，是大学生金融安全行为研究的要点。

调研报告还发现，大学生金融知识水平不受专业和学校层级影响，主要受个人兴趣和主动获取意愿影响。例如：北京某重点大学非财经类专业的学生，其金融知识水平可能尚不如普通民办院校的大专学生。大学生获得非专业金融知识的渠道主要来自互联网和自身社交圈，多为被动式获取，主动式获取的比例较低。在非财经类专业的受访者中，有10%表示对金融领域的知识完全没有兴趣，如何对这部分学生进行常规的金融知识普及是目前的一大痛点。

据悉，这份调研报告由浦发银行与专业调研公司合作完成，调研采用定量访问与定性访问相结合的方式，选取上海、北京、广州、沈阳、武汉、成都、郑州、西安等8个高校较为集中的城市，收集了近3 000个大学生样本。

（资料来源：http://newsxmwb.xinmin.cn/caijing/2017/08/24/31231737.html）

【自主思考】

互联网金融的发展给你的日常生活带来了哪些变化？

任务一　互联网金融概况

金融作为现代经济的核心，如何在互联网时代更好地发挥其功能，是值得探讨的现实命题。自2014年起，"互联网金融"一词开始席卷传统媒体和新兴的网络媒体，引起经济学家和社会公众的普遍关注，那该如何准确界定互联网金融呢？

任务描述

学生对互联网金融的起源、发展与特点进行学习和理解。

任务分析

进行相关知识的讲解学习和课堂互动。教师运用多媒体对互联网金融的起源、发展与特点的相关知识进行讲解，学生讨论和思考。

相关知识

在中国人民银行发布的《中国金融稳定报告（2014）》中，对互联网金融做出了解释和定义。报告称广义的互联网金融既包括作为非金融机构的互联网企业从事的金融业务，也包括金融机构通过互联网开展的业务。狭义的互联网金融则仅包括互联网企业开展的基于互联网技术的金融业务。

广义的互联网金融是泛指借助于互联网等新技术实现的资金融通，在这里互联网是工具、渠道、媒介，而互联网金融的本质仍是金融，即实现资金的融通。从这个意义上讲，互联网金融既包括传统金融的互联网技术化（即传统金融机构利用互联网技术所进行的业务模式创新），也包括互联网的金融化（即非金融机构借助于互联网技术进行金融活动）。而狭义的互联网金融仅指后者。基于广义理解，可把互联网金融界定为一种"金融行为"或"金融模式"，它不是固化的"金融业态"概念，而是传统的金融体系的动态创新变革与延伸。

互联网金融依托大数据、云计算和移动支付等信息技术及高度普及的互联网开展金融活动，深刻影响和改变着支付、信贷、证券和保险等传统的金融业务模式。总之，互联网金融是互联网技术与传统金融的结合，是借助于互联网和移动通信技术实现资金融通、支付和信息中介功能的新兴的金融服务模式。

一、互联网金融的起源和发展

互联网技术起源于 20 世纪 70 年代的美国，并在 20 世纪 90 年代开始广泛的商业化应用。在近 20 年的互联网高速发展期间，互联网对传统金融行业的影响和变革最终促使"互联网金融"这一概念在我国出现。

按照参与互联网金融活动的主导者，可以将互联网金融的发展大致分为两个阶段：第一阶段是互联网金融的起源阶段，即以传统金融行业互联网化为主导；第二阶段是大量互联网企业参与金融市场活动，是互联网金融快速发展阶段，促进了新的支付方式、投融资渠道和投融资方法的创新。

虽然西方发达国家尚无"互联网金融"的提法，但自 20 世纪 90 年代中期互联网技术真正被商业化应用开始，到 20 世纪 90 年代末互联网技术不断成熟和网速提高，互联网技术逐渐对传统金融行业产生了巨大影响。事实上，互联网金融起源于传统的金融机构——银行、保险和证券公司等将线下业务转移到线上的过程。1995 年 10 月美国的安全第一网络银行（Security First Network Bank，SFNB）的成立，标志着传统银行服务和产品从线下向线上的转移。

随后，理论界与金融界相继提出了电子金融（e-finance）、在线银行（online bank）、网络银行（network bank）等概念。其中电子金融概念较为宽泛且被广泛接受。电子金融是基于通信、信息网络以及其他网络的金融活动，包括在线银行、电子交易以及如保险、抵押贷款、经纪业务等金融产品和服务的提供和清算。此时，对电子金融的认识还是强调运用电子技术处理所有与商业、金融和银行业务相关的产品和服务的购买、销售和支付过程中所涉及的信息收集、数据处理、检索和传输等环节。在 20 世纪 90 年代中后期先后出现的互联网证券交易、互联网保险等传统金融机构基于 Web 提供的金融产品或服务都可视为电子金融。

当互联网技术发展到 21 世纪，人们已经意识到了电子金融开始打破原有的商业模式，且正在创造新经济。所以，虽然国外尚无互联网金融的提法，但早在20世纪90年代后期提出的电子金融概念与今天我国提出的互联网金融其实有异曲同工之处，一般认为这一时期是互联网金融的起源阶段。

互联网金融快速发展的阶段是2000年前后至今。这期间传统金融机构一方面继续加强互联网技术对金融业务的改造，如银行、证券和保险公司的线上服务已经从网络银行扩展到手机银行、移动银行、手机证券、网络保险淘宝模式等新方式；另一方面，传统金融机构的组织结构和运营模式仍然在被互联网所改变。2013年，阿里巴巴、中国平安和腾讯联合设立了众安在线财产保险公司，成为首家不设立实体分支机构、纯粹以互联网进行销售和理赔等业务的保险公司。此外，由于电子商务的快速发展，促进了第三方互联网支付的高速发展，互联网技术公司在与传统金融机构合作的过程中逐渐参与金融领域的相关服务。互联网技术公司逐渐在支付、投融资渠道等方面产生了新的解决方法和商业模式，即被称为"互联网金融"。

2013年被称为"互联网金融发展元年"，依托社交网络、移动支付、大数据分析、云计算等技术，互联网金融发展出多种创新模式，对传统金融机构造成了巨大冲击。截至2014年12月底，中国互联网金融整体市场超过10万亿元规模，其中第三方支付交易额达7.76万亿元，股权众筹募集资金10.31亿元，P2P业务突飞猛进，平台达到2 028家，累计交易额突破6 800亿元，参与投资人数达到50万人。猛进的增长与活跃的创新离不开监管对创新的包容和支持。2015年7月4日，国务院下发《关于积极推进"互联网+"行动指导意见》，明确"互联网+普惠金融"为重点行动，并鼓励通过互联网金融创新（如股权众筹）完善融资服务。同月18日，中国人民银行等十个部门联合发布《关于促进互联网金融健康发展的指导意见》（银发〔2015〕221号）（以下简称《指导意见》），明确互联网金融监管基本框架，足以看出监管部门对互联网金融行业健康发展的持续关注。

二、互联网金融的特点

互联网金融是现代金融业发展的一个趋势，与传统金融最显著的区别在于其技术基础的不同，而互联网给金融业带来的不仅仅是技术的改进和发展，更重要的是运行方式和行业理念的变化。

（一）基于信息技术运用的虚拟化

互联网金融在本质上仍是金融，但它不同于以往以物理形态存在的传统金融。互联网金融主要存在于电子空间，形态虚拟化，运作方式网络化，以大数据、云计算、社交网络、搜索引擎、移动互联等现代信息技术为基础，挖掘客户信息并管理信用风险。互联网金融通过网络生成和传播信息，运用搜索引擎对信息进行组织、排序和检索，通过云计算进行处理，从而有针对性地满足用户在信息挖掘和信用风险管理上的要求。在现代计算机信息技术的支撑下，互联网金融的运营场所、运营方式、金融服务呈现出明显的虚拟化特征。

与传统金融相比，网络技术的应用使得金融信息和业务处理的方式更加先进，系统化和自动化程度大大提高，突破了时间和空间的限制，而且能为客户提供更加丰富多样、自主灵活、方便快捷的金融服务。互联网金融的发展使得金融机构与客户的联系从柜台式接触改变为通过网络的交互式联络，这种交流方式不仅缩短了市场信息的获取和反馈时间，而且有助于金融创新的深入发展。

(二)基于高效便捷的经济性

互联网金融业务主要通过计算机联网处理,突破了时间和空间的限制,实现了随时、随地、随渠道的3A(Anytime、Anywhere、Anyhow)式金融服务,具有更好的灵活性和流动性。在互联网金融模式下,交易双方通过网络平台自行完成信息分析、市场匹配、结算清算、交易转账等业务,操作流程标准简单,交易成本显著降低,金融服务的便捷性进一步拓展,大大提高了服务效率。尤其随着平板电脑、智能手机等移动终端的普及,其随时上网、携带方便、便于操作的特点,使客户可以随时随地享用互联网金融提供的金融服务,不需要前往营业网点,节省了排队等候的时间,业务处理速度更快,用户体验更好。

互联网金融服务的高效便捷使其相较传统金融而言,是一种更具经济性的金融服务模式。这种经济性不仅体现在接受服务的客户端,也表现在提供服务的互联网金融供给端。如阿里小贷依托电商积累的信用数据库,经过数据挖掘和分析,引入风险分析和资信调查模型,从商户申请贷款到发放只需几秒钟,日均可以完成贷款1万笔,成为真正的"信贷工厂"。

(三)基于直接、小额、分散的普惠性

互联网金融既不同于传统商业银行的间接融资,也不同于资本市场的直接融资,而是以点对点直接交易为基础进行的金融资源配置。资金和金融产品的供需信息在互联网上发布并匹配,供需双方可以直接联系和达成交易,交易环境更加透明。在互联网金融模式下,客户能够突破时间和地域的限制,在互联网上寻找需要的金融资源,金融服务更直接,客户基础更广泛,实现了为社会各阶层(包括小微企业主、社区居民、农民等)提供金融服务的可能性,因而具有普惠性金融的特征。

传统金融机构由于营业网点和工作人员有限,往往更着力于开发"二八定律"中20%的高净值客户;而互联网金融更注重发展80%的"长尾"小微客户,关注小微企业和个体工商户的金融需求,覆盖了部分传统金融机构的服务盲区,客户基础更加广泛。

(四)基于金融本质和网络技术的风险性

互联网金融的金融本质使其不可避免地存在着常规的金融风险,如信用风险、市场风险、操作风险、法律风险等,同时还存在着一定的网络技术风险。因此,在互联网金融模式下,风险控制和金融监管已成为必不可少的环节。

由于我国信用体系和相关法律监管体系不完善,互联网金融违约成本较低,特别是现阶段由于准入门槛低和缺乏监管,P2P网络借贷平台成为不法分子从事非法集资和诈骗等犯罪活动的手段。另一方面,由于互联网金融的业务及大量风险控制工作均是由计算机程序和软件系统完成,因此,电子信息系统的技术性和管理性安全风险以及技术解决方案的选择风险,就成为互联网金融面临的最重要的技术风险。

延伸阅读

一般认为中国互联网金融产生有三大背景,一是互联网行业在中国的快速发展;二是政府对互联网金融发展的态度;三是中国金融体系的制度性市场间隙。

互联网金融是互联网技术、互联网思维和金融融合的产物。2013年以来,中国互联网市场进入快速增长期,发展从"量变"到"质变",形成了互联网金融快速发展的土壤。中国互联网络信息中心最新统计报告显示:中国互联网普及率逐渐到顶,互联网发展的主题从

"数量"向"质量"转换,具有互联网在经济社会中地位提升、与传统经济结合紧密、各类互联网应用对网民生活形态影响力度加大等特点。截至 2013 年 12 月,中国网民达 6.18 亿人,互联网普及率为 45.8%。其中,手机网民达 5 亿人,继续保持稳定增长。手机网民规模的持续增长促进了手机端各类应用的发展,成为 2013 年中国互联网发展的一大亮点。社交类综合平台持续升温,手机网络游戏高速增长,网购团购规模增速明显,中国企业在线采购和在线销售的比例分别达到 23.5% 和 26.8%。如果说互联网技术的快速发展和行业规模的扩张是互联网金融发展的推手,那么政府对互联网金融的战略性支持则是催化剂。

培育互联网金融的快速发展体现了政府调整经济结构的战略意图。中国人民银行在官方报告中给予互联网金融正面评价,认为互联网金融具有透明度高、参与广泛、中间成本低、支付便捷、信用数据更为丰富和信息处理效率更高等优势。国务院也两度发文支持互联网金融的发展,2014 年 3 月,"促进互联网金融健康发展"被写入政府工作报告。这些都表明政府对互联网金融这一新金融事物很重视,批评"互联网金融的发展是监管红利"是不理解政府的战略意图的表现。互联网金融是一种新兴的金融形式,政府不能随意监管,"摸着石头过河"反而是一种负责任的态度,只要风险可控,就让其自由发展。比如,中国的 P2P 网贷企业发展非常快,P2P 企业可以介入资金交易,也可以进行信用担保,政府并没有急于出台监管政策,也是想看一看效果。政府也会加紧研究这一新金融事物的特点和未来的监管政策,2013 年 4 月,国务院部署了金融领域的 19 个重点研究课题,"互联网金融发展与监管"就是其中之一。当然,对互联网金融的发展而言,互联网行业的发展和政府的姿态都是外因,内因还是传统金融体系中未被满足的资金融通需求。

有人把传统金融形容成借"穷人"的钱贷给"富人",是"穷人"to"富人"模式,而互联网金融则是"穷人"to"穷人"模式,是小微金融。这一说法虽不完全,但有一定的道理。传统的金融体系与风控制度安排倾向于为大中型企业、高净值客户提供金融产品与服务,一直以来也没有找到有效地为小微企业、为"三农"、为民间融资的办法。因为受到规模限制、利率管制、IPO 管制等影响,这块市场就空出来了,这就是传统金融体系的市场间隙。互联网金融的发展首先找到的就是这个市场间隙,实现了快速发展,如 P2P 网贷业务。所以,互联网金融的产品和服务最终还是根植于小微企业、"三农"、民间融资等实质未能满足的金融需求当中,只是通过互联网技术与互联网思维的形式显现出来,相信互联网技术下的金融应该比"影子银行"、民间高利贷等非正规的金融机构更便于监管。(资料来源:第一信托网,2014-12-31)

【自主思考】
1. 结合实际,谈谈你对互联网金融的直观感受。
2. 你认为互联网金融给我们的生活带来了哪些便利呢?

任务二 互联网金融的主要模式和新业态

互联网金融是一个新兴的概念,为了对其模式做出清晰的界定,根据北京软件和信息服务交易所(简称"软交所")互联网金融实验室的梳理,将互联网金融区分为六种主要模式。

任务描述

学生对互联网金融的主要模式进行学习和思考。

任务分析

进行相关知识的讲解学习和课堂互动。教师对互联网金融的主要模式的知识进行讲解，学生听课、讨论和思考。

相关知识

一、互联网金融的主要模式

（一）第三方支付

我国首家第三方支付公司成立于 1998 年，全面应用时期是从 2005 年开始的。2005 年，马云首次提出电子商务需要一个具有安全保障的环境，交易环节的安全是保证支付安全的重要前提。支付宝在 2005 年年初出现，同年，第三方支付平台的全面应用成为电子商务发展的新趋势，开始大规模出现并快速发展。从广义理解，第三方支付是指非金融机构所提供的网络支付等其他支付服务，第三方支付在其中起到支付中介的作用。市场上的第三方支付公司的运营模式，按照发展路径与用户积累途径来看，可以分为两大类：

一类是独立第三方支付模式。独立第三方支付模式以快钱和拉卡拉为典型代表，这种模式的第三方支付平台完全独立于电商网站，因此不具有担保功能，为用户提供的服务也仅限于支付功能。

另一类是依托电商平台的有担保模式。依托电商平台的有担保模式，以支付宝、财付通为典型代表，这种模式主要是依托自有的 B2C、C2C 电子商务网站，向用户提供的第三方支付服务具有担保的功能。这种模式的流程是，买家在挑选好商品之后，使用第三方支付平台进行货款支付，这部分货款不会直接打给卖家，而是暂时由第三方支付平台保管，第三方支付平台收到货款后会提示卖家发货，待买家收到所购物品并同意支付货款后，第三方支付平台将货款交给卖家。

第三方支付平台的兴起给传统商业银行造成了一定程度的冲击，第三方支付公司利用系统中积累的客户信息，与金融机构合作，为客户提供便捷且具有针对性的金融服务。同时，随着第三方支付平台的不断发展，逐步涉及保险、基金等个人理财金融业务，与商业银行的业务重叠范围不断扩大，与传统商业银行形成了一定的竞争关系。

（二）P2P 网络借贷

P2P 网络借贷指"个人对个人"的借贷模式，是指具有资质的平台公司作为中介，借款人（或融资方）在平台发放借款标，投资者（或理财方）进行竞标向借款人放贷的一种网络借贷行为。

P2P 网贷平台是互联网金融的一大闪光点，由于其具有脱离第三方的特点，因此拥有良好的发展空间。我国传统商业银行面向低收入群体和小微企业的金融服务相对较为缺乏，同时传统金融业务可能存在应变能力较差、机制不够灵活、服务效率有待提高等情况，这种局面为 P2P 网贷提供了广阔的市场空间和发展空间。

P2P 网贷借助于互联网极大地扩展了个人与个人直接借贷的范围，而 P2P 网贷平台主要为借贷双方提供信息服务和支付清算等中介服务。国内首家 P2P 网贷平台宜信于 2006 年 5 月创立；2007 年 8 月，纯中介的 P2P 网贷平台拍拍贷成立。随后出于扩大供需双方参与者和风险控制的考虑，国内 P2P 网贷平台的经营由纯线上中介模式创新出以宜信为代表的债权转让模式、以陆金所为代表的担保模式和以爱投资、积木盒子为代表的 P2B 模式；同时，不少平台引入了第三方托管、风险备用金制度、分散投资和自动投标等一种或多种风险控制机制。2013 年以来，P2P 网贷平台出现爆发式的增长，无论是传统金融机构，还是一些上市公司，以及各路民间资本都在大举抢占 P2P 网贷市场。

（三）大数据金融

大数据金融是指互联网企业将电子商务平台上积累的客户信用数据和行为数据映射为企业和个人的信用评价，批量发放小额贷款。网络小额信贷将云计算和大数据处理技术结合在一起，从海量数据中快速获取有用信息，可以为互联网金融机构提供客户的全方位信息，使金融机构和金融服务平台在营销和风控方面更加有的放矢。目前主要的运营模式为以阿里小贷为代表的平台模式，以及以京东商城、苏宁易购为代表的供应链金融模式。

（四）信息化金融机构

金融信息化是金融业发展的趋势之一。网络金融机构利用电子商务网站庞大的用户群，将金融产品和网络服务深度结合，借助于互联网渠道向客户提供金融服务。用户可以直接在网上购买货币基金等理财产品，获得相对较高的收益，同时这部分资金还能随时用于网上购物、转账支付等。相比传统金融产品，往往具有无购买门槛、无手续费、随时赎回等优点。我国第一家纯网络银行为前海微众银行，第一家纯网络金融保险公司为众安保险公司。

（五）互联网金融门户

互联网金融门户是指利用互联网进行金融产品的销售，以及为金融产品销售提供第三方服务的平台。其核心就是"搜索＋比价"模式，采用金融产品垂直比价的方式，将各家金融机构的产品放在平台上，用户通过对比挑选买入合适的金融产品。互联网金融门户最大的价值就在于它的渠道价值，在这种模式下，互联网金融门户主要扮演信息中介的角色，本身不参与交易和资金往来。目前，在信贷、理财、保险、P2P 等细分行业主要有 91 金融超市、融 360、好贷网、格上理财、平安陆金所等。

（六）众筹

"众筹"一词意为大众筹资或群众投资，它作为一种商业模式起源于美国，已有 10 余年的历史。伴随着我国互联网金融的兴起，我国众筹平台也开始进入起步阶段，点名时间网站于 2011 年 7 月正式上线，是现阶段国内比较成熟的众筹平台，也是国内最大的众筹平台。除了点名时间之外，还有追梦网、淘梦网等网站。最近几年，众筹平台在欧美国家的发展速度不断加快，美国在线募资网站 Kickstarter 是典型代表。

构建众筹平台的商业模式首先要明确三个规则：每个通过审核的项目都必须设定筹资的目标金额和天数；在设定的天数内，平台筹集的资金达到预设目标，发起人将获得资金，若未能达到目标，则将资金全部退还出资人；在项目说明中要明确对出资人的回报。

众筹平台的运营模式并不复杂，其对资金需求者的项目策划进行审核，通过审核的项目策划可以在网站上创建自己的页面，对产品进行有吸引力的宣传，如对产品的一些细节进行详细、充分展示，从而获得对项目感兴趣的出资人的资金支持。这一筹资平台是募集资金和社交平台的有效结合，通过P2P平台可以使资金完成在不同个体间的流动。这种模式有三个有机组成部分，分别是项目发起人（筹资者）、公众（出资人）和中介机构（众筹平台）。

延伸阅读　　　　　**大学生办众筹网站　几元钱搭圆梦平台**

如果你真的想做一件事，全世界都会帮助你。时下正风靡的"众筹"让这句话以更直接的方式照进现实。

大三学生刘宇昊眼下做的正是这样的事，他创办的众筹平台"青年筹"，通过"众筹"，帮助身边90后大学生将"白日梦"变成现实。

互联网创业　赚第一桶金

在浙师大校园内见到了21岁的刘宇昊，他年纪不大，看上去却老成干练。刘宇昊坦言，自己是典型的"学渣"，对学习不太上心，平时把全部心思和精力都用在了创业上。

学材料物理的他，却满怀一颗创业的心，为着这个梦想，他从内蒙古考到了浙师大。"我从大一时就开始创业了。"刘宇昊说，他对互联网创业非常感兴趣，发现身边同学基本都在网上买东西，加上当时刚时兴起来的"众筹"，于是就在淘宝上搞了个农产品众筹。想法很美好，实施起来却有难度，坚持了一段时间，只是小有赢利。不过，他的创业想法得到一些专家的认可，凭借农产品众筹，刘宇昊闯入了"万众创新赢在金华"2015中国青少年新媒体训练营暨大学生互联网创新创业之星培育扶持项目的决赛，并拿到人生第一个创新创业的奖项。

刘宇昊说，通过参加类似的创业交流活动，一些更富有经验的专业团队给了他启发。"学生创业还是要围绕自己熟悉的市场来做，我们最了解的就是学生这个群体。"他随后将目光投向了校园自媒体，创办了"新青年工厂"，通过举办"最美校花""最美班级""最美情侣"等一系列活动，一个月"粉丝"就破万。校园周边的商家，看到自媒体有如此大的号召力，也愿意通过赞助等形式来宣传自己。2015、2016两年可谓校园自媒体蓬勃发展的两年，一时风头无二，刘宇昊也赚得了第一桶金。

创众筹网站　走不一样的路

这边校园自媒体正搞得轰轰烈烈，那边刘宇昊已嗅到了一丝危机。"现在各地的校园自媒体都大同小异，搞来搞去都是'卖室友''树洞'等栏目，很难长久。仅浙师大校园，一年内涌现出来的校园自媒体就不少，时间长了，'粉丝'也容易审美疲劳。"为此，刘宇昊苦思冥想，搞了"暴走小口袋""街访""街拍"等新颖的活动，"粉丝"反馈回来的信息还不错，可还是难以避免自媒体之间恶性竞争，他决定另辟蹊径。

"我一直想做一个网络平台，看到众筹在国内正处于起步阶段，而年轻人又都乐于接受新事物，就想创办一个针对大学生的众筹平台。"刘宇昊说，至于赢利模式，发起人在网站上众筹项目成功，网站就提点。

其实，众筹模式起源于国外，几年前"潜入"中国都市年轻人的生活。他们以一种时尚的方式传承梦想：在网上发帖，志同道合者共同出资，建一家书店、一家旅社或一家咖啡馆等。

办个以本地为主，针对年轻人的众筹网站在金华是头一遭。为了考察众筹在校园的可行性，刘宇昊在校园自媒体上做了问卷调查，高支持率给了他正式启动的信心。他在上海注册了一家上海冰鸟网络科技有限公司。身边知道他有这个想法的朋友，还未等网站正式上线，便找上门来，要让他帮忙"众筹"。

为了吸引目标"粉丝"，刘宇昊策划了不少吸引大学生的众筹产品。"大学生众筹平台在市场上基本是空白，我了解了一下，我的'众筹'在浙中地区尚属首个。"刘宇昊说，众筹可以解决大学生缺钱的痛点，聚合更多的资源，相信会很受欢迎。

为年轻人发声　避免众筹成"众愁"

大学生"众筹"，我们很容易想到创业"众筹"。其实，类似于众筹模式的创业之举，不乏先例。全国范围内，2012—2013年以众筹模式起家的咖啡店层出不穷。然而，遍地的"众筹之花"开了又谢———店铺开张伊始，众投资人热血沸腾，但倒闭的消息接踵而至。

作为一个众筹平台，如何规避这样的风险？刘宇昊决定控制实体众筹项目的数量，尝试更多种的众筹。"众筹融资是抱团取暖将风险分散，但商业本身是一项高风险活动，就算高手也不敢保证万无一失，大学生经验不够，创新能力薄弱，失败的概率更高。"刘宇昊说，万一创业失败，对参与众筹的大学生来说，也是一笔不小损失，他们毕竟还是学生。

面对前人的经验，刘宇昊说，他们从一些众筹案例中汲取了经验教训，所有申请人发出的申请首先要由他们审核通过。"目前暂不开通有关创业的众筹，风险太难把控了，如果失败几次，大家也不会再相信众筹网站了。"

刘宇昊的众筹网站更多的是帮年轻人发声，帮他们圆梦。"比如你想拍电影缺资金，你想排话剧缺钱，你想旅游却囊中羞涩，都可以找我们。"他说，有这类需求的人很多，需要的资金却不多，分摊开来的资金也许每个人只需要几块钱就够了。比如别人拍电影，你支持9.9元，可以先看原片；支持99元，可以参加电影的发布会；支持299元，片尾致谢里打上你的名字等。"作为钱包不是很鼓的大学生，也愿意为别人的情怀慷慨解囊，同时自己也可以成为众筹的对象。"

正因如此，当刘宇昊第一次在自己朋友圈推广众筹计划时，就获得了许多回应。他说，在创业这条路上，做真的能落地的东西，才能越走越远。（资料来源：金华新闻网，2017-03-12）

> **【自主思考】**
> 众筹属于互联网金融的一种形式吗？

二、互联网金融的新业态

（一）基础业态

基础业态，即传统金融业务的互联网化，包括第三方在线支付平台、直营银行、直营保险、在线券商、互联网信托等。目前主要是体现为网上银行、保险产品网络销售、证券网上交易等。以互联网保险为例，2015年7月份，保监会发布《互联网保险业务监管暂行办法》（以下简称《监管办法》）对互联网保险发展的经营主体、经营范围、门槛等作出明确规定，为互联网保险的规范化提供依据。2015年是互联网保险大幅扩展的一年，继众安保险之后，泰康在线、安心保险以及易安保险三家公司都陆续获得互联网保险牌照。

（二）整合业态

整合业态，即电子商务与金融的结合模式。在"互联网+"战略以及"大众创业、万众创新"的推动下，我国电子商务发展迅猛，其低成本的生产要素流动与配置，推动服务业转型升级，催生新型业态，成为经济发展的新引擎。从企业方面来看，电商平台的需求主要来自交易的便利、交易资金的监管、平台资源的共享、订单融资等方面。整合业态主要表现为向企业商户开展的小额贷款和面对个人开展的消费金融业务。该类业态具有代表性的如阿里小贷、京东白条、建行善融商务等。

（三）创新业态

随着中国消费不断升级和人们消费行为的转变，以消费金融与数字服务、第三方支付工具、网络借贷为代表的新金融服务已成为中国新的"蓝海市场"，在这场"蓝海"的竞争中，创新成为各个互联网金融平台唯一的出路。在二维码支付几乎一统天下被认为是最好的支付方式之下，京东金融则希望通过更为便捷的NFC技术来为广大用户带来创新的支付体验。

金融的技术创新不仅仅利用新技术、新手段来方便大家的日常生活，而且在模式上的创新让不少以往难以实现的商业模式成为可能。例如围绕二手车交易的金融服务越来越人性化，在瓜子二手车网站首页输入手机号，即可获得一个定制的金融贷款方案，而在这个背后，则是个人征信和大数据等技术的强力支撑，也为更多的平台提供了创新的商业模式。

（四）支持业态

支持业态，即互联网金融信息平台，主要为公众提供金融业务和产品的信息发布、搜索服务，为金融业务提供支持的功能。如互联网金融的垂直搜索，将信息处理和风险评估通过网络化的方式进行，在云计算的保障下，资金供需双方的信息通过社交网络匹配和传播，被搜索引擎组织和标准化，最终形成连续动态的信息序列，最终可以给出任何资金需求者的动态风险定价或动态违约概率。目前金融搜索平台的商业模式建立在人们成熟的在线比价行为上，但国内用户的比价习惯还在形成之中，市场尚需进一步发展成熟。

延伸阅读

2017年7月11日，由中国互联网协会举办的2017中国互联网大会在北京国家会议中心拉开帷幕。本届大会以"广连接、新活力、融实业"为主题，围绕着人工智能、智能制造、分享经济、产业互联网、互联网医疗健康、互联网金融、互联网教育等热点领域举行了二十余场有特色的论坛讲座，以推动互联网与实体经济创新融合发展。

值得注意的是，在本次互联网大会中，互联网金融占了不小比重，吸引了众多媒体及嘉宾的关注，分别从发展前沿、风险防范、规范发展、信息消费制度建立的角度进行了三场分论坛讲座。同时，本届大会的合作伙伴中，一些互联网金融企业，比如安润金融、翼龙贷、爱钱进、恒昌公司等企业代表，针对互联网金融进行了探讨。

互联网金融打破旧格局　实现普惠金融新业态

一直以来，传统金融信息不对称，实体经济获取金融支持也存在成本过高、资源较少等问题，极大地阻碍了中国金融业的改革步伐，而互联网金融的兴起，打破了这种金融"垄断"的旧格局，扩大了金融服务的覆盖范围，也进一步提高了金融服务的质量和效率，实现了新型的普惠金融业态。

在此次大会上，国家互联网金融安全技术委员会、国家信息化专家咨询委员会常务副主任周红仁表示，互联网金融在国民经济中发挥着重要作用，一方面大规模地吸收社会闲散资金，扩大社会需求，引导社会资源的优化配置；另一方面有效引导民间资本，一定程度上推动民间资本的阳光化发展，同时也使手中留有余钱的广大民众从中受益，更好地享受互联网的普惠效应。

恒昌公司创始人兼CEO秦红涛在活动中也表示，在"互联网+"的大潮下，互联网金融结合移动互联网、大数据等先进技术，为中小微企业、"三农"、城市蓝领等提供了金融服务，促进了普惠金融的普及和实体经济的发展。

据统计，中国目前有2 000多家互联网金融平台，历史累计成交额已经突破4万亿元，无论从数量还是规模而言，中国的互联网金融行业已经稳居全球第一。

中国实体经济对金融的渴求造就了技术、金融和生活的良性循环，也使得新金融的实际影响远远超过了美国金融科技"独角兽"。在大数据、云技术、人工智能、区块链的技术创新下，互联网金融迎来了前所未有的发展空间。

行业风险层出不穷　"互金"亟须规范发展

在互联网金融取得诸多成就的同时，行业风险也是层出不穷，有统计数据显示，中国互联网欺诈风险排名在全球前三位，网络欺诈的损失达到了GDP的0.63%，仅次于美国的0.64%。"在这些骗局的背后就是人性的贪婪，很多受过良好教育的大学生、教授、国家公务员都难免上当受骗。"周红仁讲道。

不难看出，我国互联网金融高速发展的同时，隐藏着诸多问题。风险的加速暴露，风险事件的爆发使得规范互联网金融发展成为社会各界的共识。

中国互联网协会副理事长高新民表示，安全是保障互联网金融产业健康发展的基础和前提。没有这样的基础和前提，互联网金融是不可持续的，也不可能发展壮大。因为互联网金融的本质是金融，不是互联网。互联网金融发展到今天，受到了政府等各方面的高度关注。

同时，中央网信办信息化发展局局长徐愈讲到，党中央、国务院高度重视互联网金融的健康有序发展，对加强互联网金融监管、防范金融风险做出了重要决策部署。中国人民银行牵头会同银监会等进行了一系列工作，出台了《关于互联网金融发展的指导意见》，开展了互联网金融专项整治工作。同时，在专项整治工作中积极探索互联网金融监管的长效机制，取得了明显成效，为互联网金融健康有序发展提供了有力保障。

互联网新技术革命的浪潮是不可阻挡的，这对金融监管提出了新的要求，带来了新的挑战。国家互联网应急中心主任黄澄清表示："金融部门要研究金融在互联网发展基础上的规律，互联网行业也要通过'互联网+金融'带来的新业态，共同摸清新产业、新业态的规律，才能够推进行业的健康发展。这不仅仅是针对互联网金融，也包括了'互联网+'其他的产业。唯有如此，才能保障国家'互联网+'战略的有效实施。"

互联网金融行业在我国经济庞大的体量和良好的发展态势背景下，适应了我国金融体制的现状，通过互联网有效满足了传统金融不能覆盖的"长尾"客户，不仅正在改变十几亿中国人的生活方式，而且已经开始影响全球互联网金融的游戏规则。随着中国互联网金融模式的进一步成熟和壮大，有望让普惠金融真正惠及全球。（资料来源：中国青年网，2017-07-14）

【自主思考】
1. 互联网金融的各种模式具有怎样的特点，能给我们的生活带来什么变化？
2. 你接触最多的互联网金融模式是哪种？它的运营方式是什么？

任务三　互联网金融发展的基础及问题

互联网金融对传统金融体系的冲击进而引发新的金融业态的出现，可能是未来若干年中国金融业面临的现实。互联网金融对所有的研究者来说，都是一个全新的研究课题。

任务描述

学生对互联网金融发展的基础及问题进行学习和思考。

任务分析

进行相关知识的讲解学习和课堂互动。教师对相关知识进行讲解，学生听课、讨论和思考。

相关知识

从互联网金融繁荣发展的现状来看，互联网金融在中国的发展有其内在的逻辑。广阔的市场空间是互联网金融生存的必要条件，而金融功能与互联网技术的匹配是其生存和发展的逻辑基础。在理论层面上，金融功能理论、普惠金融理论、产业融合理论、"二次脱媒"理论等构成了互联网金融独特的理论架构。

一、互联网金融发展的基础

（一）广阔的市场空间是互联网金融生存和发展的必要条件

从商业的角度看，互联网所要重构的产业一定是"产业帝国"，规模大、服务面广、利润率高、标准统一且对经济活动有广泛的影响力。金融业恰恰具备这些要素，中国金融业早已成为国民经济的非常重要的支撑体系。从商业银行目前的发展来看，由于缺乏外部的系统性竞争者，高额利润有较大的垄断性，创新动力不够，迫切需要来自体系外部的系统性压力和战略竞争者。新的活力来源于基因式的变革，这种外部的系统性压力的主要来源就是互联网，互联网金融日益成为金融变革的主要推动力量。

（二）金融与互联网在功能上的匹配是互联网金融发展的逻辑基础

在现代金融体系的基本功能中，"资源配置""支付结算"功能一直主要由商业银行来承担，但互联网金融平台的植入，使得其功能的效率得到很大提升。而"资源配置"（融资）、"风险管理"（财富管理）、"提供价格信息"等固有功能，则与互联网金融具有更高的匹配度。互联网技术使得金融活动能更为便利地发掘产业价值链上下游之间的价值联系，形成各行各业的互联互通，实现金融活动向各行各业的全面渗透，从而形成全社会普遍依存的价值网络。互联网金融在全世界范围内，促进合作共赢模式的形成。

（三）互联网金融具有独特的理论体系

作为互联网信息技术与现代金融相结合的产物，互联网金融主要有以下典型理论基础。

1. 金融功能理论

功能指的是功效、效应或者作用。金融功能理论重点研究金融为经济发展提供哪些功能，并运用交易成本等来解释为什么具备这些功能。一般认为金融功能分为：支付结算功能、资源配置功能、信息传递功能、风险管理功能和经济调节功能。

与传统金融相比，互联网金融并不突出金融组织和金融机构，而是基于金融功能更有效的实现而形成的一种新的金融业态，其基础理论仍是金融功能理论。互联网金融的出现和飞速发展，一方面使金融功能的实现越来越不依赖特定的金融组织和金融机构；另一方面又使金融功能的效率在成本大幅降低的同时得以提升，金融功能的内涵得以深化，金融服务的对象得到拓展。

2. 普惠金融理论

普惠金融的概念最早由联合国于 2005 年在宣传国际小额信贷年时提出，倡导建立为社会各个阶层的所有成员提供公平、便捷、安全、低成本服务的金融体系。普惠金融的实质就是将需要金融服务的所有人纳入金融服务范围，让所有人得到适当的与其需求相匹配的金融服务。

由于商业规则和运行平台的约束，传统金融难以实现普惠性理念。互联网金融十分有效地弥补了传统金融的内在缺陷。它以互联网为平台，以信息整合和云数据计算为基础，开创了一个开放、共享、交易成本低、服务效率高、注重大众客户群体的新的金融运行结构。显然它是对普惠金融理念的践行，而这也正是互联网金融具有强大生命力的源泉。

3. 产业融合理论

产业融合指的是由于技术进步和放松管制，发生在产业边界和交叉处的技术融合，改变了原有产业产品的特征和市场需求，从而导致产业界限的模糊化，甚至重新划定产业界限。互联网作为信息化时代的技术代表，在各行各业都表现出强大的适应性和渗透力，互联网金融就是信息化技术变革下产业融合的典范。

互联网产业和金融产业的融合，形成了互联网金融模式。互联网行业的信息技术为互联网金融模式提供了技术基础，金融机构放松监管降低了行业准入门槛，金融行业承载的信息依托互联网技术取得了进一步发展，而大数据、云计算、搜索引擎等技术的出现，带动了互联网经济的飞速发展。互联网行业与金融行业深度融合，产生了互联网金融这个新的业态，并促使产业资本和金融资本得以逐步融合。

4. "二次脱媒"理论

一般认为，信息不对称、市场的不确定性以及由此引发产生的风险管理之需求，是金融中介存在的重要原因，也是金融中介理论形成的基础。然而，互联网金融所具有的特点正在侵蚀着金融中介赖以存在的基础，从而使金融中介正在经历历史演变中自资本市场"脱媒"以来的第二次"脱媒"。

互联网金融提供了 P2P、众筹、第三方支付等模式，其发展使得投融资活动变得更加简单易行，逐步淡化了金融中介的作用，加快了金融"脱媒"的进程。资金供求双方无须借助于传统的金融媒介，通过互联网金融平台就可以完成资金投融资交易。随着互联网新业态的发展和用户消费习惯的改变，金融"脱媒"的进程将持续加速。

二、互联网金融发展中存在的问题

（一）法律监管问题

目前互联网金融领域的许多业务处于监管的灰色地带，互联网金融机构在有关服务承担者的资格、交易规则、交易合同的有效成立与否、交易双方当事人权责明晰及消费者权益保护等方面，与传统银行相比更加复杂、更加难以界定，互联网金融机构的法律地位是其监管体系中的核心问题。P2P网贷、众筹等模式仍游离于有效监管之外，众多的P2P网贷和众筹公司只能通过行业自律进行约束，由于行业素质参差不齐，存在较大风险隐患，新兴的互联网金融模式存在着"三无"（无准入门槛、无行业规范、无监管机构）现象，以及问题平台日增、风控机制和信用体系不健全等问题。

为了弥补这些监管空白，促进互联网金融的健康发展，以央行为牵头方的监管各方都在进行不断的努力。经过反复调查研究，2015年7月18日，央行等十个部门联合发布了《指导意见》，这一类似互联网金融行业"基本法"的纲领性文件，终结了互联网金融的"野蛮生长"，首次明确了不同性质的互联网金融业态，规范了监管职责的划分。

（二）技术安全问题

网络金融业务的高技术性、无纸化和瞬时性的特点，决定了其经营风险要高于实体金融业务，而技术风险又是网络金融风险的核心内容，也是金融机构和广大客户最为关注的问题。它主要包括交易主体的身份识别、交易过程的商业机密、电子通信的安全、交易和其他记录的保存和管理，特别是未经授权的中途拦截和篡改等，以及一些主观方面造成的安全技术隐患。这给互联网金融的安全带来了极大的挑战。

为应对技术安全问题，应通过开发运用多种网络安全的核心技术，如认证授权、数据加密、数字签名以及防火墙技术等，针对网络安全可能出现的问题，采取相应的防范措施，以提升网络安全核心技术水平，有效降低技术风险，保证互联网金融门户安全、稳定、顺畅地运行。

（三）模式创新问题

互联网金融机构面临的不确定性因素很多，如果某种原创模式创新过度或创新不足，不切合经济实际，不符合客户需求，将无法实现持续赢利，即使条件再好，也将因为模式创新风险而失败。一个较为典型的代表是"在线贷款超市"——数银在线，它由数字金融服务（杭州）有限公司运营的数字金融服务中心于2009年7月，为契合金融危机后浙江地区中小企业融资难问题而成立的。数银在线享受多项政策支持，不仅集成政府公共信息平台为融资机构提供信用辅证，而且还是首家获得银监会核发牌照的互联网金融机构，国内唯一一家引入中国人民银行个人身份认证系统的互联网金融机构。由于长期找不到稳定的赢利点，数银在线不断调整业务方向，如游戏开发、广告开发等，但收效甚微。2013年，数银在线因模式过度创新和管理运营问题导致流动性危机，在创办4年后破产。

因此，互联网金融在发展过程中，应立足于市场实际情况、切实以客户需求为导向，在模式方面不能盲目追求创新。

(四) 产品宣传问题

互联网金融产品往往存在不当宣传、过度宣传、风险披露相对不足等问题，如使用不当的宣传用语，片面强调产品高收益，对产品风险问题避而不谈；部分互联网公司甚至为抢占市场、吸引用户，一方面标榜自身产品的收益高于对手，另一方面用"收益倒贴"等方式进行恶意竞争，这种方式无疑会加剧互联网金融产品的系统性风险。

因此，各互联网金融主体在进行产品宣传时，应如实披露产品存在的风险，提示消费者在关注高收益的同时更应关注风险。另外，互联网金融消费者同样要提高自我保护意识，在交易过程中充分行使知情权，要求金融机构或门户网站对重要信息作出详细的说明和解释，充分了解相关产品的各种信息，以便于作出正确的消费抉择，维护自身的合法权益。

> **延伸阅读**　　　　　　　　**互联网金融带来了哪些改变？**

自第一家网贷平台拍拍贷2007年成立到现在，中国互联网金融刚好走过10年。过去10年，网贷行业经历了由资本追捧带来的"野蛮生长"，到"跑路"、问题平台频现引发广泛质疑，再到监管跟进、行业整改、综合转型的几个阶段。

业内人士表示，随着监管的逐步落地，网贷行业良好的市场前景不断吸引传统金融机构、互联网巨头、大型企业等积极布局，推动了金融行业的变革。

从狂飙突进到合规经营

2007—2011年，这一阶段的互联网金融以信用借款为主，平台多为互联网公司，全国的网络借贷平台发展到20家左右，活跃的平台不到10家。

随着新一代智能手机的普及，从2011年开始，中国网民数量进入快速增长期，也带动了网贷行业的发展。2011—2012年这一阶段，一些具有线下放贷经验的民间公司开始关注网络并尝试开设P2P网贷平台。

2013—2014年，这一时期网贷平台从240家左右增加到600家左右，P2P平台的竞争日渐激烈，相关风险也在不断积聚。

2014年以后是网贷行业以规范监管为主的政策调整期，但在监管政策尚未密集出台时，网贷陷入"野蛮生长"的困境。更严重的是，少数抱着"捞一把就走"侥幸心理的"伪P2P"也混迹于网贷圈，打着网贷之名，行集资诈骗之实。

2016年，监管政策陆续出台，大力扶持合规运营的网贷平台，同时也重拳打击"伪P2P"的集资诈骗行为，加速网贷行业正本清源。数据显示，截至2016年年底，正常运营的平台数为2 448家，相比2015年减少了985家。

在经历了风风雨雨后，整个行业仍在不断发展。网贷之家的数据显示，截至2017年7月底，网贷行业历史累计成交量突破5万亿元大关，达5 0781.99亿元；网贷行业贷款余额增至10 897.08亿元。

互联网金融带来哪些改变？

网贷之家研究中心总监于百程对记者表示，网贷平台肩负普惠金融的使命而出生，其有利于提升金融服务质量和效率，为金融业的发展提供了新思路。

"互联网金融与传统金融机构相互补充、相互促进，其能够通过互联网创新，有效解决传统金融与实体经济因信息不对称、知识不对称、服务不对称造成的小微企业融资难、融资贵等问题，实现资源的优化配置，让资金流向最需要的企业，从而激发实体经济活力。"91

金融 CEO 许泽玮说。

开鑫金服总经理周治翰则表示，P2P 网贷的出现，首先是降低了理财门槛。"P2P 网贷投资正好补全了银行理财门槛高，期货、外汇、股市等安全性难以预估的缺陷，满足了工薪族理财需求，减少了理财花费的时间与精力。"

此外，P2P 网贷的出现，也弥补了个体户和小微企业融资难和借款预期利率高的问题，缩小了民间高利贷的生存空间，同样也减少了民间暴力催收事件的发生。

互联网金融下半场该向哪发力？

业内人士指出，互联网金融行业从 2016 年整改至今，行业的整顿已进入下半场，各具体整改项目逐步清晰，实力不强、无法达成整改项目的小弱平台将被淘汰出局。

周治翰指出，金融科技是下一个发力点，但不能过度炒作。"大数据、区块链、人工智能都是当下金融科技领域非常火的概念，但还处于探索研究阶段。为了行业长远健康发展，互联网金融从业机构应拒绝过分炒作概念，要脚踏实地利用最新的科技提高风控水平，合规经营，提升客户体验服务。"

于百程则表示，普惠金融的价值定位，决定了网贷发展仍需往实体产业回归。因此，网贷行业和实体产业的深度融合市场巨大，无论是实现企业客户投融资需求的互联网化、个性定制化，还是发挥互联网高效便捷的优势，都大有可为。

狐狸金服相关负责人则表示，由于 P2P 平台没有放贷资质，受限于信息中介身份，收入仅为服务费、管理费等，赢利空间有限。而互联网小额贷款的业务功能就要强大很多，包括办理小额贷款、票据贴现等众多业务。互联网小额贷款领域或将成为兵家必争之地。

（资料来源：http://v.gxnews.com.cn/q/16446319）

【自主思考】
1. 结合实际谈谈互联网金融给整个传统金融行业带来了哪些冲击。
2. 根据所学知识，分析一下互联网金融的未来发展趋势。

立体化阅读

2016 年中国互联网金融发展报告

项目小结

互联网金融是传统金融机构与互联网企业利用互联网技术和信息通信技术实现资金融通、支付、投资和信息中介服务的新型金融业务模式。互联网与金融深度融合是大势所趋，将对金融产品、业务、组织和服务等方面产生更加深刻的影响。互联网金融对促进小微企业发展和扩大就业发挥了现有金融机构难以替代的积极作用,为大众创业、万众创新打开了大门。促进互联网金融健康发展,有利于提升金融服务质量和效率,深化金融改革,促进金融创新发展,扩大金融业对内对外开放,构建多层次金融体系。作为新生事物,互联网金融既需要市场驱动,鼓励创新,也需要政策助力,促进发展。通过学习互联网金融的起源、发展与特点,要对互联网金融有大致的了解,进而对互联网金融的主要模式进行初步的学习,最后通过学习要了解互联网金融发展的基础及存在问题,特别是通过"延伸阅读",了解互联网金融带来的变革和对传统金融行业的冲击。

课后思考题

1. 什么是互联网金融?有哪些特点?
2. 互联网金融按照不同的分类依据可分为哪些种类?
3. 你认为互联网金融对经济发展有何作用?
4. 我国互联网金融发展的内在逻辑是什么?如何看待互联网金融未来发展趋势?
5. 我国互联网金融发展过程中存在哪些问题?如何改进?

项目二

互联网金融与传统金融

项目介绍

本项目首先介绍了互联网金融与金融互联网的不同及详细界定,要求学生在了解互联网金融内涵的基础上,对互联网金融给传统金融带来的机遇和挑战进行分析,并能够根据实际案例对这些挑战提出应对策略。

知识目标

1. 掌握互联网金融与传统金融的界定及内涵;
2. 比较互联网金融与传统金融;
3. 了解互联网金融与传统金融的异同点。

技能目标

1. 能理解和区别互联网金融与传统金融业务;
2. 能够运用所学知识,初步完成对互联网金融与传统金融业务的比较分析。

案例导入

互联网金融对商业银行的挑战

互联网金融的发展方兴未艾,可以乐观预期未来将出现一种不同于传统金融融资和直接融资的新型金融生态。与传统金融相比,互联网金融在资金配比效果、渠道、数据信息、交流成本、系统技术等方面具有明显的优势。当前,互联网金融的蓬勃发展在一些方面对传统银行构成了严峻挑战,主要表现在以下几个方面:

(一)互联网金融的虚拟网点可以在很大程度上替代银行物理网点的功能

传统模式下的金融业务模式,首先需要有银行网点个人才能参与金融业务,但现在只要有了网络和手机,个人就能成为一个能参与金融业务的终端;与此同时,传统的银行物理网点还面临着营业成本、安保成本的不断攀升,而网络银行在这方面也有着巨大的成本优势,所以,未来商业银行的物理网点减少或将是一个趋势,这将给商业银行的经营模式带来巨大的挑战。

(二)互联网金融能够突破时空局限

依托全天候覆盖的虚拟网络,互联网金融能突破空间局限,在任何时间、地点都能灵活地服务广大时空范围的消费者,让消费者在任何地点,动一动手指头,点一点键盘、鼠标就能完成各种金融支付,这是传统银行无法企及的。

(三)互联网金融能大幅降低业务成本

欧洲银行业曾经测算过单笔金融业务的平均成本,营业点是 1.07 美元,电话银行是 0.54 美元,ATM 是 0.27 美元,而通过互联网的成本仅为 0.1 美元,其成本优势巨大。

(四)互联网金融能有效提升金融服务和风险管理的效果

大数据能集合海量非结构化数据,通过事实分析和挖掘客户交易信息,掌握客户的消费习惯,准确预测客户行为。充分利用大数据、云计算、信息集散处理,有助于在金融运营和风险控制方面有的放矢,由此,互联网金融能有效提升金融服务和风险管理的效果。

互联网金融在给传统金融带来挑战和竞争的同时,也给传统金融注入了新的理念和活力,促生新的合作空间,我们不应该把传统金融和互联网金融对立起来,甚至企图将其取消,在技术进步势不可当的今天,这也是不可能实现的。

其实传统银行也有自己的优势,其拥有最广泛的客户群体,大面积的网点资源积淀和大量的专业人才。这是互联网金融不可企及的专业和资源优势,商业银行在发挥自身优势的同时,如果借鉴和利用互联网金融的理念和模式,就能获得广阔的发展空间。

(资料来源:http://iof.hexun.com/2015-03-26/174423673.html)

> 【自主思考】
> 请根据所能获得的资料,谈一谈互联网金融与传统金融的异同点。

任务一 互联网金融与金融互联网的异同

互联网金融的发展方兴未艾,它是一种不同于传统金融融资和直接融资的新型金融生态。与传统金融相比,互联网金融在资金配比效果、渠道、数据信息、交流成本、系统技术等方面具有明显的优势。互联网与金融的结合,是借助于互联网技术实现资金交易、流通和移动支付以及信息中介服务的新兴的金融模式。当前互联网金融的快速发展是伴随着电子商务、大数据、云计算、社交网络、搜索引擎等的飞速发展而成长起来的。当前,互联网金融保持了蓬勃发展的势头,对传统金融形成了巨大的挑战。互联网金融的发展正在改变中国的金融生态。

任务描述

学生对互联网金融和金融互联网的内涵等相关理论知识进行学习和理解。

任务分析

进行相关知识的讲解学习和课堂互动。教师运用多媒体对相关知识进行讲解，学生听课、讨论和思考。

相关知识

一、互联网金融和金融互联网的内涵

（一）互联网金融的定义

2012年8月，谢平在《互联网金融模式研究》中对"互联网金融"下了一个定义，这也是到目前为止被普遍认同的对互联网金融内涵较为权威的一种说法。谢平将其定义为：受互联网技术、互联网精神的影响，从传统银行、证券、保险、交易所等金融中介和市场，到瓦尔拉斯一般均衡对应的无金融中介或市场情形之间的所有金融交易和组织形式。

2013年在中欧国际工商学院主办的第七届中国银行家高峰论坛上，全国人大常委会委员、财经委员会副主任委员、中欧陆家嘴国际金融研究院院长吴晓灵表示："互联网金融，我想下这么一个定义，互联网金融应该是（用）互联网和信息技术来处理银行业务……"

2015年中国人民银行等十个部门在《指导意见》中对互联网金融也做了相关定义。

综合以上因素，互联网金融的定义与内涵如下：

(1)《指导意见》中指出，互联网金融是指传统金融机构与互联网企业利用互联网技术和信息通信技术实现资金融通、支付、投资和信息中介服务的新型金融业务模式。

(2) "中国互联网金融之父"谢平认为，互联网金融是一个谱系概念，互联网金融既不同于商业银行间接融资，也不同于资本市场直接融资，具有创新特征。

(3) 在互联网金融业界还有一种主流观点认为：互联网金融是一种新型的金融服务模式。

我们可以将互联网金融的内涵概括为：金融为本、创新为魂、互联为器。

（二）金融互联网的含义

"金融互联网"是包含在广义的"互联网金融"中的，是指下面所列广义互联网金融的第一个层次。互联网金融分为三个层次：

(1) 利用互联网技术提高传统金融的效率，银行网银、第三方支付、网上基金代销属于这个范畴。

(2) 利用互联网的技术和思想改变交易结构，阿里金融、P2P属于这个范畴。

(3) 利用互联网颠覆传统金融，如比特币等。

与此同时，有些人认为，互联网公司以及一些创业者主导的金融创新就是互联网金融，现有的金融机构所主导的金融创新就是金融互联网。还有一种流行的观点认为，没有实体网点的纯互联网公司所从事的金融业务一定是互联网金融，拥有相当数量实体网点的公司所开展的网上金融业务更多地归于金融互联网范畴。

以下所讲互联网金融均为狭义。见图1-1、图1-2。

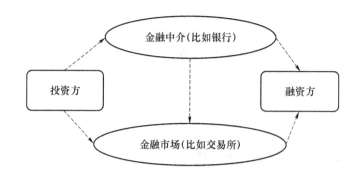

图1-1 金融互联网模式（传统金融中介和市场）
（资料来源：谢平、邹传伟等，互联网金融手册，北京：中国人民大学出版社，2014）

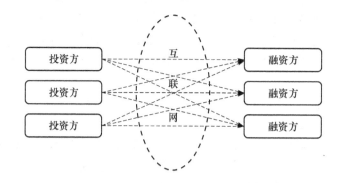

图1-2 互联网金融模式（无金融中介或市场）
（资料来源：谢平、邹传伟等，互联网金融手册，北京：中国人民大学出版社，2014）

二、两种金融模式的比较

金融本义是资金融通，从广义上说，跟货币发行、保管、兑换、结算相关的都是金融；但是狭义的金融，一般仅指货币的融通，所谓货币融通，就是资金在各个市场主体之间的融通转移的过程。这个转移的过程，一般主要表现为直接融资和间接融资两种方式。这两种融资方式直接构成了狭义上的金融概念，就是信用货币的流转，这个流转有两个特征，一是所有权和使用权分离，二是这个分离的过程是有报酬的，一般体现为利息或者股息。

事实上，互联网金融与金融互联网的本质区别就在于是否具备互联网精神，能否形成以客户需求为导向并注重客户体验等要素。我们从发展理念及思维方式、管理方式与组织架构、导向与出发点、客户群与体验、交易金额与频率、交易价格策略、信息差异性、新技术运用、安全性和监管体系等方面对两者进行比较。见表1-1。

表1-1 互联网金融与金融互联网的比较

比较项	互联网金融	金融互联网
发展理念及思维方式	互联网理念、互联网思维方式	传统理念、传统思维方式
管理方式	现代管理方式、相对独立、多变	传统管理方式、附属、相对稳定
导向与出发点	客户需求	自我、赢利
客户群与客户体验	开放、年轻的客户；便捷、互动	稳健、保守的客户；烦琐、单向

续表

比较项	互联网金融	金融互联网
交易金额与频率	单笔交易金额小、频率高	单笔交易金额大、频率低
价格策略	免费、低价	相对高价
信息差异性	相对对称、透明、去中介化	不对称、不透明、中介化
新技术运用	快	慢
安全性及风险管理方式	相对弱；追求客户体验和高效率	相对强；牺牲客户体验和效率
监管体系	相对薄弱，亟待完善	相对成熟、完善

（一）发展理念及思维方式不同

互联网金融与金融互联网的差异首先体现在其发展理念和思维方式上，与金融互联网相比，互联网金融的发展理念以及思维方式更为开放、平等、分享与包容，更加强调分工与协作。

互联网金融的发展理念是全面的互联网化，而金融互联网往往是将金融产品或服务搬上互联网，是单一的、局部的互联网化。

（二）管理方式不同

传统管理方式主要是将具有创造性的、有主见的人们置于一个标准化、规范化的体系内，而发展互联网金融这样的创新模式，就需要激发人们的创造力，在这方面，创新的管理方式就会比现有的管理方式（传统管理方式）更有效。相比较而言，金融互联网模式更多地遵循了现有的管理方式，而互联网金融则更接近于创新管理方式。

（三）导向与出发点不同

互联网金融与金融互联网在导向与出发点方面存在明显的差异。互联网金融主要以客户需求为导向，出发点往往是实现和挖掘客户的潜在需求、真实需求，设计和提供更多、更好的金融产品或服务，以合适的方式将其提供给合适的客户；而金融互联网则主要以自我和赢利为导向，出发点往往是将已有的金融产品或服务"强塞"给客户，自己有什么就"推销"什么，基本上不考虑这些产品或服务是否适合客户。

（四）客户群与客户体验不同

互联网金融的客户群往往比较年轻、开放，并且愿意尝试新鲜事物，比较熟悉互联网。相对而言，金融互联网的客户群年龄偏大一些，相对稳健、保守，他们往往是由于原先为自己提供服务的金融机构将部分金融产品或服务搬上互联网而不得不跟随这些金融机构的步伐而使用互联网。

从客户体验方面来看，金融机构留给客户的印象往往是"烦琐、缓慢"，而互联网金融尤其关注客户的体验，是互动式的，并且非常便捷，这也是两者最本质的区别。

（五）交易金额与频率不同

相对于金融互联网客户而言，互联网金融客户单笔的交易金额往往较小，同时交易频率较高。尽管互联网金融客户的单笔交易金额较小，但是由于交易频率较高，因此客户累计的交易金额并不小，预计未来客户在互联网金融方面的交易金额及其在客户总体交易金额中所占的比例会保持快速增长。

（六）价格策略不同

在价格策略方面，互联网金融主要考虑三个方面的因素：其一是短期、中长期收益与成本的比较；其二是产品或服务是否真正满足了客户的需求，以及是否为客户创造了更大的价值；其三是依托大数据等技术的支持，更好地了解和评估客户，从而实现差别化定价策略。互联网金融往往会为客户提供免费的金融服务，或者提供的金融产品或服务的价格明显低于金融互联网。

（七）信息差异性

在理财方面，互联网金融在一定程度上可以减少信息的不对称，使信息在融资方和投资方之间的分布变得更为均衡和透明，而金融互联网在这方面则存在较大差异。当然，需要指出的是，互联网金融也并不能完成解决信息不对称问题，因为信息是否全面、准确和及时，既有客观原因，也有主观原因，甚至有一些是恶意欺诈。

（八）新技术运用不同

互联网金融更愿意通过积极运用新技术来改善客户的体验，进而更好地满足客户需求。因此，互联网金融在战略上更加重视大数据、云计算、智能交互、机器学习等新技术的运用，在微观层面上对新技术表现得更加积极、主动和敏锐。

金融互联网对新技术更加谨慎，往往反应迟缓或被动，在营销方面更加倾向于依赖客户经理的服务，并不太关注新技术带来的体验。

（九）安全性及风险管理方式不同

从安全性来看，金融互联网相对于互联网金融安全性更高一些，但这是以牺牲客户体验与服务效率为代价的。

在风险应对方面，互联网金融直面这个"不完美世界"，运用新技术、新方法来管理风险，同时通过引进商业保险等方法来保障客户利益。在管理风险方面，互联网金融还追求良好的客户体验，保障高效率的客户服务；而金融互联网则追求所谓的"绝对安全"，通过设计各种烦琐的操作流程和环节来实现对客户的安全保障，其本质是完全牺牲了客户的体验和服务效率。

（十）监管体系不同

从目前互联网金融和金融互联网的业务机构来看，大致有三类，第一类是拥有正式牌照的金融机构；第二类是拥有开展某些金融业务的相关许可的非金融机构（"准金融机构"）；第三类是没有取得任何金融牌照或者正式许可的互联网公司、创业公司等非金融机构。

相比较而言，对前两类（金融互联网模式）的监管基本上可以更多地纳入现有的金融监管体系和法律法规框架内。而互联网金融模式则相对复杂，谁来对其进行监管？如何监管？以及如何维持既支持创新又规范发展之间的平衡？显然，这是政府监管机构面临的难题，也是迫切需要解决的难题。

延伸阅读

互联网金融改变了什么？

根据国内监管机构的数据，目前有互联网金融平台 4.1 万家，运营中的有 2 000 多家，涉及的用户 6.8 亿人，其中最多的是第三方支付用户。互联网支付、网络借贷和股权众筹累计交易额是 70 多万亿元，其中互联网支付 64 万亿元，网络借贷超过 6 万亿元，而且呈现出上升的态势。根据网贷之家的数据，2017 年 7 月 P2P 网贷行业历史累计成交量达到了 50 781 亿元，突破 5 万亿元大关。

中国互联网金融不断涌现的"独角兽"，已经在全球位列前茅。马云旗下的蚂蚁金服整体估值已经超过 600 亿美元，名列全球未上市的市值最高的公司之一。阿里巴巴的支付宝成为中国最大的第三方付款应用程序，支付宝在一天内创下了令人难以置信的 10 亿笔交易。聚焦分期付款的电商平台"分期乐"年流水超过 500 亿元。解决境外投资软件难用问题的"富途证券"，在 2 年的时间内完成 2 亿多美元的融资，2016 年全年交易额近 3 000 亿元人民币。

互联网金融这么火爆，与传统金融行业相比，互联网金融到底改变了什么？

在目前国内主流金融生态中，以银行、证券、保险业为代表的传统金融模式，逐渐暴露出沉积已久的各种问题：首先是国有金融机构垄断，非金融部门不得从事金融业务。正是这种垄断，导致了长期缺乏产品创新，同时由于手续繁杂，成本高居不下，中小企业和普通用户很难享受到好的金融产品和相关服务。这种传统金融服务的落后使得实体经济出现巨大的融资缺口，同时个人资金需要寻找更加合适的资金出口，这些都为互联网金融的发展留下了空间。

在经济学家看来，"互联网金融还是对传统金融模仿和对传统金融某些环节的改善，还没有跳出传统金融套路。我们认为这只是第一阶段，未来互联网金融将会向更高阶段迈进，区块链和人工智能将在其中发挥越来越突出的作用。这个影响我们无法估量。随着各项技术的发展，未来的前景还是比较广阔的"。

而在这个大潮中，中国已经成为世界上最大的金融科技市场。根据 Visual Capitalist 的报告数据，在全球 27 个金融科技"独角兽"中，中国 8 个互联网金融"独角兽"规模独占鳌头，包括蚂蚁金服、陆金所等，合计估值为数千亿美元。但其实这个表单并不能覆盖全部互联网金融公司，包括随手记、富途证券等机构，目前规模都已经远超"独角兽"的估值。中国整体金融科技市场现在价值高达 2.2 万亿美元。

对于中国互联网金融生态来说，目前整个国家的经济快速增长、消费升级成了大的趋势，而移动互联网的发展已经打通了类似水电这样的基础设施。

在腾讯和阿里巴巴两个巨头的培养下，通过补贴、各种消费场景、电商等多种方式，让消费者快速适应并接受了互联网支付的模式。更关键的是，它们在信用缺失的一个领域消除了用户的担心，培养了人们用手机支付和消费的习惯，从而可以进一步让中国消费者接受其他的金融科技服务，如网上银行，数字货币、股票、贷款、投资和保险。手机支付的普及，其实只是互联网金融浪潮的开端，可以预计，接下来互联网金融大潮将会在各个领域爆发。

互联网金融运用互联网技术与分享的精神，创造了一种普罗大众都深受其利的金融模式，但是对于万亿量级的金融"蓝海市场"来说，这一切只是刚刚开始。Technavio 的分析师预测，2016—2020 年，全球互联网金融投资市场的复合年增长率将达到 54.83%。互联网金融的发展正在并将持续改变中国的金融生态。

（资料来源：http://tech.ifeng.com/a/20170928/44701780_0.shtml）

> 【自主思考】
> 1. 请根据获得的资料，谈一谈互联网金融与金融互联网有哪几个方面的区别。
> 2. 互联网金融给传统银行业带来了哪些冲击？

任务二　互联网金融与传统金融的异同

众所周知，"互联网+"、互联网思维正在深刻改变着人们的生活方式和思维方式。以互联网支付、P2P 网络借贷和众筹融资为代表的互联网金融向传统金融提出了明显的挑战。两者究竟以怎样的方式共处、共存、共生、共荣，既是一个"仁者见仁，智者见智"的问题，也是一个关乎互联网金融未来发展的大问题。

任务描述

学生对互联网金融与传统金融的异同、互联网金融的 SWOT 分析及给传统金融带来的机遇与挑战等相关知识进行学习和理解。

任务分析

进行相关知识的讲解学习和课堂互动。教师运用多媒体对相关知识进行讲解，学生听课、讨论和思考。

相关知识

一、互联网金融与传统金融的区别

互联网金融相对于传统金融来说，它的优势是通过互联网实现资金信息的对接和交易，大大降低了交易成本，且手续简单，收益比较高，周期短，风险相对较低；而且解决了风险控制的问题，大量客户通过互联网上的交易，在网上留下交易记录和交易痕迹，这些客户的信息资料，对于银行从事信息风险控制是非常重要的。互联网金融面对的客户以分散的个人客户和中小企业为主，由于传统的商业银行并未十分重视这部分客户，互联网金融正好填补了这个空白，自然受到追捧而快速发展。

不仅如此，互联网金融业务量大，业务范围广。一是互联网金融业务交易量大，明显表现出单笔量小。二是互联网金融产品涉及范围广，相比于传统产业和传统金融行业，产品众多，业务范围广泛，几乎每个行业、每家企业都能在互联网金融领域找到自己的位置。

互联网金融与传统金融的区别主要体现在定位、模式、治理机制、优势方面的不同。

（一）定位不同

互联网金融主要聚焦于传统金融业服务不到的或者是重视不够的"长尾"客户，利用信息技术革命带来的规模效应和较低的边际成本，使"长尾"客户在小额交易、细分市场等领域能够获得有效的金融服务。

（二）模式不同

传统金融机构与互联网金融机构都在积极运用互联网技术，但是模式设计上是有差别的。前者具有深厚的实体服务基础，从线下向线上进行拓展，努力把原有的基础更充分地利用起来，提升服务的便捷性。而互联网金融多数是以线上服务为主，同时也注重从线上向线下进行拓展，利用便捷的服务手段，努力把业务做深和做实。

（三）治理机制不同

传统金融机构受到较为严格的监管，需要担保抵押登记、贷后管理等，互联网金融机构的市场化程度更高，通过制定透明的规则、建立公众监督的机制来赢得信任。不过越来越多的互联网金融公司的风控、审核机制越来越向银行靠拢。类似"铜掌柜"这样的，都拥有自己专业的风控团队，对借款项目层层把关，保障资金安全。

（四）优势不同

传统金融机构具有资金、资本、风险管理、客户与网点方面的显著优势。互联网金融机构则具有获客渠道不同、客户体验好、业务推广快、边际成本低、规模效益显著等优势。

二、互联网金融与传统金融的相同点

鉴于互联网金融的飞速发展对于实体经济的积极作用，国家也在逐步布局互联网金融与传统金融（以下以传统银行为例）的相互融合，未来互联网金融和传统金融的概念也会越来越接近，虽然本质概念上是有区别的，但还是有很多共同点的，传统银行和互联网金融都由四大模块构成：资信、系统、资金获取及资金出借。

（一）资信

传统银行最大的优势就是资信。几十亿甚至上百亿元的注册资本，几十年的信用积累，上千亿元的市值，银行牌照的信用背书……这是银行的核心价值，象征银行的实力，让人们对银行信任。在这一点上，互联网金融无疑就差很多，尤其是刚出现互联网金融的时候，一个注册资本几十万、上百万元的科技公司，十几二十个人的团队，这也是所谓"草根颠覆"的由来。然而今天，随着行业的发展、监管的逐步落实，互联网金融公司的资信也在提升。业内顶尖的互联网金融公司上10亿元的注册资本，上千人的团队，全国各地的分公司，甚至比一般的城商行、村镇银行都更有实力。未来，随着行业的进一步发展，两者的差距会逐渐消除。

（二）系统

传统银行投入最大的就是系统，但这个系统不光包括账户、清算、支付等财务方面，还包括风控系统、运营系统、管理系统，甚至监控系统等。这些是银行几十年来风风雨雨积累下来的一套方法，也是银行能长存的要素之一。

对于传统银行积累的大量数据，通过大数据大系统的方式，将个人的各种行为和消费数据构建成可量化的风险识别模型，对整个金融行业来说都有很长的路要走，尤其是对除了金融数据之外其他维度数据的利用，比如社交数据，与一出生就带着系统的互联网金融相比，传统银行显得要保守一些。未来随着各家的加速布局和建设，谁能率先建立起有效的风控模型，谁就能占据制高点。因为它将极大提升作业效率，对于金融行业的意义，堪比蒸汽机对于工业的意义。然而，这个模型的建立或许需要全社会的共同努力和协作，不论是传统银行还是互联网金融，都必须贡献出自己的力量。

(三) 资金获取

对于银行来说，获取资金的方式就是吸储。而且，银行的资金成本非常低，基本上都是按照央行的基准利率在执行。对于互联网金融来说，其本身不具有吸储功能，所以更多的只能是信息撮合。提供给投资人的收益，从最开始的年化20%甚至30%，到今天的10%左右，虽然降低了不少，但在资金成本上依然劣势明显。未来，在利率市场化的体制和风险定价的金融准则下，互联网金融的资金成本将逐步降低，银行的资金成本将有所上升，两者的利率水平将会在一定程度上趋同。

(四) 资金出借

银行最主要的业务是放贷，然后赚取利差。金融的逻辑是，只要收益能覆盖成本和坏账率，就是赚钱的。对于互联网金融来说，由于是信息中介，所以其只能是赚取信息服务费。对于借款利率，更多的是受其前端资金成本所限，在投资人的基础上加1%~3%。而银行由于在资金成本上的优势，其在借款端也有相应的优势。未来随着利率水平趋同，主要的竞争在定价能力上，谁能对风险准确评估，并给出合适的利率水平，谁就能在资产端赢得客户。

总而言之，不管是传统金融，还是互联网金融，其本质是一致的，与其说谁颠覆了谁，不如说是"互联网+"时代下的金融同行者。事实上未来金融行业的发展更需要全行业的努力，利用大数据大系统的方式，构建出合理的风控模型，提升整个社会的金融效率，才能让中国真正实现所谓的普惠金融。互联网金融未来的走向，必然会跟银行等金融机构融合。

三、传统金融与互联网金融的关系

当前我国宏观经济进入结构调整期，经济增长速度放缓，呈现出增速换挡、结构调整、前期刺激政策的消化的三期叠加结构性特征。

因此，今后金融改革的一个重点是增加金融有效供给，防范金融系统性风险。不良贷款是系统性风险的一个指标，要化解不良贷款问题，就要从供给侧、从生产端入手，通过解放生产力，提升竞争力，进而促进经济发展，这是供给侧改革的实质内容。中国约有40万亿元的储蓄没有进入实体经济，而互联网金融则可以同时从资产端和负债端唤醒这部分资金，解决经济转型中供给侧的失衡，让资金流入实体经济，盘活存量，刺激增量，最终达到去产能、去库存、去杠杆、降成本、补短板的目的。

在传统金融基础上进行"互联网+"的融合创新，是互联网金融的具体表现形式，是对传统金融的有益补充。其以新技术来做的大众金融、普惠金融和消费者金融，普遍降低传统金融的服务门槛，加强金融服务透明度，优化社会资产配置，提升金融服务实体经济的效率，对于化解现阶段银行不良率"双升"、稳定金融系统、防范系统性金融风险，以及促进产业转型升级均具有积极作用。

金融改革的另外一个发展重点是促进金融行业市场化，改变资源配置的方式，让一批适应新常态、具备新动力、可以创造新经济增长点的行业和小微企业得到应有的金融支持。互联网金融因为具备互联网的特性，使得金融服务的对象能够下沉、深入，可以做到无起点、无差别、全天候服务，过去不在传统金融服务范围之内的人群，可以享受到金融服务，不存在"长尾"问题。另外通过互联网技术，通过大数据、云计算去识别风险，管理风险，能更有针对性，能更好地为小微企业以及消费者的金融需求服务，而传统金融机构至少目前不具备这样的数据优势。

四、互联网金融的 SWOT 分析

（一）互联网金融的优势（S）分析

互联网金融用自身的优势为其发展提供了广阔的空间。它高效、灵活，相比传统金融，更能满足人们的生活需要。

1. 成本低

互联网金融不同于实体金融，互联网金融是通过网络平台来进行交易，在网络环境下，资金的供求双方可以自行进行双向选择，在双方都满意的情况下便可进行定价交易，程序简便。与传统的实体交易相比，互联网交易免去了中介及垄断。一方面，互联网金融基于大数据和云计算，使得互联网金融机构一旦在前期通过高投入完成平台、信息收集模型与分析模型的建设后，其后期的运行成本将很低；另一方面，交易双方在信息收集、信用评估、合同签约等交易成本上可以进行有效的节约。

2. 金融产品的创新性

互联网金融能够在短期内迅速崛起，有一个极为突出的优势就是创新能力。传统领域的金融行业多年来一直遵循着自己的发展法则，整个行业虽不时有所谓创新出现，但几乎无颠覆行业赢利模式的大动作。互联网金融一诞生即利用现代化的互联网技术在为客户衍生需求提供解决方案、行业的细分拓展上展现出极强的创新能力。

3. 便捷性

利用互联网金融，客户进行交易和转账不再高度依赖物理的营业网点，甚至可以完全不需要实体网点，仅仅通过一部智能手机或计算机就可以随时随地完成资金的划转和信用借贷，这就大大节省了时间。人们可以在闲暇时间浏览理财产品，办理理财业务，很好地运用了碎片化的资金和时间。

4. 信息传播快捷

在传统金融模式中，因为信息不对称的存在，资金需求方很难获得资金，资金提供者找不到好的融资项目。商业银行会因为获取信息的成本高而放弃小微企业客户，使得小微企业融资难。在互联网金融模式下，资金需求双方可通过互联网金融平台来查找匹配信息，从而使得交易要素透明、信息对称、定价合理。

5. 效率高

互联网及金融业务是基于网络技术来进行操作，流程简便，快捷实用。在传统的实体交易中，客户总是烦心于漫长的排队等候，形成了不愉快的服务体验。但是在互联网金融服务中，操作流程完全标准化、简易化，客户可以在轻松愉悦的氛围下完成交易。例如，客户从申请贷款到贷款的发放，只需几分钟时间便可完成，使互联网金融成为真正的"信贷工厂"。

6. 覆盖广

实体金融容易受到地域以及空间的限制，而互联网金融完全可以突破这一限制，实现随时随地的交易，服务更直接，覆盖更广泛。同时，由于互联网金融的客户以小微企业为主，这一服务领域完全实现了传统金融服务盲区的覆盖，有利于促进实体经济的发展。

7. 发展快

大数据以及电子商务大大促进了互联网金融的扩展步伐。例如当下十分火爆的余额宝，在上线的 18 天之内便实现了 250 多万人的客户群体，且累计转入资金达到 66 亿元之多。据报道，余额宝规模 500 亿元，成为规模最大的公募基金。现在，在互联网理财，不再需要冒着"枪林弹雨"，不用睡不着觉投 P2P 了，也不用翻来覆去看手机，每天为赚到 1 张彩票钱而沾沾自喜了，因为互联网私人银行来了。

（二）互联网金融劣势（W）分析

随着互联网技术的发展和金融市场客户多样诉求的推动，互联网金融逐渐挑战传统的银行业务，对传统银行的支付领域、小额贷款领域和中间业务领域均产生冲击。伴随着互联网金融创新变化，传统银行在面临挑战的时候，也面对机遇，当然互联网金融也有它的劣势。

1. 管理弱

首先体现在风险管理上，由于目前互联网金融还未与中国人民银行征信系统实现完全的接入，也没有实现信息与资源的共享，同时也不具备银行所具有的风险控制机制，不完善的风控容易造成各类风险。在风险的影响之下，已经有众贷网等网站终止服务或宣布破产。其次是监管弱，由于互联网金融起步较晚，国家还没有出台明确的法规对其予以法律约束，所以在业务执行方面也面临着许多法律风险。

2. 缺少政策红利

我国的商业银行享受国家体制和政策的红利，垄断和控制了大多数金融业务，在金融市场处于强势地位。目前我国互联网金融最大的缺点就是没有获得银行营业的牌照，不得不依靠商业银行来进行资金的存取和转账。除此之外，商业银行具有其他金融机构所不具有的国家信誉支持，在金融这个关乎国家命脉的特殊行业中占有重要的地位。

3. 易陷入流动性问题

互联网金融除了具有金融属性外，还兼具一些互联网行业本身的属性，因此造成流动性风险的因素更多。此外，互联网金融业务缺乏有效监管，没有保证金和资本充足率等严格的资本要求，资金的循环利用效率高，但是资金流相对脆弱。以余额宝为例，余额宝的用户大多把闲置的资金转入余额宝以获取较高的收益，但是余额宝可以进行"T+0"交易，用户可以随时对账户中的资金进行支取转账，一旦有突发情况，用户集中把余额宝内的资金大规模转出，那么余额宝就会因资金短缺而陷入流动性问题。

4. 网络安全问题

网络安全关系到消费者信心以及网络金融的发展前景，加强网络安全管理是各个国家网络金融机构长期的重要课题。网络空间数据量庞大，数据容易泄露，对消费者隐私的保护是很重要的一环，这对金融网站的技术有很高的要求，同时也不能放松网站管理。

5. 风险大

互联网金融的风险首先体现为信用风险。从我国目前互联网金融的发展现状来看，由于信用体系还不够完善，相关法律也未制定，且互联网金融违约成本低、准入门槛低的特点也大大强化了互联网金融的风险，如这些年发生的淘金贷、游易客等网站的"跑路"事件。其次是网络安全风险，我国网民基数大，黑客众多，对于互联网的攻击很容易造成用户隐私泄露，进而带来财产损失。

6. 相关法律法规问题

网络金融业务的种类和规模的发展速度十分惊人，但是却缺少相关的法律法规，一旦发生纠纷，很难确定相关责任，所以网络金融监管需要尽快完善。

（三）互联网金融的机会（O）分析

1. 有助于推进利率市场化改革

利率市场化是以中央银行利率为基础、货币市场利率为中介，由市场供求决定金融机构存贷款利率的市场利率体系。互联网金融的蓬勃发展恰恰为利率市场化提供了一个很好的试验田，其发挥的"鲶鱼效应"所引发的自主利率市场化进程，要比监管部门自上而下推动容易得多。例如：余额宝推出以后，让用户们看到了高于银行活期存款利息的真实市场利率，并帮助他们取得了更接近市场利率的收益，客观上又推进了利率市场化的进程。

2. 与商业银行合作共赢

商业银行对于互联网金融来说，既有竞争的可能，又有合作的机会。因此互联网企业应寻找与商业银行合作共赢的发展机会。一是与传统金融业融合，将资金风险控制归入线下银行账户监管。部分地区可通过资本运作、设立分支机构等方式，引入成熟的互联网金融机构，帮助其发展地方网络金融，带动本地网络金融的发展。因此，商业银行应加强与互联网企业的合作。二是在小微信贷方面，互联网金融创造了一种新的信贷模式，商业银行可以将小微企业的信用记录作为授信评级的指标，使小微企业借助于互联网金融这个平台来增加贷款额度。

（四）互联网金融的挑战（T）威胁

互联网金融的安全问题是我国面临的一大挑战威胁。网络犯罪、黑客攻击的频繁出现给用户造成了很大影响。一旦用户的信息被不法分子窃取，他们的资金将面临巨大隐患。

1. 网络系统风险

网络金融的大量业务的风控工作都是由计算机程序和软件完成的，具有很强的专业性，因此，电子设备安全管理存在的问题成为互联网金融运行最重要的技术风险。又由于互联网的 TCP/IP 协议过于简单，很容易遭到不法分子的改造攻击，导致个人信息泄露，对互联网金融的安全造成威胁。调查表明，不同行业的网络黑客攻击速度有所增长，黑客可通过网络漏洞进入主机，窃取客户重要信息，破坏计算机系统等。与传统金融相比，安全风险不会是局部的损失，一旦遭到攻击，将导致整个网络中止。此外，中国具有自主知识产权的互联网金融设备缺乏，互联网金融的软硬件大多为进口，对金融安全具有潜在威胁。

2. 用户操作风险

互联网金融的快速发展，在突破时空限制、降低交易成本的同时，也带来了信息安全的道德风险和逆向选择机制。由于互联网金融在开放的环境中生长，相互关联的单位很多，在与关联单位的合作中信息保护方面存在隐患。比如，用户在一些非安全的环境下，使用几个人的账号以及密码，互联网金融的业务主体无法进行传统的盖章和签字，这样极易造成用户的敏感信息泄露。此外，我国广大用户对自己的信息缺乏保护意识，常常让自己的信息，如信用卡密码、交易账号在不经意间泄露给不法分子而导致损失，这些操作风险时刻威胁着互联网金融的安全。

3. 法律监管风险

首先，互联网金融发展到现阶段，行业并没有统一标准的行为规范，互联网金融风险监管的法律体系不完善，还处于起步阶段。关于互联网金融的法律制度不多，对于一些重大问题的规定不够周密，条文的可操作性不强，不能适应网络金融业务的发展实践。其次，由于监管的缺失，在互联网金融创新的过程中，会让一些监管不到位、难以监控的互联网金融机构处于监管机构的监管范围之外，一旦发生问题，除了会威胁到互联网金融机构本身之外，还会威胁到整个金融业。最后，我国的电子合同制不够完善。电子合同相对于一般的书面合同来说，具有独特的无形性，很容易对其进行修改，从而使得电子形式的合同、签名的可执行性具有一定的争议，容易导致法律纠纷。因此，法律制度必须在这一方面进行具体的规定，为解决合同纠纷提供具有参考意义的法律依据。

五、互联网金融给传统金融带来的机遇与挑战

（一）在互联网金融下传统金融面临的机遇

1. 互联网金融是传统金融的有力补充

互联网金融给我们带来了三大好处，一是相对于传统的银行来说，交易成本不断降低，使行业更有竞争力；二是客户服务的口径在不断增大，覆盖面扩大；三是解决风险控制的问题，大量的客户通过互联网上的交易，在网上留下交易记录和交易痕迹，这些信息资料对于银行进行信息风险控制是非常重要的。

2. 大数据金融的运用

互联网金融还可以通过社交网络或电子商务平台挖掘各类与金融相关的信息，获取部分个人或机构没有完全披露的信息，智能满足用户金融需求。在互联网金融模式下，智能搜索引擎通过对信息的组织、排序和检索，能有针对性地满足信息需求，大幅度提高信息搜集效率。

3. 交易方式变革

在交易上，互联网金融可以及时获取供求双方的信息，并通过信息处理使之形成时间连续、动态变化的信息序列，并据此进行风险评估与定价。

（二）在互联网金融下传统金融面临的挑战

随着互联网技术的发展和金融市场客户多样诉求的推动，互联网金融逐渐挑战传统的银行业务。互联网金融的优势明显，对传统银行的支付领域、小额贷款领域和中间业务领域均造成冲击。当然互联网金融也有它的缺点。互联网是一把双刃剑，对于金融的发展也是如此，所以即使互联网金融发展势头良好，也存在着缺陷与障碍。因此，在同样的竞争条件下，互联网金融比传统金融究竟有多大的优势尚值得观察，而离取代后者仍然路途遥远。

（三）传统金融的应对策略和途径

1. 大力发展技术

《指导意见》第（一）条明确鼓励传统金融机构从技术、产品和平台三个层次进行互联网金融转型，非常明确地指出科学技术在互联网金融业务中的突出作用。银行、证券、保险三大传统金融机构必须坚定地实施科技领先发展战略，只有掌握先进技术，才能构建数据定价的核心能力，在汹涌澎湃的大数据时代才有竞争力。从目前来看，传统金融机构应大力发展以下技术：

一是新一代信息技术。主要是云计算、大数据风控和区块链技术，这是未来互联网金融业务创新的技术基础。特别是区块链技术使得信息自由和互信，发达国家的银行已经开始使用区块链技术框架进行金融服务创新。

二是人工智能技术。以指纹、人脸识别等基于生物特征的身份识别技术是未来金融活动主体识别的主流技术。

三是移动无线通信技术。以移动影像识别、智能穿戴技术为代表的"嵌入"金融服务的技术是未来互联网金融发展的方向。

四是网络信息安全保护技术。《指导意见》《监管办法》和《网络借贷信息中介机构业务活动管理暂行办法》对互联网金融机构的信息安全水平都提出了更高的要求,所以传统金融必须加强网络信息安全保护技术。

2. 快速推进产品创新

在"互联网+"时代,互联网已经像水和电一样,成为企业和个人依赖的基础条件,深刻改变了人们的生活习惯和商业模式。传统金融机构必须通过基于互联网的产品创新来满足"互联网+"时代客户对金融服务的需求,让产品创新成为自身向互联网金融转型的抓手。传统金融机构应在标准化产品、个性化产品和跨界化产品的三个维度进行大力创新。标准化产品创新应不断挖掘一定数量的群体对同一金融服务的需求,不断推出标准化的新金融产品,以互联网作为营销和服务渠道,给客户提供良好的产品体验,通过边际效应获得超额利润。个性化产品虽然目前成本较高,但随着用户数据的积累、大数据分析技术的成熟及未来逐步完善的征信系统,低成本为客户提供个性化的金融产品和服务完全可能,个性化的金融产品创新可极大增强传统金融机构的竞争力。跨界化产品创新也是未来创新的主要方向,互联网的开放性和跨界性使得行业与行业之间的界限变得模糊,传统金融机构应利用自身和政策优势积极与非金融机构进行合作,特别是与互联网企业进行跨界产品创新,扩大业务的深度和广度。

3. 积极构建生态平台

平台商业模式是互联网时代一种独有的生态模式,其精髓在于打造一个完善的、成长潜能强大的"生态圈",它拥有独树一帜的精密规范和机制系统,能有效激励多方群体之间互动,达成平台企业的愿景。生态平台战略既保持从纵向分析价值链环节的思维,又增加对横向价值环节的分解,所以能逐渐模糊产业的边界,在创新需求的同时,还蚕食现有需求,从而拆解产业现状、重塑市场格局,这就是BAT(百度、阿里巴巴、腾讯)等大型的互联网平台能逐步渗透到传统金融行业中的原因,由此可见平台商业模式在互联网时代的强大统治力。打造互联网金融生态平台其实一直也是大型传统金融机构梦寐以求的目标,但是由于主观和客观的原因,目前我国还没有传统金融机构主导的有统治力的金融平台。《指导意见》等政策支持传统金融机构打造互联网金融平台,为有条件的传统金融机构打造生态型互联网金融平台提供了历史性机遇。金融机构一定要坚定执行以金融账户为入口的生态平台战略。具有巨量用户的大型传统金融机构可以构建多生态、全场景、泛需求和综合化的互联网金融平台;有一定数量用户的中型传统金融机构可以打造细生态、多场景、专需求和一站式的互联网金融平台;没有用户数量优势的小微传统金融机构可以培育一个微生态、专场景、为实体和扶小微的互联网金融平台。

4. 专心致力人才培育

任何企业的发展都是由人才驱动的,人才是企业发展的核心要素、核心资源。随着互联网金融逐步打破金融垄断,银行"躺着也赚钱"的时代必将一去不复返。因此,能否拥有一支具有互联网思维和技能的人才队伍决定了传统金融在"互联网+"时代发展的成败。

传统金融必须制定人才优先发展战略，结合机制和体制改革，快速培养一批在精通金融业务的基础上谙熟国家互联网金融政策和规则、掌握互联网思维、理解互联网精神、能认清互联网金融发展趋势、具有将互联网和金融进行创新性融合能力的中高级管理层和一批具有互联网营销和产品推广及服务技能的一线员工。传统金融机构只有培育出一批又一批"看得懂、跟得上、想得到、留得住"的梯队结构合理的互联网金融人才，才能使自己抓住时代机遇，抢占互联网金融业务的高地。

延伸阅读　传统金融机构加速互联网布局

2015年年初，保险业开始加速布局互联网金融。作为目前中国最大的金融集团，中国平安董事长马明哲在新年致辞时，明确了平安"一扇门、两个聚焦、四个市场"的互联网金融战略体系，围绕"医、食、住、行、玩"等需求，搭建互联网金融平台。

在"平安2014业绩发布会"上，平安集团总经理任汇川表示，目前，平安互联网金融战略布局已基本成型。截至2014年年底，平安互联网用户规模达1.37亿户，年活跃用户6 925万户。陆金所、万里通、平安付、平安好房、平安好车、平安金融科技等互联网金融业务公司用户总量达9 141万户；其中持有传统金融产品的用户数达3 815万户，占比41.7%，年活跃用户达2 767万户；推动移动端业务平安APP总用户规模达1 971万户，年活跃用户1 401万户，发展速度惊人。

而另一保险巨头太平洋保险集团，也在积极申请第三方支付牌照。根据太保在线（太平洋保险在线服务科技有限公司）2015年互联网战略构想，拥有牌照后，除了提供基于互联网的财产、人寿保险服务之外，战略突破口将瞄准生活服务和金融服务，下一步将提供在线购买汽车、车险、车品、车辆保养等一揽子服务，此外还将提供包括运动器械、可穿戴设备等在内的一揽子综合性服务。太平洋保险在线服务科技有限公司副总经理林砺表示："拥有牌照后，一方面可实现太保每年大量资金及保费的往来闭环系统运作，另一方面可为客户提供基于第三方支付的增值金融服务。"

目前，太平洋保险已确定打造以"汽车、健康、金融服务"三大领域为核心的互联网服务平台，通过选择市场上较成熟、与公司业务关联紧密的生活类应用接入保险服务。

传统银行业较早就开始涉足互联网金融，如2012年下半年，建设银行推出国内创新型电子商务金融服务平台"善融商务"，实现了电子商务和金融服务的深度融合，用户在该平台的交易行为、物流信息等，都能成为用户信用指数的参考，从而与贷款额度相关联，有助于交易双方在建行建立良好的商业信用。

而中信银行与腾讯集团及旗下非金融支付公司财付通合作，民生银行与阿里巴巴（中国）有限公司签署协议，北京银行在京举行了直销银行开通仪式……这些与互联网金融有关的事，都发生在2013年。进入2014年，不仅民生银行、平安银行、北京银行等上市银行向直销银行领域大步迈进，还有许多地方区域银行，包括江苏银行、兰州银行、包商银行等也都参与其中。

上市银行年报也显示，传统银行业互联网金融创新业务发展势头良好。比如，农行2014年正式上线互联网金融综合服务平台（磐云平台），初步形成具有农行特色的"平台＋数据＋金融"的互联网金融综合服务体系，在网络支付、网络融资、电子商务等领域取得重要进展。2014年，该行创新推出的互联网融资产品"数据网贷"正式试点，完全基于交易数据决策而提供纯线上自助信贷服务。截至2014年年末，已累计通过大数据决策自动挖掘出1 629家小微企业，发放贷款4 631.61万元，余额3 010.23万元。又如，浦发银行移动金融服务快速发展，进一步巩固"移动金融领先银行"的市场地位。2014年，该行手机银行客户总规模已达664万户，在2013年年末的基础上再次实现翻番增长，交易笔数和交易金额分别是上年的4倍和5.5倍。浦发银行还率先建成"全能"微信银行，成为新的主要电子交易渠道，同时完成直销银行体系建设，为行外新客户提供优质的开户和理财服务，目前已在全部自有电子渠道实现应用。浦发银行还为全行理财经理量身打造PAD移动营销平台，并联合中国移动、复旦大学，成功发布了移动金融3.0标准及新生代用户移动金融信心指数。

（资料来源：http://iof.hexun.com/2015-03-27/174452956.html）

【自主思考】
1. 请根据所能获得的资料，谈一谈互联网金融的优势和劣势有哪些。
2. 请根据所学知识思考传统金融业如何应对互联网金融的冲击。

立体化阅读

《关于促进互联网金融健康发展的指导意见》

项目小结

本项目主要介绍了互联网金融与金融互联网以及互联网金融与传统金融的异同，并对互联网金融进行了SWOT分析，介绍了互联网金融给传统金融带来的机遇与挑战。互联网金融从无到有、从萌芽到快速发展的过程说明，它是一种运用互联网技术与精神实现金融服务的新兴的模式，其本质上是更民主、更普惠大众的金融模式，具有重大意义。传统金融机构要想发挥传统优势、获得长足发展，就必须借鉴互联网金融的发展优势，改善业务模式，实现传统金融的互联网化。

课后思考题

1. 互联网金融的含义是什么？互联网金融有哪些特点？
2. 互联网金融与金融互联网的本质区别是什么？
3. 我国的互联网金融模式与国外相比有什么特点？
4. 什么是普惠金融？什么是"二八定律"？结合所学知识，谈谈互联网金融为什么有助于推动普惠金融的发展。参考国务院《推进普惠金融发展规划（2016—2010年）》。

◎ ◎ ◎ ◎ 模块二 ◎ ◎ ◎

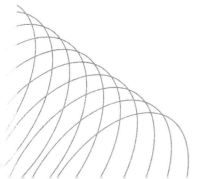

项目一

第三方支付

项目介绍

除了网上银行、电子信用卡等支付方式以外，还有一种方式也可以相对降低网络支付的风险，那就是正在迅猛发展的利用第三方机构的支付模式及其支付流程，而这个第三方机构必须具有一定的诚信度。本项目首先介绍了第三方支付的概况、背景、特点、分类、发展现状及交易流程，其次介绍了第三方支付的模式，再次介绍了第三方支付的风险及其防范，以及第三方支付发展趋势，最后通过典型案例分析，深化学生对第三方支付的认识和理解。

知识目标

1. 掌握第三方支付的概念和国内主要的第三方支付机构及运作特点；
2. 掌握第三方支付的业务及流程；
3. 理解商业银行与第三方支付之间的竞争与合作关系；
4. 熟悉 PayPal 与支付宝业务模式。

技能目标

1. 能够熟练使用支付宝、微信支付、快钱等主要第三方支付工具；
2. 能够针对不同的电子商务业态选择不同的第三方支付机构；
3. 能够结合第三方支付的特点对已有电子商务（网店）编制方案。

案例导入

第三方支付业务的发展

近几年，随着互联网金融的兴起，传统的支付方式已满足不了市场的需求，第三方支付机构迅速在市场上崛起。以支付宝和财付通为首的拥有互联网巨头背景的第三方支付公司，无论是交易规模、创新支付模式，还是支付场景和基于支付数据的增值服务等方面，都给支付市场带来了重大的金融革新,其简单便捷的支付模式越来越受到用户的青睐。纵观整个行业发展,从第三方支付的兴起,到最近央行相关政策的落地,2015年第三方支付行业也是大事不断。

1. 央行正式发布《非银行支付机构网络支付业务管理办法》

2015年7月31日,央行公布了《非银行支付机构网络支付业务管理办法(征求意见稿)》,对第三方支付业务提出明确的监管要求,规定支付机构单个客户所有支付账单累计金额不得超过5 000元,年累计不得超过20万元。12月28日,央行正式发布《非银行支付机构网络支付业务管理办法》,并于2016年7月1日正式实施。该文件对账户分三类进行监管。

2. 苹果支付和三星支付将进入中国

2015年12月18日,中国银联和苹果公司宣布合作,将在中国推出Apple Pay。同日,中国银联还宣布与Samsung Pay达成合作,将率先为中国大陆地区的银联卡持卡人在最新的三星移动设备上提供基于安全芯片的Samsung Pay服务。

3. 支付宝成猴年央视春晚独家互动平台

继羊年春晚与微信"摇一摇"合作后,2015年12月4日,猴年央视春晚节目组和支付宝联合宣布,支付宝成为猴年央视春晚独家合作互动平台。双方将通过全新的互动方式让亲人好友共同参与春晚节目与支付宝软件互动,给全球的华人带来一个有趣味、有年味的欢乐春晚。不论是"红包大战",还是春晚"抢夺战",都是支付宝和微信在移动支付领域争夺的一个缩影。可以预见的是,未来两大第三方支付工具必然会有更为激烈的竞争。

4. 多家银行网上转账免费,第三方支付平台开始收费

2015年9月17日,招商银行正式宣布从9月21日起网上转账全免费。随后,陆续有几十家银行对网上转账免费。业内人士分析,由于第三方支付发展迅猛,已经开始倒逼银行业改革,银行网上转账全免时代已经到来。

5. P2P资金要求托管于银行,第三方支付业务受影响

2015年7月18日,央行等十个部门发布的《指导意见》规定,P2P从业机构应当选择符合条件的银行业金融机构作为资金存管机构,对客户资金进行管理和监督,实行客户资金与从业机构自身资金分账管理。在《指导意见》发布之前,大部分平台的资金托管并非交予传统的银行金融机构,更多的是通过第三方支付机构来进行资金托管。随着《指导意见》的出台,已经陆续有网贷平台开始谋求与银行合作。虽然目前实际没有多少进展,但银行托管将会是以后的趋势。

支付宝和微信支付

支付宝诞生于2003年10月,最初是为了解决网络交易的诚信问题,提供交易担保。2014年12月,支付宝(中国)网络技术有限公司正式成立,随后支付宝官方网站正式上线并开始独立运营,用户数和交易规模迅猛增加,并逐步成为除京东商城和苏宁易购外,中国B2C网站都支持的付款方式。支付宝2006年6月推出手机客户端,同年11月推出支付宝卡通(快捷支付的前身),进一步方便了付款者使用;2010年7月推出条码支付;同年12月正式推出快捷支付;2013年6月增值服务余额宝上线,用户能够获得收益,并能支付、转出无手续费;同年11月支付宝钱包品牌独立;2014年8月招财宝上线;同年10月蚂蚁金融服务集团正式成立,目前旗下有支付宝、芝麻信用、蚂蚁聚宝、网商银行、蚂蚁小贷、蚂蚁金融云、月报、招财宝、蚂蚁花呗。

微信支付是集成在微信客户端的支付功能，用户可以通过手机快速完成支付流程。微信支付以绑定银行卡的快捷支付为基础，向用户提供安全、快捷、高效的支付服务。2014年9月26日，腾讯公司发布的腾讯手机管家5.1版本为微信支付打造了"手机管家软件锁"，在安全入口上独创了"微信支付加密"功能，大大提高了微信支付的安全性。用户只需在微信中关联一张银行卡，并完成身份认证，即可将装有微信APP的智能手机变成一个全能钱包，之后即可购买合作商户的商品及服务，用户在支付时只需在自己的智能手机上输入密码，无须任何刷卡步骤即可完成支付，整个过程简便流畅。目前微信支付已实现刷卡支付、扫码支付、公众号支付、APP支付，并提供企业红包、代金券、立减优惠等营销新工具，满足用户及商户的不同支付场景需要。微信支付支持以下银行发行的贷记卡：深圳发展银行、宁波银行。此外，微信支付还支持以下银行的借记卡及信用卡：招商银行、建设银行、光大银行、中信银行、农业银行、广发银行、平安银行、兴业银行、民生银行。从2016年3月1日起，微信开始向用户收取手续费。（资料来源：根据网上报道整理）

【自主思考】
请根据所能获得的资料，谈一谈目前支付宝和微信的市场范围有何区别。

任务一　第三方支付概况

支付宝（中国）网络技术有限公司是国内领先的第三方支付平台，致力于提供"简单、安全、快速"的支付解决方案。与支付宝相似的第三方支付平台，还有常用的微信、QQ钱包，等等。第三方支付的产生和发展给生活带来了极大的便利，越来越多的人习惯不带钱包出门，通过手机就可以完成支付。

任务描述

学生对第三方支付的定义、背景、特点、分类及发展现状、交易流程等相关理论知识进行学习和思考。

任务分析

进行相关知识的讲解学习和课堂互动。教师运用多媒体对第三方支付相关理论知识进行讲解，学生听课、讨论和思考。

相关知识

一、第三方支付的定义

第三方支付是指具备一定实力和信誉保障的独立机构，采用与各大银行签约的方式，通过与银行支付结算系统接口对接而促成交易双方进行交易的网络支付模式。

采用第三方支付模式，买方选购商品后，用第三方平台提供的账户进行货款支付（支付给第三方），并由第三方通知卖家货款到账，要求发货；买方收到货物，检验货物，并且进行确认后,再通知第三方付款;第三方再将款项转至卖家账户。

2017年1月13日下午,《中国人民银行办公厅关于实施支付机构客户备付金集中存管有关事项的通知》发布,明确了第三方支付机构在交易过程中,产生的客户备付金今后统一交存至指定账户,由央行监管,支付机构不得挪用、占用客户备付金。

二、第三方支付的背景

第三方支付采用支付结算方式。按支付程序分类,结算方式可分为一步支付方式和分步支付方式,前者包括现金结算、票据结算(如支票、本票、银行汇票、承兑汇票)、汇转结算(如电汇、网上支付),后者包括信用证结算、保函结算、第三方支付结算。

在社会经济活动中,结算属于贸易范畴。贸易的核心是交换。交换是交付标的与支付货币两大对立流程的统一。在自由平等的正常主体之间,交换遵循的原则是等价和同步。同步交换,就是交货与付款互为条件,是等价交换的保证。

在实际操作中,对于现货标的的面对面交易,同步交换容易实现;但许多情况下由于交易标的的流转验收(如商品货物的流动、服务劳务的转化)需要过程,货物流和资金流的异步和分离不可避免,同步交换往往难以实现。而异步交换,先收受对价的一方容易违背道德和协议,破坏等价交换原则,故先支付对价的一方往往会受制于人,自陷被动、弱势的境地,承担风险。异步交换必须附加信用保障或法律支持才能顺利完成。

同步交换可以规避不等价交换的风险,因此为确保等价交换就要遵循同步交换的原则。这就要求支付方式应与交货方式相适配:对当面现货交易,适配即时性一步支付方式;对隔面或期货交易,适配过程化分步支付方式。过程化分步支付方式契合了交易标的流转验收的过程性特点,款项从启动支付到所有权转移至对方不是一步完成,而是在中间增加中介托管环节,由原来的直接付转改进为间接汇转,业务由一步完成变为分步操作,从而形成一个可监可控的过程,按步骤有条件地进行支付。这样就可货走货路,款走款路,两相呼应,同步起落,使资金流适配货物流进程达到同步相应的效果,使支付结算方式更科学化、合理化地契合市场需求。

传统的支付方式往往是简单的即时性直接付转,一步支付。其中钞票结算和票据结算适配当面现货交易,可实现同步交换;汇转结算中的电汇及网上直转也是一步支付,适配隔面现货交易,但若无信用保障或法律支持,异步交换容易引发非等价交换风险。现实中买方先付款后不能按时按质按量收获标的,卖方先交货后不能按时如数收到价款,被拖延、折扣或拒付等引发经济纠纷的事件时有发生。

在现实的有形市场,异步交换权且可以附加信用保障或法律支持来进行,而在虚拟的无形市场,交易双方互不相识,不知根底,故支付问题曾经成为电子商务发展的瓶颈之一:卖家不愿先发货,怕货发出后不能收回货款;买家不愿先支付,担心支付后拿不到商品或商品质量得不到保证。博弈的结果是双方都不愿意先冒险,网上购物无法进行。

为迎合同步交换的市场需求,第三方支付应运而生。第三方是买卖双方在缺乏信用保障或法律支持的情况下的资金支付"中间平台",买方将货款付给买卖双方之外的第三方,第三方提供安全交易服务,其运作实质是在收付款人之间设立中间过渡账户,使汇转款项实现可控性停顿,只有双方意见达成一致才能决定资金去向。第三方担当中介保管及监督的职能,并不承担什么风险,所以确切地说,这是一种支付托管行为,通过支付托管实现支付保证。

三、第三方支付的特点

除了网上银行、电子信用卡等支付方式以外，还有一种方式也可以相对降低网络支付的风险，那就是正在迅猛发展的利用第三方机构的支付模式及其支付流程，而这个第三方机构必须具有一定的诚信度。在实际的操作过程中这个第三方机构可以是发行信用卡的银行本身。在进行网络支付时，信用卡号码以及密码的披露只在持卡人和银行之间转移，降低了通过商家转移而导致的风险。

同样，当第三方是除了银行以外的具有良好信誉和技术支持能力的某个机构时，支付也通过第三方在持卡人或者客户和银行之间进行。持卡人首先和第三方以替代银行账号的某种电子数据的形式（例如邮件）传递账户信息，避免了持卡人将银行信息直接透露给商家，另外也可以不必登录不同的网上银行界面，而每次登录时，都能看到相对熟悉和简单的第三方机构的界面。

第三方机构与各个主要银行之间又签订有关协议，使得第三方机构与银行可以进行某种形式的数据交换和相关信息确认。这样第三方机构就能实现在持卡人或消费者与各个银行，以及最终的收款人或者是商家之间建立一个支付流程。

可以看到，第三方支付具有显著的特点：

第一，第三方支付平台提供一系列的应用接口程序，将多种银行卡支付方式整合到一个界面上，负责交易结算中与银行的对接，使网上购物更加快捷、便利。消费者和商家不需要在不同的银行开设不同的账户，可以帮助消费者降低网上购物的成本，帮助商家降低运营成本；同时，还可以帮助银行节省网关开发费用，并为银行带来一定的潜在利润。

第二，较之 SSL、SET 等支付协议，利用第三方支付平台进行支付操作更加简单而易于接受。SSL 是应用比较广泛的安全协议，在 SSL 中只需要验证商家的身份。SET 协议是基于信用卡支付系统的比较成熟的技术。但在 SET 中，各方的身份都需要通过 CA 进行认证，程序复杂，手续繁多，速度慢且实现成本高。有了第三方支付平台，商家和客户之间的交涉由第三方来完成，使网上交易变得更加简单。

第三，第三方支付平台本身依附于大型的门户网站，且以与其合作的银行的信用作为信用依托，因此第三方支付平台能够较好地突破网上交易中的信用问题，有利于推动电子商务的快速发展。

在通过第三方支付平台的交易中，买方选购商品后，使用第三方支付平台提供的账户进行货款支付，由对方通知卖家货款到达、进行发货；买方检验货物后，就可以通知付款给卖家。第三方支付平台的出现，从理论上讲，杜绝了电子交易中的欺诈行为，这也是由它的特点决定的。

四、第三方支付的分类

（一）行业分类

第三方支付企业类型分为互联网型、金融型。

1. 互联网型第三方支付企业

以支付宝、财付通为首的互联网型第三方支付企业，以在线支付为主，捆绑大型电子商务网站，迅速做大做强。

2. 金融型第三方支付企业

以银联商务、快钱、汇付天下、易宝、拉卡拉等为首的金融型第三方支付企业,侧重行业需求和开拓行业应用。

3. 第三方支付公司为信用中介

非金融机构的第三方支付公司为信用中介,类似银联商务、拉卡拉、嘉联支付这类手机刷卡器产品,这类移动支付产品通过和国内外各大银行签约,具备很好的实力和信用保障,是在银行的监管下保证交易双方利益的独立机构,它在消费者与银行之间建立一个某种形式的数据交换和信息确认的支付流程。乐富支付向广大银行卡持卡人提供基于POS终端的线下实时支付服务,并向终端特约商户提供POS申请/审批、自动结账/对账、跨区域T+1清算、资金归集、多账户管理等综合服务。

(二)主流品牌

国内的第三方支付产品主要有支付宝、微信支付、百度钱包、PayPal、中汇支付、拉卡拉支付、财付通、融宝、盛付通、腾付通、通联支付、易宝支付、中汇宝、快钱、国付宝、物流宝、网易宝、网银在线、环迅支付IPS、汇付天下、汇聚支付、宝易互通、宝付、乐富等。

1. PayPal

其中用户数量最大的是PayPal和支付宝,前者主要在欧美国家流行,后者是阿里巴巴旗下的产品,据称,截止到2012年12月,支付宝用户超过8亿人。拉卡拉则是中国最大线下便民金融服务提供商。另外,中国银联旗下的银联电子支付也开始发力于第三方支付,推出了银联商务,提供相应的金融服务。

2. 支付宝

支付宝(中国)网络技术有限公司是国内领先的独立的第三方支付平台,是由阿里巴巴集团CEO马云先生在2004年12月创立的第三方支付平台,是阿里巴巴集团的关联公司。支付宝致力于为中国电子商务提供"简单、安全、快速"的在线支付解决方案。

3. 拉卡拉支付

拉卡拉支付是一种技术融合产品,即将银行严格的风险控制与支付企业的技术创新相结合。招行、广发等手机银行已经内置拉卡拉移动支付功能,解决了手机银行只能受理本行银行卡的问题。

4. 财付通

财付通是腾讯公司于2005年9月正式推出的专业在线支付平台,它致力于为互联网用户和企业提供安全、便捷、专业的在线支付服务。

5. Moneybookers

2003年2月5日,Moneybookers成为世界上第一家被官方认可的电子银行。它还是英国电子货币协会(EMA)的14个成员之一,更重要的是这家电子银行里的外汇是可以转到中国国内银行账户里的。

6. 宝付

宝付推出的"我的支付导航"主要分个人支付导航与商户支付导航两大板块。从网上缴纳水、电、天然气费等基本生活需要,到旅行买机票、火车票、定酒店,再到网上购物、话费充值等各种类型的"日常便民服务","我的支付导航"不仅为广大个人用户提供了便利生活的支付服务,也给企业商户提供了行业解决方案、一站式解决方案及增值服务等产品服务。

7. 国付宝

国付宝信息科技有限公司（国付宝）是商务部中国国际电子商务中心（CIECC）与海航商业控股有限公司合资成立的，是针对政府及企业的需求和电子商务的发展，精心打造的国有背景的、引入社会诚信体系的独立第三方电子支付平台，也是"金关工程"的重要组成部分。

8. 迅银支付

北京迅银支付网络科技有限公司（迅银支付）是由国内金融、支付、科技等领域资深从业人士组建的，公司以自有创新技术，努力为国内企业、行业客户和投资者提供安全、便捷、稳定的互联网金融支付科技平台，拥有成熟而完善的管理经验及服务体系。

迅银支付以终端消费群体的需求为核心，其智能终端中还包括信用卡还款，话费充值，水、电、天然气费代缴等一系列便民服务，最大化地服务消费者。除此之外，加盟迅银支付的审批也十分简单，办理较便捷，安装完即能使用。除此以外，迅银支付还拥有金融服务T+0平台、商盟生活服务平台、数据外包服务平台等。

迅银支付作为行业中的佼佼者，首先考虑的是商户的利益，保证商户交易不停、结算不缓，不让任何商户损失一分钱。这些商户是给予迅银支付最大信任的人，有他们的信任，才有迅银支付的未来。其次要考虑的是经销商的利益，保证经销商分润不停、业务稳定。经销商是迅银支付的核心伙伴，迅银支付与各经销商同进退、同成长、互利共赢。

五、第三方支付的发展现状

央行2015年2月12日发布了2014年支付体系运行总体情况报告，报告显示，电子支付业务保持增长态势，移动支付业务快速增长。2014年，全国电子支付业务金额1 404.65万亿元，同比增长30.65%。

报告显示，2014年，全国共发生电子支付业务333.33亿笔，金额1 404.65万亿元，同比分别增长29.28%和30.65%。其中，网上支付业务285.74亿笔，金额1 376.02万亿元，同比分别增长20.70%和29.72%；电话支付业务2.34亿笔，金额6.04万亿元，笔数同比下降46.11%，金额同比增长27.41%；移动支付业务45.24亿笔，金额22.59万亿元，同比分别增长170.25%和134.30%。

在银行卡业务方面，发卡量和交易量均保持增长。截至2014年年末，全国累计发行银行卡49.36亿张，较上年末增长17.13%。2014年，全国共发生银行卡交易595.73亿笔，同比增长25.16%；金额449.90万亿元，同比增长6.27%。

另外，从支付系统资金往来情况看，全国共18个省、自治区、直辖市的辖区内资金流动量占本行政区资金流动总量的比例超过50%。2014年，处理资金总量居前三位的地区为北京、上海、广东，其资金流动总量分别占全国资金流动总量的28.75%、14.35%和12.57%

六、第三方支付的交易流程

在第三方支付交易流程中，支付模式使商家看不到客户的信用卡信息，同时又避免了信用卡信息在网络上多次公开传输而导致信用卡信息被窃。

以B2C交易为例（图2-1）：

第一步，客户在电子商务网站上选购商品，最后决定购买，买卖双方在网上达成交易意向。

第二步，客户选择第三方作为交易中介，客户用信用卡将货款划到第三方账户上；

第三步，第三方支付平台将客户已经付款的消息通知商家，并要求商家在规定时间内发货；

第四步，商家收到通知后按照订单发货；

第五步，客户收到货物并验证后通知第三方；

第六步，第三方将其账户上的货款划入商家账户中，交易完成。

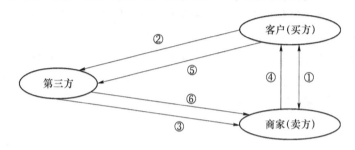

图2-1 第三方支付交易流程

延伸阅读　　　　　微信的支付方式及优势

使用微信支付非常简单，用户只需要在微信中关联一张银行卡，并完成身份认证，即可将装有微信APP的智能手机变成一个全能钱包，之后便可以购买合作商户的商品及服务，进而采用微信支付即可完成交易，整个过程简便流畅。微信支付正在以其方便、快捷、高效等诸多方面的优势吸引着越来越多的用户使用。目前微信支付主要通过以下方式实现：公众号支付、扫码支付、APP支付、刷卡支付。这些支付方式可以为客户实现快速付款，为商户实现高效收款的目的。具体的支付使用流程如下：

1. 公众号支付

微信公众号是开发者或商家在微信公众平台上申请的应用账号，该账号与QQ账号互通，通过公众号，商家可在微信平台上实现和特定群体的文字、图片、语音、视频的全方位沟通、互动，形成一种主流的线上线下微信互动营销方式。

首先商家要注册公众平台账号，可以选择账号类型为服务号，然后填写相关资料并通过微信支付认证。在资料提交后，微信支付会向其结算账户中打一笔数额随机的验证款，进行商户验证。待资料审核通过后，查收款项，登录商户平台，填写款项额，数额正确即可通过验证。验证通过后，在线签署线上协议，完成之后，商户即可将产品上线进行售卖。

公众号支付，即在微信内的商家页面上完成支付：首先在公众号内进行商品消息推送，其次在公众号内选购商品，然后将自己要购买的商品下单，再输入个人微信密码，就可以实现微信支付。

2. APP支付

首先商家要注册微信开放平台账号，通过开发者资质认证，提交APP基本信息，通过开放平台应用审核；然后填写相关资料，再进行商户验证及签署线上协议，完成后就可以在APP内调用微信支付，发起支付，例如现在比较广泛应用的滴滴快车软件。

用户在相关的APP内选择好自己想要购买的商品，然后放入"购物车"提交订单，进行商品信息的确认，再输入微信支付密码，即支付成功。

3. 微信扫描二维码支付

商户首先要注册公众平台。选择账号类型为服务号，填写相关资料并通过微信支付认证。然后商户填写自己的资料信息，再进行商户验证，验证通过后在线签署线上协议，完成之后，即可将产品上线进行售卖。

用户首先选好商品，然后扫描商品二维码，再进行商品信息确认，输入自己的微信支付密码，支付成功。

4. 刷卡支付

商户要注册公众号，然后填写相关企业资料，再进行商户验证，验证通过后，在线签署线上协议，即可将产品上线进行售卖。

用户打开微信—"我"—"我的钱包"—刷卡，然后向收银员出示条码，即支付成功。

微信支付的优势：

第一，全民微信，人人都是POS机，微信支付+公众号为商家连接每一个客户。

第二，支付方式简单、快捷、安全，支持所有主流银行卡，金融级别的支付安全体系有五大安全保障为用户提供安全防护和客户服务。

第三，营销推广，高效便捷。99%的用户习惯用微信扫二维码，可低门槛开展线下活动。依托微信海量用户与关系链，营销活动快捷传播（如微信红包）。

（资料来源：http://www.wyzhifu.com/yjwendang/1007.html）

【自主思考】

1. 第三方支付方式的兴起给你的生活带来了哪些变化？
2. 结合实际，通过查阅相关资料说说支付宝和微信支付方式有哪些不同。

任务二　第三方支付的模式

如今第三方支付公司在线下POS市场打得不可开交，为了占领市场和利益最大化纷纷选择代理商模式，与直销模式渐行渐远。代理商模式虽然成本较低、发展商户较快、获得效益也较快，但是弊端也很明显，比如无法与商户直接交流、无法获取商户的真实信息、风险事件频发，以往传统意义上的营销商户已经变成了营销代理商。

任务描述

学生对第三方支付的运营模式等相关知识进行学习和思考。

任务分析

进行相关知识的讲解学习和课堂互动。教师运用多媒体对相关知识进行讲解，学生听课、讨论和思考。

相关知识

一、第三方支付机构

第三方支付公司的组织架构,我们以支付宝为例。

(一)设总裁或者总经理办公室(为集团总部领导人员)

总裁办公室下设行政部办公室,管理日常琐碎事务,如所有人员的考勤和出差订票等。

(二)市场部

(1)分支机构管理部门:管理全国分支机构,用于协调全国分支机构和总部各部门的沟通。

(2)产品规划部:用于规划全国产品和营销方案的设计。

(3)集团项目部:用于全国的项目规划落地。

(4)商圈建设部:实现全国的商圈建设和商户的接入。

(5)分支机构的省市分公司:实现全国各地区的销售和后续的维护和管理。

(三)运营部

(1)客服部:负责全国用户的咨询和事务的处理。

(2)运维技术部:负责整体系统的维护。

(3)产品测试部:负责产品的测试和上线。

(4)对外宣传部:负责对外宣传和官方网站的建设。

(5)运营合作部:负责配合市场做技术支撑和活动。

(四)技术研发部

负责产品的研发和技术服务支撑,根据项目设立部门。

(五)风险规范部

(1)风险管理部:负责数据监督和风控事宜。

(2)金融行业部:负责金融行业协调和配合市场做相关事务处理。

(3)清算中心组:负责每日的数据核对和相关数据清算。

(4)合同管理部:主要负责法律事务和合同管理事宜。

(六)财务部

二、第三方支付的运营模式

第三方支付平台运用先进的信息技术,分别与银行和用户对接,将原本复杂的资金转移过程简单化、安全化,提高了企业的资金使用效率。如今的第三支付已不仅仅局限于最初的互联网支付,而是成为线上线下全面覆盖、应用场景更为丰富的综合支付工具,并且依前文所述,从第三方支付平台的功能特色来看,第三方支付可以分为支付网关模式和支付账户模式。目前市场上第三方支付公司的运营模式可以归为两大类,一类是以快钱为代表的独立第三方支付模式;另一类是以支付宝、财付通为代表的依托自有B2C、C2C电子商务网站,提供担保功能的第三方支付模式。

1. 独立第三方支付模式

独立第三方支付模式,是指第三方支付平台完全独立于电子商务网站,不负有担保功能,仅仅为用户提供支付服务和支付系统解决方案,平台前端联系着各种支付方法供网上商户和消费者选择,同时,平台后端连着众多银行,平台负责与各银行之间的账务清算。独立的第三方支付平台实质上充当了支付网关的角色,但不同于早期的纯网关型公司,它们开设了类似支付宝的虚拟账户,从而可以收集所服务的商家的信息,作为为客户提供支付结算功能之外的增值服务的依据。

独立第三方支付平台主要面向 B2B、B2C 市场,为有结算需求的商户和企业单位提供支付解决方案。它们的直接客户是企业,通过企业间接吸引消费者。独立第三方支付企业与依托电商网站的支付宝相比更为灵活,能够积极地响应不同企业、不同行业的个性化要求,面向大客户推出个性化的定制支付方案,从而方便行业上下游的资金周转,也使其客户的消费者能够便捷付款。独立第三方支付平台的线上业务规模远比不上支付宝和财付通,但其线下业务规模不容小觑。独立第三方支付平台的收益来自和银行的手续费分成和为客户提供定制产品的收入。但是,该模式没有完善的信用评价体系,容易被同行复制,迅速提升在行业中的覆盖率以及用户黏性是其制胜关键。

2. 有交易平台的担保支付模式

有交易平台的担保支付模式,是指第三方支付平台捆绑着大型电子商务网站,并同各大银行建立合作关系,凭借其公司的实力和信誉充当交易双方的支付和信用中介,在商家与客户间搭建安全、便捷、低成本的资金划拨通道。

在此类支付模式中,买方在电商网站选购商品后,使用第三方支付平台提供的账户进行货款支付,此时货款暂由平台托管并由平台通知卖家货款到达、进行发货;待买方检验货物进行确认后,通知平台付款给卖家,此时第三方支付平台再将款项转至卖家账户。这种模式的实质是第三方支付平台作为买卖双方的信用中介,在买家收到货物前,代替买卖双方暂时保管货款,以防止出现欺诈和拒付行为。

支付宝和财付通由各自母公司的电商业务孕育而出,本是作为自有支付工具出现。在淘宝、拍拍等 C2C 电子商务网站上聚集的个人商户和小微企业商户没有技术实力来解决网络购物的支付问题,双方通过网络直接交易对消费者而言也缺乏信任感,这就需要中立于买卖双方、有技术实力又有担保信用的第三方来搭建这个桥梁,支付宝和财付通即在这种需求下应运而生。担保支付模式极大地促进了它们所依附的电商网站的交易量,电商网站上的消费者也成为支付平台的使用者。担保交易模式所打造的信任环境为其带来了庞大的用户群,这些海量的用户资源为这类第三方支付平台创造了强大的优势地位,这是快钱这类的独立第三方支付平台难以企及的。

三、第三方支付的产业链

第三方支付的产业链如图 2-2 所示。根据产业链的企业形态,可以将产业链分为产品链和价值链。

(一) 第三方支付的产品链

传统的产业链都是上下游产品的投入与产出之间的关系。产品链是产品的流动和为了实现产品流动而产生的资金流动以及信息流动,其实就是专业分工后的产品流动。在第三方支

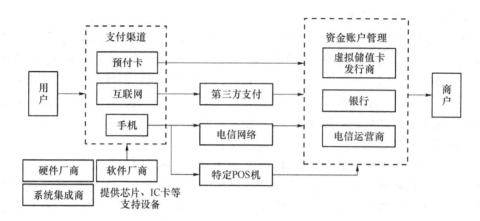

图 2-2 第三方支付产业链

付的产业链当中,第三方支付平台是产业链的核心所在,它贯穿了整个交易活动的始终,有别于传统产业链当中某个具体的位置只能停留在其上下游的中间位置。第三方支付之所以能贯穿整个产业链,是因为第三方支付服务的具体形态表现为支付工具与支付服务的产品链。产品链的服务对象是进行商品交易与资金清算的客户。

第三方支付平台由于其对商家、客户、银行的优势,使其在缺乏有效信用约束体系的网络交易环境当中脱颖而出。首先,对商家而言,通过第三方支付平台可以规避无法收到客户货款的风险,同时能够为客户提供多样化的支付工具。尤其为无法与银行网关建立接口的中小企业提供了便捷的支付平台。其次,对客户而言,不但可以规避无法收到货物的风险,而且货物质量在一定程度上也有了保障,增强了客户网上交易的信心。最后,对银行而言,通过第三方平台银行可以扩展业务范畴,同时也节省了为大量中小企业提供网关接口的开发和维护费用。可见,第三方支付模式有效地保障了交易各方的利益,为整个交易的顺利进行提供了支持。

第三方支付产品链要求具备非常高的合作程度,但是其中也存在十分激烈的竞争。假如银行需要提高利润,就会压低第三方支付的服务和电子交易费用,而第三方支付势必也会向客户收取更高的费用以维持一定的利润空间。一旦商户从第三方支付中获益大大降低的时候,就会有可能退出第三方支付平台继而选择直接支付等方式。产业链当中一旦出现合作关系的改变,就极有可能损害整个产品链的利益,无法达到共赢。因此在第三方支付产业链当中,必须合理处理各方的关系,尤其是第三方支付平台与银行的关系。如果第三方支付提供的支付结算业务趋近于银行的支付结算业务,两者之间的竞争会加剧,从而影响整个产品链。第三方支付平台当中的企业应当采取差异化战略,提供不同的产品。

(二)第三方支付的价值链

波特认为:"每一个企业都是在设计、生产、销售、发送和辅助其产品的过程中进行种种活动的集合体。所有这些活动可以用一个价值链来表明。"第三方支付的价值链体现为平台内部各业务单元的价值以及与第三方支付相关行业的行业价值链。

第三方支付平台的竞争,不只是内部企业与企业之间的竞争,更是这个价值链之内的竞争。整个价值链的综合竞争力决定企业的内部竞争力。第三方支付平台需要生存和发展,就必须为平台内部的企业以及相关的利益集团,包括消费者、供应商、银行等创造价值。创造价值,即增值活动,在第三方支付产业链当中,增值活动会直接影响到第三方支付的竞争力。

支付宝是在线支付的一个例子，从事第三方支付的服务活动，银行专门从事金融产品的研发与清算，而将在线交易服务外包给支付宝。生产销售本是企业内部的增值活动，现在第三方支付打破了这种陈规。银行支付业务外包，使企业内部价值链由不同企业组成，因而消费者获得产品的渠道不再是产品链运动的结果，而是由价值链完成价值创造之后的结果。可见价值链容易达到共赢效果。但是对于这种外包模式来说，外包企业，即第三方支付企业更占优势，因为它们可以通过自身的赢利模式比银行赚取更高的利润。假若以产品互补结成价值链，价值活动的创新会更容易实现第三方支付产业的共赢。

第三方支付为企业和个人提供良好的互动结算系统，并按照客户的需求不断地改善和升级。银行的服务体系也随着第三方支付的发展需要不断完善。通过第三方支付与银行的合作，达到了银行、第三方支付企业、客户共赢的效果。

(三) 第三方支付产业链的维护

从对价值链的阐述中可知，第三方支付产业链是一环扣一环的，任何一个环节的疏漏或利益变迁都会引起整个产业链的波动。2011 年，传统支付结算机构与第三方支付竞合博弈升级，引起了激烈的行业竞争。

2011 年相继有多家银行出台了措施，降低通过第三方支付进行的网上交易限额，部分银行的借记卡、信用卡转账上限甚至缩水九成。支付宝率先于 4 月 18 日宣布推出快捷支付，帮助用户在无网银的状态下，直接完成网上支付，随后，财付通推出基于信用卡的"一点通"快捷支付业务，以抵抗商业银行突然降低的网上支付限额。

2011 年 6 月京东商城与银联正式签署合作协议，开始抛弃支付宝而小范围试用"银联无卡快捷支付"后，于 7 月大规模使用无卡支付，中国银联成为京东商城新合作的支付企业。第三方支付行业竞争加剧。

银行更希望借助于第三方支付企业的高成长性和创新性来提高自身的竞争能力，而第三方支付企业与银联的竞争将不可避免。对于支付企业，创新和效率仍然是其未来发展的根本，对于用户和商户而言，支付成功率、便捷程度才是决定其如何选择的关键，用户体验将是决定未来竞争格局走向的根本因素。

(四) 第三方支付产业链的兴盛

在恶性竞争进行的同时，各家第三方支付企业使出浑身解数，创新业务模式不断涌现，合作衍生了更多发展机会。

支付宝 2011 年 7 月正式推出"快捷登录"计划，用户可凭借支付宝账户登录多家电子商务网站，并且经用户同意后，这些电商网站亦可共享用户的收货地址等相关信息，免除用户多次填写的麻烦。包括新蛋、易迅、银泰、麦包包、好乐买、唯品会、麦考林、乐蜂、一号店、走秀网等 4 000 家电商平台均已支持支付宝登录，覆盖了三分之一的零售市场。2011 年 8 月 9 日，新浪乐居和汇付天下结成独家战略合作伙伴，汇付天下将为新浪房商平台（EJU.COM）提供全程支付服务和解决方案，第三方支付企业已悄然布局房产电商领域。

阿里巴巴集团 2011 年 8 月 5 日与四川航空在杭州签订战略合作协议，支付宝将为四川航空提供登录及支付的全套解决方案。旅客可以通过四川航空官方网站直接订票，在选择航班后，使用支付宝账户余额、网上银行、支付宝快捷支付、网点付款等方式支付完成购票。国内已有许多家航空公司接入支付宝实现了第三方支付，标志着中国航空业正在进入网络直销时代。

第三方支付经济及政策地位已日益明确，更多的行业和企业正在向第三方支付企业开放。以传统行业 B2B 电商、物流、行业解决方案为代表的全新的业务体系开始在整体的交易规模中逐步放量。支付企业提供的服务逐步渗透整个产业链，由单纯的提供支付结算服务向提供行业解决方案发展，涉及行业包括钢铁、物流、基金、保险等诸多传统领域。可以预见的是各支付企业将在不同的细分市场逐步形成稳定的市场竞争优势，多元化格局将逐步显现。

四、第三方支付与传统支付方式的对比

第三方支付通过采用二次结算的方式，实现了大量小额交易在第三方支付公司的轧差后清算，在一定程度上承担了类似中央银行的支付清算功能，同时还能起到信用担保的作用。

在移动支付产生以前，客户与第三方支付公司建立联系主要通过电脑端实现，移动支付诞生以后，客户与第三方支付公司的联系逐渐向手机端转移。移动支付主要指通过移动通信设备，利用无线通信技术来转移货币价值以清偿债权债务关系。近年来我国移动支付发展迅速，移动支付的形式更加多样，出现了短信支付、NFC 近场支付、语音支付、二维码扫描支付、手机银行支付、刷脸支付等移动支付方式。国外的移动支付模式，在发达地区与我国比较相似，而在贫穷地区主要表现为手机银行，一般不需要第三方支付来配合。

我国的移动支付模式，如果是由银行推出，则需要开通手机银行，同时为了配合近场支付，可能还需要手机具有 NFC 功能。如果是三大运营商推出的移动支付，一般是通过在 SIM 卡植入芯片来完成支付（如手机贴膜卡、翼支付的 RFID – UIM 卡等）。如果是纯粹的第三方支付公司推出，不用开通手机银行，就可直接进行支付，如支付宝的"碰碰刷"、微信支付等，其特点就是方便快捷，最大限度地满足客户对速度的要求。但第三方支付公司推出的移动支付，安全性不及手机银行，多数情况由保险公司来进行承保。个人的金融账户不再专属于传统金融机构，支付与账户紧密相连，账户是支付的起点与归宿，没有了账户也就没有了支付，在电子货币时代账户尤其重要，国泰君安证券公司董事长万建华认为，"未来金融业，得账户者得天下"。支付是将货币从一个账户里转移到另一账户，支付的过程就是货币在账户之间转移的过程。在电子货币时代，要使货币同时具有支付与金融商品的属性，个人账户不可或缺（如果是现金交易则可以不需要）。而能够作为支付手段的金融商品，一般具有低波动率、高流动性的特征。

随着互联网金融的兴起，个人的金融账户不再专属于传统金融机构，一些互联网公司也可以提供，如支付宝账户、QQ 账户等。在一段时间内账户提供主体将呈现多元化的态势。而随着个人账户的逐步集成（如超级网银可以集成不同银行的账户，支付宝账户向第三方应用开放等），个人账户最终可能由中央银行这类机构来提供，因为集成后的个人账户具有公共产品的属性。

在电子货币时代，信息技术发展使得移动支付与第三方支付具有金融产品的属性，这是区别于其他支付手段的典型特征。支付的金融产品属性不仅增加了移动支付与第三方支付的吸引力，也增加了货币控制的难度。支付的金融产品属性具有一个典型特点，即作为支付手段的货币要么本身就是金融产品，要么能够自动在金融产品与支付手段之间进行转换，通过转换来实现价值。

在贵金属货币时代与电子货币时代，货币在没有进行支付时，都可以成为金融产品。而二者不同之处在于：在进行支付时，货币与金融产品相互转化的交易成本不同，在贵金属时代货币与金融产品转化的交易成本较电子货币时代要高。此外，在电子货币时代，移动支付的可移动性与支付的移动性特征不谋而合，这本身就大大降低了货币与金融产品转化的交易成本。

在电子货币时代，只需要拥有一个账户（如支付宝账户），通过电脑或者是移动终端，动动手指就可以把货币与金融产品连接起来。不进行支付时，个人账户上的数字是金融产品，进行支付时，个人账户上的数字是货币，这一过程的转换在瞬间完成。这一切在以前根本无法想象，而在互联网时代则轻而易举，这就是技术的力量，但这也给货币控制带来了挑战。

> **延伸阅读** **国内典型的第三方支付平台**
>
> （1）银联商务（银联商务有限公司），国内非金融支付行业综合支付的知名企业，十大第三方支付平台之一，专门从事银行卡受理市场建设和提供综合支付服务的机构，中国银联控股的从事银行卡收单专业化服务的全国性公司，中国人民银行确定的重点支付机构之一。
>
> （2）支付宝（Alipay），集支付和生活应用为一体的电子支付软件。支付宝（中国）网络技术有限公司是国内最大的独立第三方支付平台之一，与国内外180多家银行以及VISA、MasterCard等国际组织建立了战略合作关系。
>
> （3）微信支付，腾讯旗下的微信联合知名第三方支付平台财付通推出的极具成长力的移动端支付服务。
>
> （4）银联在线，中国银联打造的互联网业务综合商务平台，第三方支付的领先者，致力于向广大银联卡持卡人提供"安全、便捷、高效"的互联网支付服务。
>
> （5）快钱（快钱支付清算信息有限公司），国内首家基于E-mail和手机号码的大型综合支付平台，国内领先的独立第三方支付企业，中国支付清算协会的常务理事单位，是支付产品最丰富、覆盖人群最广泛的电子支付企业之一。
>
> （6）百度钱包（百度在线网络技术（北京）有限公司），中国领先的在线支付应用和服务平台，金融理财等资产增值解决方案提供商。
>
> （7）智付支付（Dinpay），也是个比较优质的平台，有央行颁发的《支付业务许可证》，是获得外管局跨境外汇结算业务试点资格的27家第三方支付平台之一，支持电子钱包、在线支付、移动支付、跨境结算、电子收款、扫码支付、信用卡支付、转移支付等各种网上支付方式。
>
> （8）财付通（财付通支付科技有限公司），十大第三方支付平台之一，腾讯集团旗下品牌，第一批获得央行支付牌照的企业，其致力于为互联网用户和企业提供安全、便捷、专业的在线支付服务，以"安全便捷"作为产品和服务的核心。
>
> （资料来源：https://www.zhihu.com/question/20995963）

【自主思考】
1. 选取一家你感兴趣的第三方支付平台，分析其业务优势。
2. 根据所学知识分析，第三方支付方式的兴起会完全颠覆传统支付方式吗？

任务三 第三方支付风险分析及风险防范

第三方支付是为了解决电子商务中的安全交易问题而创设的,为网络交易中的商家、银行和消费者之间搭建的安全、互信、方便、快捷、实时、低成本交易平台,即和产品所在国家以及国外各大银行签约,并具备一定实力和信誉保障的第三方独立机构提供的交易支持平台。在网络交易中买卖双方的资金流转通过第三方支付平台来完成,保证了由于买卖双方互不了解而引发的信用问题,促进了网络交易的发展。在经历了10余年的发展之后,第三方支付在我国已被大众所熟知,一大批第三方支付机构日益壮大起来,支付宝、快钱、财付通等第三方支付巨头占据了大部分市场份额。但随着第三方支付的快速发展,其风险也日益受到关注,如果不能有效地对第三方支付的风险进行分析并找出防范对策,将会给第三方支付市场的发展带来不利影响。

任务描述

学生对第三方支付的风险类型以及风险防范措施等相关知识进行学习和思考。

任务分析

进行相关知识的讲解学习和课堂互动。教师运用多媒体对相关知识进行讲解,学生听课、讨论和思考。

相关知识

一、第三方支付的主要风险

(一) 合规风险

合规风险主要是针对第三方支付机构而言的,它包含两层含义:一是第三方支付机构因未能遵循法律、监管规定和规则、自律性组织制定的有关准则,以及适用于机构自身业务活动的行为准则,而可能遭受法律制裁或监管处罚、重大财务损失或声誉损失的风险;二是第三方支付监管法律法规缺位,致使第三方支付机构业务被叫停或者面临更加严格的监管而遭受的风险。前一种风险主要是强调第三方支付机构因为各种自身原因主导性地违反法律法规和监管规则等而遭受的经济或声誉的损失,后一种则强调因支付监管法律法规缺位使第三方支付机构面临被关闭或整顿的风险。合规风险的性质通常较为严重,造成的损失也较大,是第三方支付机构所面临的最基础性的风险。

随着第三方支付在我国发展壮大,中国人民银行于2010年相继出台了《非金融机构支付服务管理办法》《非金融机构支付服务管理办法实施细则》,正式将第三方支付机构界定为非金融机构,并由中国人民银行进行监管,同时国家开始通过颁发牌照的方式来规范市场准入和业务范围。为了进一步规范每类业务的具体运作,中国人民银行针对预付卡、移动支付业务、客户备付金存管等又先后出台了一些具体管理办法,主要有《支付机构预付卡管理办法》《中国金融移动支付系列技术标准》《支付机构客户备付金存管办法》。随着国家对于第三方支付行业的重视以及监管措施的逐步完善，第三方支付机构在运作时必须首先保证合规守法，否则会给机构带来严重的负面影响。如2014年3月，中国人民银行处罚了包括汇付天下、易宝支付等在内的8家第三方支付机构，通知其从4月1日起停止接单，究其原因是年初浙江、福建等省部分持卡人通过向信用卡内存入大额溢缴款，利用预授权完成交易需在预授权金额115%范围内予以付款承兑的业务特性，与部分支持预授权类交易的特约商户勾结，合谋套取发卡银行额外信用额度。多家发卡银行被牵涉其中，有银行发现后向银联报告。

在我国，第三方支付面临的最大合规风险是监管法律法规缺位致使第三方支付机构的业务可能被叫停或者面临更加严格的监管的风险。一般而言，国家通常是在第三方支付某项业务发展过于迅速并出现相应问题时推出相关管理办法加以规范。因此，第三方支付机构的创新类业务可能随时受到监管的约束。例如，2014年3月初，支付宝和财付通与中信银行合作拟推出虚拟信用卡，但是13日，央行紧急下发通知叫停支付宝、腾讯的虚拟信用卡产品，同时叫停条码（二维码）支付等面对面支付服务。这个通知对第三方支付机构产生了很大影响，不仅限制了相关服务，其股价也受到不小的影响。又如中国人民银行下发的《支付机构网络支付业务管理办法（征求意见稿）》，规定支付机构转入资金不得向银行账户提回，个人支付账户单笔金额不得超过1 000元，个人支付账户单笔消费不得超过5 000元，同一客户所有支付账户转账年累计金额不得超过10 000元，这些规定在一定程度上限制了第三方支付业务的开展。

（二）沉淀资金风险

1. 第三方支付机构沉淀资金的形成机理

"信用担保、二次结算"的模式使得第三方支付机构内部滞留了大量的客户备付金，第三方支付机构的中介性质使得资金在平台内部有可控性的停顿。具体来说，沉淀资金主要包括以下两种形式：

（1）在途资金。

第三方支付机构的运作模式即为买卖双方提供一个交易的中介，因此，资金需要通过第三方支付平台来实现最终的支付。具体做法是买方选购商品之后将资金转入第三方支付平台中，待其最终确认付款时再由第三方支付平台转入卖家账户内。而在这个过程中资金从转入第三方支付平台开始至实际确认付款之间通常有数天的时间差，在此期间这笔资金存在于第三方支付平台内部，形成了所谓的在途资金，这是第三方支付机构沉淀资金最主要的来源。

（2）支付工具吸存资金。

对于交易担保型账户模式而言，客户需要在第三方支付机构内开立虚拟账户来完成交易。通常情况下，该虚拟账户内部会有一定的留存资金用于交易，其具体的运作类似于银行的活期存款账户，当有交易需求时通过转账即可完成交易，平时这笔资金留存于虚拟账户中，形成了沉淀资金的又一大来源。

2. 沉淀资金的风险

对于沉淀资金，央行已于2013年6月出台了《支付机构客户备付金存管办法》，其中要求第三方支付机构的客户备付金必须全额缴存至相应的备付金专用存款账户且不得擅自挪用、占用或借用，这就限制了第三方支付机构擅自动用沉淀资金。但是《支付机构客户备付金存管办法》同时也允许第三方支付机构在满足日常支付业务办理需要后，可以以单位定期存款、单位通知存款、协定存款或者中国人民银行认可的其他形式存放客户备付金，这时沉淀资金风险转化为一种间接风险，即沉淀资金的风险取决于备付金存管银行沉淀资金运用的收益情况，如果备付金存管银行出现流动性风险时，不能按时足额支付定期存款或协定存款的利息，沉淀资金的风险就会产生。

(三) 网络系统风险

1. 移动端风险

移动支付是指移动支付工具使用者通过以手机为主的移动终端完成支付的一种新型支付模式，它代表着支付结算领域新的发展方向。随着我国移动支付的快速发展，其风险也随之而来。移动端的风险是指第三方支付移动端系统安全设计方面存在漏洞而导致的客户资金被盗、交易失败等风险。目前移动端的设计上仍存在漏洞，以支付宝为例，移动支付需要客户输入支付密码，一旦客户手机丢失，不法分子就可以通过"忘记密码"选项重新申请新的密码进行转账和支付，从而将客户账户的资金盗走。

2. 内部软件程序风险

内部软件程序风险是指第三方支付机构在具体运作时处理业务的流程设计不当所引发的风险，具体来说包括合同条款的设计、转账支付流程设计、报账流程设计等，如果这些内部的软件程序设计有误将会影响使用者的使用。

对于第三方支付机构这样依托互联网经营的企业，其内部的软件操作流程设计至关重要，它直接影响着第三方支付机构所提供服务的质量。如果流程设计不当，即使未发生人员操作问题也可能产生交易失败的风险。一方面，第三方支付机构在处理常规业务时，可能因为内部软件流程设计引发相关问题；另一方面，当客户的账户出现异常时，可能因为没有相应的风险防控流程设计而导致客户遭受损失。

3. 硬件系统缺陷风险

硬件系统缺陷风险是指第三方支付机构在运营过程中因为计算机硬件设备故障而导致的风险。由于第三方支付机构的特殊性，计算机硬件设备对其经营起着至关重要的作用，一旦计算机硬件设备出现故障将导致交易无法完成，会给客户和第三方支付机构带来不小的损失。

以支付宝为例，"双十一"期间由于淘宝网和天猫商城推出一年一度的优惠活动，吸引了不少网络用户参与，当天的交易量达到一年内的最高值。如此大的交易量需要计算机系统有效运作作保证，否则，一旦交易量激增超过其设备所能处理的交易上限，将导致系统不能正常交易。不少网友曾表示，在"双十一"期间的高峰时段很难完成支付，当系统恢复时其心仪的商品可能已经被抢购一空。因此，由于计算机硬件设备引发的风险，不但影响消费者的网络交易，也会使第三方支付机构自身的信誉受到损害。

此外，网络支付中还有一类特有的风险，称为"掉单"，是由于网络故障、客户端故障等引发的在客户完成支付后信息传递发生中断的风险，可导致商家未能及时收到货款，只能通过各方协商对账来进行解决。但在实际过程中这种对账费时费力，第三方支付机构可能由于免责而不能提供有效的解决方案，使得商家和消费者受损，影响第三方支付机构的公信力。

(四) 网络欺诈风险

在虚拟交易环境下不法分子会利用网络漏洞进行欺诈使得消费者受损，这种情况通常是不法分子利用消费者自身的防骗意识较弱得以实现的。具体而言，一般是通过注册网店，然后推出一些优惠活动吸引消费者参与，并告知若想参与此活动只能通过所给链接进行支付，从而诱使消费者付款。此外，还有一种方式是以第三方支付机构的名义给消费者发邮件，通过窃取消费者的账户信息来实现其不法行为。随着网络交易的丰富，各式各样的欺诈形式层出不穷，其本身大都与第三方支付机构无关，但是不法分子正是利用消费者对第三方支付机构的信任或第三方支付机构本身运作时存在的漏洞实施不法行为，最终使得消费者蒙受损失。

对于第三方支付机构来说，其对网络交易未能进行有效的监控，并通常设有免责条款。以支付宝为例，其明文规定："本公司对您所交易的标的物不提供任何形式的鉴定、证明的服务。"这本身就是不承担相关的监督责任。此外，由于对第三方支付机构业务操作的具体流程没有相关规定，导致无法对其注册用户的信息进行有效的核实和管理，这也使得不法分子能够利用虚假信息来实现网络欺诈。

作为网络交易重要组成部分的消费者，权利得到保障才能安全地享受网络交易的便利、快捷。网络欺诈行为的发生不仅影响消费者的交易，也会破坏交易秩序，对第三方支付机构本身也有很大的影响。因此，网络欺诈风险也是第三方支付在运营过程中的一个重要风险。

（五）纠纷处理风险

纠纷处理风险是第三方支付机构经营过程中一直存在的一类风险，但是又未能像上述风险一样被给予足够的重视和研究。纠纷处理风险是指在第三方支付运营过程中，由于网络欺诈、机构自身软硬件设备故障以及买卖双方纠纷而导致交易不能正常完成或使得客户发生损失等情况时，由于第三方支付机构未能有效解决问题而产生的风险。这种风险具有普遍性，它直接影响着第三方支付机构的公信力和社会的认可度。

具体而言，纠纷处理风险主要有三大类：

1. 由于网络欺诈所引发的纠纷导致的风险

如前所述，网络纠纷是由于不法分子的违法行为所引起的，通常情况下第三方支付机构本身不存在相关的违规操作，但是不能因此就不承担相应的管控和防范责任。如果任由不法分子采取欺诈行为，最终也将降低第三方支付机构的公信力。因此对于第三方支付机构而言，这种潜在的风险应予以重视，并采取相应的措施。

2. 由于机构自身软硬件设备故障而引发的风险

这类风险是机构自身导致的，当这类风险发生时，买卖双方可能因此受到不同程度的损失，所以往往也产生相应的纠纷。即使软硬件设备故障没有造成实际损失，也可能影响客户的使用，不利于客户群的巩固。由于这类风险是机构自身所致，因此及时有效地提供客户满意的解决方案会增加客户黏性，相反，若是对此置之不理或者推卸责任，虽然短时间内不会有明显的影响，但是不利于机构的长远发展。

3. 由于买卖双方纠纷而引发的风险

一般是由于买卖双方对交易未能达成一致意见，买方不认可商品质量而选择退货，但是过了7天无理由退货的期限，在申请退货时遭到拒绝。此时由于第三方支付的中介性质，资金尚未转移到卖方账户，但是买方同样无法要回款项。在双方达成一致意见前资金一直滞留于第三方支付平台，虽然资金安全得以保证，但是纠纷没有得到有效处理。目前，国内第三方支付机构大都选择第三方来进行纠纷调解，但是，谁来扮演第三方的角色，这个问题一直未能解决，而买卖双方通常会首先向第三方支付机构来寻求帮助。如果第三方支付机构能够采取相应的措施帮助此类纠纷的解决，不仅能够维护交易秩序，而且能在买卖双方间建立起一定的公信力，有利于机构的长远发展。

二、第三方支付风险的防范建议

（一）强化合规监管

现阶段，针对合规监管，国家应该采取如下措施：

1. 制定针对第三方支付机构的评级制度

目前国家对第三方支付机构采取颁发牌照的方式进行准入，但是获得牌照的第三方支付机构仍然鱼龙混杂。如果国家权威部门能针对第三方支付机构建立相应的评级标准，就能对持有牌照的第三方支付机构有一个科学的了解，在缓解信息不对称问题的同时有利于规范第三方支付行业的发展，促使第三方支付机构自身不断改进技术、提高服务质量，从而降低风险。

2. 制定针对第三方支付的反洗钱办法

第三方支付的运作给洗钱活动提供了一个新的途径，不法分子利用第三方支付的中介性质隐匿资金来源，这对经济的发展造成了不利的影响。现阶段，虽然国家已有《支付清算组织反洗钱反恐怖融资指引条例》，但是未出台针对第三方支付的相关办法和规定。因此，应尽快制定有针对性的管理办法，并加强相关监管，重点监控第三方交易过程，并要求第三方支付机构及时上报可疑交易，保存相关交易记录，以利于市场的有序发展。

（二）建立健全社会信用体系

信用体系的建设关系到市场的方方面面，在网络信息时代，虚拟交易更需要相应的信用体系来规范其发展。第三方支付机构掌握着大量的客户数据，充分利用这些信息有利于我国信用体系的建设。具体而言主要有以下两个方面。

1. 完善个人征信系统

目前，我国的社会信用体系，尤其是个人征信系统以中国人民银行的个人征信系统为主导，商业性的征信系统尚在建设中。中国人民银行的征信系统主要纳入了个人银行信贷信用信息，绝大部分非银行信用信息还未被纳入。由于第三方支付机构掌握着数以万计的买卖双方的信息数据，在互联网金融快速发展的今天，如果能将第三方支付所掌握的大数据纳入个人征信系统中，形成庞大的个人信用信息数据库，不但能够完善我国的社会信用体系，消除交易中的信息不对称现象，防范经济交易中的各种信用风险，而且能够减少以至杜绝各种诈骗的发生，规范市场秩序，维护市场交易主体的经济利益，促进经济社会的健康发展。

2. 建立个人信用评分制度

目前，我国还没有建立科学规范的信用评分制度，这在一定程度上导致了信用风险的增加。如果第三方支付机构能对已有客户信息进行科学的分析评估，形成对客户的信用评分，将会缓解由于信息不对称导致的一系列问题，使得市场的发展更加透明化、规范化。

（三）强化第三方支付机构内部控制

对于第三方支付机构而言，其内部的风险防控至关重要，严格的内控可以有效地防止风险事件的发生，减少由此带来的损失。具体而言主要是从以下三方面入手。

1. 健全内部管理办法

第三方支付机构内部应该制定相应的管理办法，这些办法可以有效地规范机构自身的运营，例如建立操作流程的相关制度、风险防控的指标及应对措施等。通过这些办法的制定，可以为企业内部的操作提供依据，避免因为机构自身行为不当而导致违反相关规定的情形发生，同时也能提高服务质量和服务效率，形成良好的管理架构。

针对移动支付的发展，第三方支付机构应该在拓展相关业务的过程中注重安全性问题，在保证安全性的前提下进行支付结算的创新，而不能单纯为了追求快捷而忽视安全。具体而言，第三方支付机构应该在符合《中国金融移动支付系列技术标准》的前提下，通过完善移动支付风险管理机制建设、提升支付技术水平等措施来提升移动支付的安全性，保护客户的移动交易支付。

2. 实行程序化管理

第三方支付机构应该在健全内部管理办法的基础上实行程序化管理。程序化管理不仅包括第三方支付机构某种活动或者完成某项工作的内容、操作方法及其相应的规则和前后衔接递进的关系，还涉及营运结果的反馈机制等内容。程序化管理可以明确操作人员的职责权限、规范各类人员的行为，防止由于第三方支付机构内部员工操作不规范而导致风险事件的发生。同时，程序化管理可以和员工的绩效考核相结合，使员工在遵循基本方法和原则的基础上能够发挥自身的能动性和创造性，高效完成工作。

3. 提高人员素质

第三方支付机构掌握着大量的客户信息，如果内部员工不重视职业道德，将客户信息泄露，将会给客户造成损失，同时也会使第三方支付机构自身的声誉受损。因此，机构应该重视对员工职业道德的培训和自身企业文化的宣传，使员工认同企业，这样才能更好地完成工作。

另一方面，第三方支付的运作依赖网络和计算机的支持，如果员工操作不当将会造成交易失败等问题，影响正常的支付。因此，第三方支付机构应该对人员严格进行技术培训，使其操作符合规范，保证交易的正常进行。

第三方支付以其独特的运作模式方便了人们的生活，改变着人们的消费习惯。随着普惠金融的推进以及国家监管的不断完善，第三方支付市场将会朝规范化的方向迈进，在不断创新业务、服务大众的同时，为经济可持续发展注入新的生机和活力。

延伸阅读 央行"组合拳"到位 第三方支付迎来"链式"监管

2017年4月17日，第三方支付备付金集中存管新规正式实施，这是自3月31日非银行支付机构网络支付清算平台（"网联"）启动试运行后，监管部门加力整顿第三方支付的又一颗棋子落定。早在1月份央行便发布通告，公布了对一些第三方支付企业违规处罚的决定，对整个行业做出了合规风险警示，其中主要为近年来屡次发生的第三方支付备付金管理风险事件。同时央行也对第三方支付机构中常见的在多家银行开设备付金账户实现资金跨行清算的"银行直联"模式做出了警示，指出这种模式会导致机构在资金透明度、反洗钱合规上与现行风险管理要求拉开差距。

因此2017年上半年支付行业新规密集落地，被看作官方正式对乱象丛生、隐患重重的第三方支付亮剑，其中备付金管理新规、叫停"银行直联"模式以"网联"替代是这次行动中最重要的一套"组合拳"。

监管措施一：备付金集中存管

根据2017年1月13日下发的《中国人民银行办公厅关于实施支付机构客户备付金集中存管有关事项的通知》，自2017年4月17日起，第三方支付机构应将客户备付金按照一定比例交存至指定机构专用存款账户。据业内人士估计，在新规实施的第一个年头，全行业至少要损失原本来自备付金利差的16亿元纯利润。但从长远来看，建立备付金集中存管制度，目的是纠正和防止支付机构潜在违规行为，保障客户资金安全，引导支付机构回归业务本源。央行有关负责人同样认为，新规的逐步实施不会影响支付市场平稳发展。

该文件要求的首次交存的平均比例为20%左右，具体到每家第三方支付机构的交存比例，根据其开展的业务类型以及分类评级结果的不同而不同。从2017年4月17日起，第三方支付机构交存客户备付金执行以下比例，获得多项支付业务许可的第三方支付机构从高适用交存比例。

网络支付业务：12%（A类）、14%（B类）、16%（C类）、18%（D类）、20%（E类）；

银行卡收单业务：10%（A类）、12%（B类）、14%（C类）、16%（D类）、18%（E类）；

预付卡发行与受理：16%（A类）、18%（B类）、20%（C类）、22%（D类）、24%（E类）。

从长远来看，监管部门最终将实现第三方支付机构全部客户备付金集中存管，这也对第三方支付机构非利差赢利能力提出了挑战。

监管措施二："网联"启用取代"银行直联"

在酝酿半年之后，非银行支付机构网络支付清算平台"网联"于2017年3月31日启动试运行，首批接入了部分银行和第三方支付机构。

2016年之前，第三方支付行业长期缺乏沉淀资金风险管理监管，客户备付金被第三方支付机构以自身名义在多家银行开立的账户分散存放，实际形成第三方支付机构与银行多头连接开展业务，变相开展跨行清算，所导致的信息不透明、标准不统一给监管带来了很大难度。"网联"平台正是在这种背景下应运而生，其目的包括规范备付金管理，同时也是对第三方支付机构清算业务进行整顿。

央行有关负责人早在2016年11月便对"网联"的筹建和功能进行了阐述："'网联'平台旨在为支付机构提供统一、公共的资金清算服务，纠正支付机构违规从事跨行清算业务，改变目前支付机构与银行多头连接开展业务的情况，支持支付机构一点接入平台办理，以节约连接成本，提高清算效率，保障客户资金安全，也有利于监管部门对社会资金流向的实时监测。"据了解，在股权方面，"网联"平台除了中国支付清算协会入股，央行也将入股，以保证央行对这一重要金融基础设施的控制权和决议否决权。

业内普遍认为，建设"网联"平台的最大意义在于敦促第三方支付机构最终回归支付和清算相独立的业务监管规则。（资料来源：中国电子银行网，2017-04-19）

【自主思考】

1. 作为用户，从自身角度出发，应该如何防范第三方支付的风险？
2. 在分析了第三方支付面临的风险后，你倾向于传统支付方式还是第三方支付方式？

任务四　第三方支付发展趋势

随着 2017 年的到来，第三方支付行业进入高速发展的第七个年头，第三方支付已成为互联网金融领域最为成熟的行业，作为基础服务广泛应用于各个行业。已经进入成熟期的第三方支付，未来也呈现出多种发展趋势。

任务描述

学生对第三方支付发展趋势等相关知识进行学习和思考。

任务分析

进行相关知识的讲解学习和课堂互动。教师运用多媒体对相关知识进行讲解，学生听课、讨论和思考。

相关知识

一、竞争激烈、监管趋严挤压行业利润

267 家第三方支付企业同质化的程度高，市场竞争激烈，导致同业之间过度竞争，利润不断下降。由于央行不再发放新支付牌照，大企业纷纷通过购买支付牌照的方式挤进目前已经很拥挤的第三方支付市场，比如美团推出支付应用、万达收购快钱等，这加剧了市场的竞争和利润的下降。

另一方面，监管逐步严格规范行业形成的"潜规则"，大力打击了资金挪用等不规范行为，并且自 2017 年 4 月 17 日起，第三方支付机构必须将客户备付金（客户交易时间差产生的资金沉淀）逐步集中存管，而且客户备付金不计利息，防止第三方支付机构以"吃利差"为主要赢利模式。央行的数据表明：备付金利息收入一直是第三方支付机构的主要利润来源，以 2015 年纳入统计的 264 家第三方支付机构备付金余额 3 000 亿元计算，利息收入达到 52.77 亿元。

在竞争和监管双重挤压下，第三方支付行业利润下降幅度较大，已经成为"红海"，这迫使企业运用新技术、挖掘新市场和提高服务来进行战略优化。

二、服务企业和垂直行业领域尚有深挖空间

面向消费者的标准化的第三方支付的增速也逐渐放缓，市场格局短期很难改变。新的消费者支付场景，往往由于非高频交易而无法形成规模，或者新场景形成一定规模，吸引了支付宝和财付通进入，两大巨头的挤压效应导致其他企业很难找到发展空间。但是针对某个行业细分领域的支付需求还有精细化和多样化的空间，这样的需求无法由大而全的标准产品来满足，比如旅游、教育、医疗等特殊行业。第二梯队的第三方支付机构，通过深耕垂直行业、积累行业数据和业绩品牌，巩固了自己擅长领域，也拓展了第三方支付的发展空间。

企业面对众多的支付接口和系统，如何优化和管理是个问题。因此产生了"聚合支付"等新型的面向企业的支付服务，其本质是为商户提供融合多个支付渠道、统一和优化支付接

口的一站式综合支付服务。这不仅可以节约成本、提高效率,还能帮助企业摆脱过于依赖特定支付接口的现状。虽然聚合支付刚起步,也面临一些挑战,但是深挖企业端服务的方向是符合行业目前趋势的。

三、从支付到多元金融服务

支付作为金融的基础服务,天生有切入其他金融服务的优势。支付交易所积累的数据,具有真实、高频和高质量的特点,可以作为金融交易数据的必要补充,从而丰富数据维度,提供精准营销、客户管理、信用评级和金融产品推广等增值服务。第三方支付机构经过多年的积累,拥有了大量的行业和个人的交易数据,纷纷开始着手基于支付数据的多元金融服务,这一业务主要集中在征信和理财领域。

目前大部分支付机构基于数据提供的增值服务业务尚处于探索期,唯独蚂蚁金服在这方面做得最早,也走得最远。蚂蚁金服依托支付宝10年运营数据和超过2亿活跃用户积累,以及淘宝、天猫生态圈场景,打造出涵盖现金余额管理(余额宝)、投资理财(招财宝)、供应链和消费金融服务(蚂蚁微贷)、个人征信平台(芝麻信用)、线上财产保险(众安保险)和全面金融服务(网商银行),这样一些全面而丰富的消费端金融平台服务。蚂蚁金服虽然还未上市,但已经估值700亿美元,单支付宝就估值500亿美元,支付宝对其他金融服务的重要性可见一斑。

中国的第三方支付行业的高速发展得益于巨大的人口和市场规模、快速的互联网化潮流,特别是电子商务的兴起和互联网金融的高速发展,以及宽松的监管。随着这些红利慢慢消减,第三方支付未来将把竞争重点从消费端转入行业端,并利用支付数据提供多元金融服务。

任务五 典型案例分析

目前中国国内典型的第三方支付产品主要有:PayPal(eBay公司产品,流行于欧美国家)、支付宝(阿里巴巴旗下)、财付通(腾讯公司)、网易宝(网易旗下)、百付宝(百度C2C)、银联电子支付(中国银联)、快钱(99bill)等。

任务描述

学生对第三方支付中具有代表性的几种支付方式进行了解,熟悉其运作规则和方式,同时,能根据个人的体验与了解,掌握几种支付方式之间的区别与联系。

任务分析

教师对有代表性的第三方支付方式进行相关的讲解和介绍,在配备电脑的实训室让学生进行实操体验,学生根据教师引导进行练习。

典型案例分析

一、支付宝

(一)简介

支付宝是阿里巴巴集团于2004年年底创办的独立的第三方支付平台。截至2012年12

月，支付宝用户突破 8 亿人，日交易额峰值超过 200 亿元人民币，日交易笔数峰值达到 1.058 亿笔。目前除淘宝和阿里巴巴外，有超过 46 万户的商家和合作伙伴支持支付宝的在线支付和无线支付服务，范围涵盖了 B2C 购物、航旅机票、生活服务、理财、公益等众多方面。这些商家在享受支付宝服务的同时，也拥有了一个极具潜力的消费市场。

（二）发展历程

支付宝发展历程如图 2-3 所示。

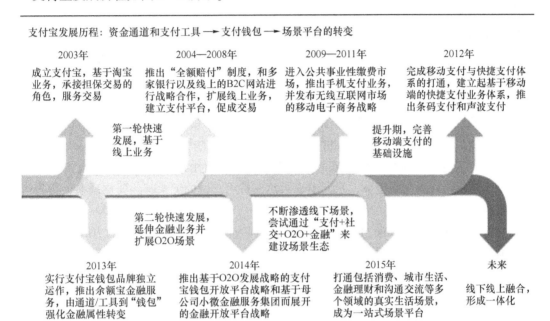

图 2-3　支付宝发展历程

（三）商业模式

1. 核心能力

（1）强大的后盾为其提供庞大的客户群，淘宝网、阿里巴巴中国站都支持支付宝，这使支付宝获得了其他第三方支付平台无法比拟的客户数量。

（2）安全保障，支付宝对外推出"全额赔付"的制度，使用户有了安全保障。

2. 赢利模式

截止到 2006 年年底，支付宝所有用户均免费使用，没有赢利模式。但从 2007 年 2 月开始，支付宝向非淘宝网卖家收取一定比例的技术服务费用，收费标准约为交易总额的 1.5%。淘宝网用户可以继续免费使用支付宝。

3. 经营模式

（1）支付宝前期为淘宝网定制，后来随着产品的成熟，开始在阿里巴巴中国站和非阿里巴巴旗下网站推广。

（2）与各大银行、金融机构合作，在电子支付市场"圈地"。支付宝目前已和工商银行、农业银行、建设银行、招商银行、上海浦发银行等各大商业银行，以及中国邮政、VISA 国际组织等各大机构建立了战略合作关系，成为金融机构在网上支付领域极为信任的合作伙伴。另外，支付宝还与中国建设银行合作，发布了国内首张真正专注于电子商务的联名借记卡支付宝龙卡，及电子支付新产品支付宝卡通业务。

(3) 推出"全额赔付"等措施，打造安全信用体系。

(4) 免费模式置对手于被动，扩大市场占有率，大型交易额收取少量手续费。积极收集会员的心声，在论坛里有专门的会员意见区，有专门的人员负责回复；积极地参与到会员的交易当中，和会员一起解决问题，不会不理不问。在功能和会员管理制度上，贴近会员的实际需求，积极组织会员进行网下活动和交流、培训等。

4. 资本模式

属于风险投资，其资本来源主要是阿里巴巴的直接投资，投资主要用于网站建设、安全系统和应用软件的开发以及系统维护。

5. 信用机制

(1) 参照国际贸易中的信用证，由第三方负责暂管，接到买家通知付款。由于境内信用支付起步晚，所以支付宝公司采用的是低门槛、缓付款的方法。

(2) 支付宝的信用体系已经为每个支付宝用户做出信用评级，支付宝有很多信息是银行没有的，包括用户的交易记录，水、电、天然气费用支付的记录等，要比现在银行的信用体系精准得多。

(3) 采用实名认证，如通过支付宝卡通或者通过确认银行汇款金额的方式来进行实名认证，确保支付安全。

二、财付通

(一) 简介

财付通是腾讯公司推出的中国领先的在线支付应用和服务平台，致力于为互联网个人和企业用户提供安全、便捷、专业的在线支付服务。财付通着力构建以个人应用、企业接入和增值服务为核心业务的综合支付平台，业务覆盖 B2B、B2C 和 C2C 等领域。财付通为个人用户提供收付款、交易查询管理、信用中介等完善的账户服务，并推出了一系列个性化账户应用，还为企业用户提供专业的支付清算平台服务和强大的增值服务。

(二) 业务领域

财付通是一个专业在线支付平台，其核心业务是帮助在互联网上进行交易的双方完成支付和收款。

财付通的服务有用户的财付通账户的充值、提现、支付和交易管理等；并且还提供支付清算服务和辅助营销服务、财富券服务、生活缴费业务、拍拍购物、影视博览、机票订购、游戏充值、话费充值、彩票购买、腾讯服务购买等。

除上面列举的服务之外，财付通还提供商家工具，主要有财付通交易按钮、网站集成财付通、成为财付通商户、虚拟物品中介保护交易等功能。

(三) 发展历程

作为背靠腾讯在线的应用平台，财付通一开始走的也是模仿的道路。最初，财付通模仿支付宝依托 C2C 交易平台的支付模式，之后把重心调整到以航旅机票等 B2C 为主的支付上面。财付通推出了类似苹果公司的 App Store 的新型经营模式——财付通开放平台,把互联网中的开放平台引入第三方支付领域。开放平台是互联网的大势所趋,财付通开放平台也通过苹果 App Store 模式吸引众多的第三方开发商进入,由第三方开发商根据客户需求开发各种应用(如网上订餐、医院挂号、租车等)。而第三方开发商将自己研发的应用通过 QQ 客户端上的"小钱包"接入这一平台,与财付通联合运营。买家通过财付通付费享受平台上的应用服务,财付通则通过收取开发商一定的交易费而赢利。这一运营模式既为腾讯扩大了开发商市场,减少了应用开发费用,同时也赚取了很大收益。

(四)商业模式

(1)财付通提供多种手机支付方式,量身打造支付方案。随着 3G、4G 网络的逐渐普及,手机支付市场发展迅速,银行以及运营商纷纷加快拓展手机业务的步伐。目前,国内领先的在线支付平台财付通已经完成在手机客户端、WAP 网站、SMS 短信和语音支付等方面的全面布局,在提供丰富的手机业务产品的同时,支持余额宝支付、一点通支付、手机银行支付和信用卡支付等多元手机支付方式。财付通拥有庞大的用户群和商户资源,为其进入手机支付市场提供了坚实的后盾。随着商户陆续开通手机支付渠道,创新的应用将刺激用户关注更有价格优势、更加便捷的网络购物环境。

(2)财付通凭借腾讯独特的营销资源优势,全力开拓无线互联网应用支付。无线互联网是一个蓬勃发展的行业,腾讯公司从 2000 年运营短信业务开始,在无线领域已经覆盖短信、彩信、IVR 语音、WAP、手机 IM、手机游戏等整个无线业务。财付通凭借腾讯在互联网终端应用方面的先驱优势,依托其领先的市场地位和庞大的用户群体,通过多层次安全措施和多样化支付方式建立了安全的移动支付体系,有效地推动了手机支付应用的普及,为用户提供了丰富、便捷的应用场景。

(3)财付通开创全新的商业模式,满足第三方厂商的无线支付需求。随着移动互联网应用的普及,传统互联网的业务正在迅速向手机平台转移,搜索、资讯、邮箱、聊天、购物、支付等应用都已经在手机上实现。财付通与中国移动、中国电信、中国联通三大运营商协商参与手机运营商合作运营模式,与苹果等第三方厂商合作,满足了无线互联网应用、电子商务应用的支付需求,有助于解决手机内容缺少收费渠道等问题。

立体化阅读

支付宝发展之路
2016 年第 4 季度中国第三方支付互联网支付报告

项目小结

数据显示，2017年第一季度，中国第三方移动支付市场交易规模突破20万亿元，达到22.7万亿元，同比增长113.4%。在这22.7万亿元的市场中，94%的市场份额都集中在支付宝和财付通两家平台手中。第三方支付的迅猛发展，正逐步颠覆传统的支付方式，为人们的支付带来了极大便利。本项目通过介绍第三方支付的内涵、特点、分类及运行流程等概况，对典型的第三方支付模式进行分析，有助于学生深入理解第三方支付的发展。同时，通过分析第三方支付的发展趋势和风险防控，使学生全面系统地掌握第三方支付的相关知识。

课后思考

1. 试比较国内与国外第三方支付平台的特点与不同。
2. 通过实际应用，列举除了日常支付、转账外，支付宝还提供哪些便捷服务。
3. 结合生活实际，说说如何保证第三方支付的安全性。
4. 第三方支付的风险来源主要是什么？应该如何全面防范第三方支付风险？

项目二

P2P网络借贷

项目介绍

本项目首先介绍了 P2P 网络借贷（简称 P2P 网贷）的基本概况，以及 P2P 网贷平台的运营模式、风险及监管。要求学生熟悉和了解 P2P 网贷的基本概况和市场中现有的典型平台和产品，并能够模拟平台和产品投融资实际操作，掌握其判断识别、运营规则、操作流程及方法技巧。

知识目标

1. 掌握 P2P 网贷的概念、运营模式和风控要点；
2. 了解 P2P 网贷与传统信贷的不同之处及其交易流程；
3. 了解 P2P 网贷的发展历程和趋势；
4. 熟悉 P2P 融资信用审核的主要方法与步骤，了解 P2P 放款的基本操作。

技能目标

1. 能理解和判断特定 P2P 网贷的风险所在，并能对其风险控制提出一定的可行性建议；
2. 能理解和判断 P2P 网贷的创新与发展趋势；
3. 能够运用所学知识，初步完成 P2P 融资的材料准备、融资申请、信用审核、资金放款、实际操作。

案例导入

P2P 网络借贷进入后 e 租宝时代

e 租宝全称为"金易融（北京）网络科技有限公司"，是钰诚集团全资子公司，注册资本金 1 亿元。平台主打 P2P 模式，6 款产品都是融资租赁债权转让，预期年化收益率为 9.0%～14.2%，期限分为 3 个月、6 个月和 12 个月，赎回方式分 T+2 和 T+10 两种。自

2014年7月上线，e租宝交易规模快速进入行业前列。根据网贷之家的数据显示，截至2015年12月8日，e租宝总成交量为745.68亿元，总投资人数90.95万人，待收总额703.97亿元。2015年12月16日，e租宝涉嫌犯罪，被公安机关立案侦查，成为第一例被政府主动出击调查的P2P公司，由此引发行业巨震。2016年1月警方宣布，e租宝涉嫌非法集资500多亿元。2016年3月12日，银监会主席尚福林在"两会"记者发布会上再次将互联网金融e租宝作为"打着互联网和P2P的幌子"向社会不特定对象吸收资金、涉嫌非法集资的典型事件来强调风险监管的重要性。

P2P网贷作为一种舶来品，2007年进入中国，2013年开始爆发式增长。有关数据显示，截至2016年12月底，中国网贷行业正常运营平台数量达到2 448家，相比2015年年底减少了985家，全年正常运营平台数量呈逐渐减少的趋势，与2015年的数量大幅增加截然相反。P2P网贷作为互联网金融的一种典型业态，在一定程度上缓解了小微企业融资难的问题，也倒逼了传统金融的改革，但是由于监管的缺位暴露出越来越多的问题，P2P平台"跑路"事件频频发生，因其涉及的投资者众多，在投资者契约精神不完善的今天，很容易演变为社会事件。e租宝被查，标志着P2P行业"野蛮生长"的阶段结束。2015年12月28日，《网络借贷信息中介机构业务活动管理暂行办法（征求意见稿）》发布。长期来看，唯有合理的监管，才能引领P2P走向理性竞争和规范发展。（资料来源：根据有关新闻改编整理）

> 【自主思考】
> 请根据有关资料，谈一谈目前出现问题的P2P平台的风险漏洞有哪些。

任务一　P2P网络借贷概况

P2P平台的前身为小额信贷，现代小额信贷起源于孟加拉诺贝尔和平奖得主穆罕默德·尤努斯教授创办的小额贷款，其设立的最初目的是帮助无力提供抵押物的低收入群体和失业妇女摆脱贫困，希望通过发放贷款，为他们提供创业机会。

任务描述

学生对P2P网络借贷的相关知识进行学习和理解。

任务分析

进行相关知识的讲解学习和课堂互动。教师运用多媒体对P2P网络借贷的相关知识进行讲解，学生听课、讨论和思考。

相关知识

一、P2P网络借贷的起源与定义

"P2P网络借贷"一词来自英文Peer-to-Peer Lending，即点对点借贷。P2P网贷是指借款人与投资人通过独立的第三方网络平台进行的借贷活动，即以P2P网贷机构为中介平

台，借款人在平台发放借款标，投资者进行竞标向借款人放贷的行为。其基本交易流程如图2-4所示。

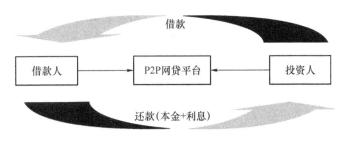

图2-4　P2P网贷交易流程

根据中国人民银行2015年12月发布的《网络借贷信息中介机构业务活动管理暂行办法（征求意见稿）》的界定，P2P网络借贷是指个体与个体之间通过互联网平台实现的直接借贷，属于民间借贷范畴；网贷业务是以互联网为主要渠道，为借款人和出借人实现直接借贷提供信息搜集、信息公布、资信评估、信息交互、借贷撮合等服务；网络借贷信息中介机构（简称网贷机构）是指依法设立、专门经营网贷业务的金融信息服务中介机构，其本质是信息中介而非信用中介，因此其不得吸收公众存款、归集资金设立资金池，不得自身为出借人提供任何形式的担保等。

延伸阅读

孟加拉乡村银行

1974年，穆罕默德·尤努斯在孟加拉创立小额贷款，1983年，正式成立孟加拉乡村银行（也称"格莱珉银行"，孟加拉语中，"格莱珉"意为"乡村的"）。孟加拉乡村银行模式是一种利用社会压力和连带责任而建立起来的组织形式，是当今世界规模最大、效益最好、运作最成功的小额贷款金融机构，在国际上被大多数发展中国家模仿或借鉴。2006年10月，尤努斯因其成功创办孟加拉乡村银行荣获诺贝尔和平奖。

孟加拉乡村银行作为一种成熟的扶贫金融模式，主要特点如下。

（1）为穷人所拥有。该银行特别通过一项原则："贫穷的借贷者们，其中绝大部分为妇女，拥有这家银行，银行只为这些穷人服务。"如今，孟加拉乡村银行的贷款者拥有银行9.1%的股权，6%为政府所有，剩余部分为一些公益性机构及金融机构所有。

（2）无担保抵押物、法律文件、团体担保或连带责任。孟加拉乡村银行的小额贷款不要求任何担保抵押物，它不打算将任何未能还款的贷款者送上法庭，也不要求贷款者签署任何法律文件。

（3）贷款百分之百由银行内部资源提供。孟加拉乡村银行的待偿贷款全部由自有资金与存款储蓄提供，68%的存款来自银行的贷款者。仅存款储蓄就已达到待偿贷款的97%，如将自由资金与存款储蓄两项相加，则达到待偿贷款的130%。

（4）无捐款。1995年，孟加拉乡村银行决定不再接受任何捐助资金，自此再未提出任何新的捐献请求，最后收到的一笔捐款的分期付款日期是1998年。

（5）利率。孟加拉政府将所有政府运作的小额贷款项目规定为11%的统一利率，经余额递减计算即接近22%。孟加拉乡村银行的贷款利率低于政府贷款的利率。

（6）吸收乞丐成员。乞讨是一个穷人求生的最后手段，除非他选择去犯罪或进行其他非法活动。孟加拉乡村银行实施了一个名为"艰难成员"的特殊项目,以此将救助对象延展到乞丐。到2003年,已经有近2万名乞丐加入这个项目。

(7) 开办新分行的政策。在成立的第一年内,允许新分行向银行总部借款,以启动其贷款业务。第一年过后,分行的贷款业务必须由其自身的储蓄流动支撑。新的分行被要求在其运营的第一年内达到收支平衡。

(资料来源:http://wiki.mbalib.com/wiki/)

【自主思考】
请根据以上材料,说说P2P平台可能具有怎样的特点。

二、P2P网络借贷的基本原理与业务流程

(一) 基本原理

P2P网贷的原理是借由互联网Web 2.0点对点的信息技术和电子支付为技术支持手段,再通过P2P电子协议,实现快捷、安全的多对多资金融通和配置。互联网Web 2.0点对点的技术,能够将借款分割为金额不等的多笔借款,再将每笔借款配置给不同的投资人,以达到分散风险的目的。在借贷过程中,运用了大数据技术和征信系统进行对接,首先评定借款人的信用等级,处理借款订单,以获得借款订单可供交易的标的,对交易标的进行风险评级,不同的风险标的定价不同,经过一连串的处理、筛选、评级,最终将标的提供给具有不同风险偏好的投资人。

P2P融资与银行贷款都属于借款人获取资金的途径,但两者存在本质区别,如表2-1所示。

表2-1 P2P融资与银行贷款的比较

比较项目	P2P融资	银行贷款
融资性质	直接融资	间接融资
资金供给方	出借人	存款人
资金需求方	借款人	贷款人
平台性质	信息中介	信用中介
资金来源	投资款	存款
资金运用	非标准化债权	各项贷款
主要风控	自身风险管理	资本、拨备
监管机构	银监会、金融办	银监会

(二) 业务流程

P2P网络借贷的核心理念是借由互联网技术实现资金的快速流通,它摒弃了传统金融中介机构,简化了借款流程,借贷过程的本质是互联网时代的金融"脱媒",它的运营比较简单,通过建立一个网络平台来实现借款人与出借人的自行配对。其借贷业务的一般流程

如下。

(1) 借贷双方在 P2P 网络借贷平台注册，并上传个人信息，借款人在 P2P 网络借贷平台发布个人的借贷金额、借款用途、还款期限、还款方式、个人能承担的最高利率等信息，同时网站会提供一个最低利率或固定利率。

(2) 第三方平台对借款人的个人信息进行审核，当网贷平台获得借款者的用户信息和借款信息后，平台根据用户信息，确定借款人的信用评级，对借款人的借款信息进行审核。由于目前 P2P 网贷行业尚未形成权威的信用评级体系，因此有时候还需要与专业的机构进行合作，以防范信用风险。

(3) 投资者了解借款人的信用情况及借款信息后，根据个人风险承受能力和偏好，决定是否借贷以及借贷额度。

(4) 根据利低者得的原则，如果较低利率的投标组合达到了借款人的需求，则借款成功，借贷双方达成交易，电子借贷合同成立。由于我国用户的投资理念比较保守，为了尽量规避信用风险，除了贷前审查，许多网贷平台还引入担保机构，以保障用户的资金安全。

(5) 合约到期后，借款人依据事先约定的还款方式将一定数量的金额返还投资方，这时可能会出现两种情况：①借款人履约，按约还本付息。在这个过程中，P2P 网络借贷平台向借款人和投资方收取一定的服务费，具体收取费用的标准和收取方式会根据服务协议而定。②借款人违约，网贷平台要进行追讨，如果有担保则会进行赔付；如果没有担保，那么投资方就需要自己承担损失。

网络借贷与传统银行贷款流程的对比如表 2-2 所示。

表 2-2 P2P 网络借贷与传统银行贷款流程的对比

贷款流程	申请阶段	审核阶段	贷后管理	逾期处理
传统商业银行贷款	填写《贷款申请书》，提交个人/企业身份证明、财务情况、担保方证明、抵押质押证明	贷款审查、信用等级评估、可行性分析、综合性分析、提交上级审核，审核通过后与银行签订借款合同	对贷款使用情况进行监督和跟踪调查	催收、罚息、起诉、拍卖抵押物、申请人民法院强制执行可供执行的企业财产
P2P 网络借贷	上传个人身份证明、工作证明、中国人民银行出具的个人信用报告、收入证明，个体工商户则需要提供营业执照、经营场地租赁合同等	以人工审核为主，结合数据分析技术对借款人信用情况进行综合评估，确定授信额度，审核通过后在平台上发布借贷信息	要求借款人按照约定的还款方式还本付息	催收、罚息、对借款人的信用评级进行降级，通过平台黑名单进行曝光，启用风险备用金或本金垫付，对投机者进行补偿，或由第三方合作担保机构进行补偿

三、P2P 网络借贷的发展历程

(一) 国外 P2P 网络借贷的产生和发展

P2P 网络借贷的原始形态为孟加拉国尤努斯 1974 年创办的小额贷款，而现代意义上的 P2P 网贷模式的发源地在英国。英国是银行业相当发达的国家，五家大型银行几乎垄断了整个行业，这种垄断也增加了个人与中小企业贷款的难度。随着互联网的普及和技术的进步，2005 年 3 月一家名为 Zopa 的网站在英国伦敦开始运营，提供的是 P2P（Person to Person）社区贷款服务。其创立者先是组建了英国最大的网上银行，因看到网络借贷的巨大商机，转而创立 Zopa 网络贷款平台。Zopa 最初仅在英国国内运营，至今已将发展触角伸向全球，在美国、意大利、日本等国都有所发展。虽然仅有 65 名员工，但截至 2014 年年底，其累计贷款总规模已超过 7 亿英镑，仅 2014 年就创造了 3 亿英镑的收入。

凭借先发优势和后续政府的积极支持与规范监管并重，在整个欧洲市场，英国的 P2P 网贷累计成交量占据了 84.8% 的市场份额。英国政府积极制定法律法规，实行行业监管和协会自律组织相结合的政策，并采取将 P2P 网贷投资纳入免税计划、政府主动投资 P2P 网贷平台等措施，大力扶植本国 P2P 网贷平台发展，形成了个人信贷平台 Zopa、企业贷款平台 Funding Circle、兼做个人信贷和企业贷款的 KateSetler、票据理财平台 MarketInvoice 等一系列具有国际知名度和竞争力的 P2P 网贷平台，并且在细分领域不断涌现出新的特色平台，如房地产贷款领域的 Lendinvest 和 Wellesley & Co，新老平台共同巩固了英国 P2P 网贷的优势。除了英国，欧洲经济的"火车头"德国和法国，以及北欧国家，都各自有一些不错的 P2P 网贷平台，但是目前成交量尚小，与英国差距较大（见图 2-5）。

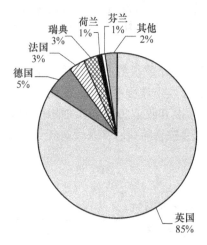

图 2-5 欧洲主要国家 P2P 网贷平台累计成交量占比

（资料来源：AltFi、盈灿咨询、网贷之家）

(二) 我国 P2P 网贷的产生和发展

我国 P2P 网贷的产生和发展大致经历了以下五个阶段：

1. 第一阶段：2007 年以前（萌芽期）

我国的 P2P 网络借贷起步较晚，早在 2007 年以前，小额贷款理念在国外就已经形成，但受到当时外界条件的限制，小额信贷的贷款规模、从业者规模以及社会认知层面都比较局限。直到全球第一家网络贷款平台成立，网络借贷行业在国外得以发展，网络借贷才传入中国。

2. 第二阶段：2007—2012 年（以信用借款为主的初始发展期）

2007 年，国内首家 P2P 网络借贷平台拍拍贷在上海成立。在这一阶段，全国的网络借贷平台大约发展到 20 家，活跃的平台只有不到 10 家，截至 2011 年年底，月成交金额大约 5 亿元，有效投资人 1 万人左右。

P2P 网络借贷平台初始发展期，绝大部分创业人员都是互联网创业人员，没有民间借贷经验和相关金融操控经验，只要借款人在平台上提供个人资料，平台进行审核后就给予一定授信额度，借款人基于授信额度在平台上发布借款标。但由于我国的公民征信系统并不健全，平台与平台之间缺乏联系和沟通，随之出现了一名借款人在多家网络借贷平台同时进行借贷的问题。最著名的是天津一个网名叫"坦克"的借款人，在多家平台借款总额高达500多万元，这笔借款最终因逾期成为各个平台的坏账。

3. 第三阶段：2012—2013年（以地域借款为主的快速扩张期）

这一阶段，P2P网络借贷平台开始发生变化，一些具有民间线下放贷经验同时又关注网络的创业者开始尝试开设P2P网络借贷平台。同时，一些软件开发公司开始开发相对成熟的网络平台模板。此时开办一个平台成本大约在20万元，国内网络借贷平台从20家左右迅速增加到240家左右，截至2012年年底，月成交金额达到30亿元，有效投资人为2.5万~4万人。

由于这一阶段开办平台的创业者大多具备民间借贷经验，了解民间借贷风险，他们吸取了前期平台的教训，采取线上融资、线下放贷的模式，以寻找本地借款人为主，对借款人实地进行有关资金用途、还款来源以及抵押物等方面的考察，有效降低了借款风险，这个阶段的P2P网络借贷平台业务基本真实。但由于个别平台老板不能控制欲望，在经营上管理粗放、欠缺风控，导致平台出现挤兑倒闭情况，2013年投资人不能提现的平台有四五个。

4. 第四阶段：2013—2014年（以自融高息为主的风险爆发期）

当平台数量呈现爆发式增长时，问题也随之凸显：P2P网络借贷的热潮使许多不法分子看到了非法牟利的机会。这个阶段出现了部分毫无资质的网络贷款平台，平台经营者只需要购买网络借贷系统模板，并租赁办公地点即可开始上线圈钱。这些平台并不具备正常运营贷款的能力，只凭着虚假、浮夸的手段来吸引投资者，提供劣质产品，为P2P网络借贷行业的发展埋下了隐患。

据《2014年中国网络借贷行业年报》统计：2014年累计问题平台数量已达到367家，其中，2014年全年问题平台达275家，是2013年的3.6倍。相对于2013年问题平台多是诈骗、"跑路"，2014年诈骗、"跑路"类和"提现困难"类问题平台数量不相上下，占比分别达46%和44%；另外，还有部分平台因为停业或者经侦（经济犯罪侦查）介入等其他原因被曝光。

这一阶段之所以成为风险爆发期，从外部环境来看，经济疲软、借款人资金紧张造成逾期未还款，股市回暖使得投资人纷纷撤资，都削弱了平台的还款能力；从内部环境来看，监管的缺失和平台的不规范运营是引发风险的主要原因。这个阶段上线的许多平台的共同特点是利用高利息吸引追求高利润的投资人，再加上这些平台本身资金实力和风控能力较弱，一旦出现负面消息，就容易导致挤兑现象。自2013年10月起，这些自融平台就频频出现逾期、倒闭、"跑路"，或者不能提现的情况，致使部分投资者损失惨重，给国内贷款行业造成了不利的影响，破坏了国内正常的金融秩序。

5. 第五阶段：2014年至今（政策调整期）

由于缺少必要的监管和法规约束，2013年以来，多家P2P网贷公司接连发生倒闭、"跑路"等恶性事件，给我国金融秩序带来不利影响。因此，市场开始重新审视P2P借贷行业的发展，对行业疯狂发展的现象进行反思，对行业的期待开始回归理性。

网贷平台方面：贷款行业呼唤监管，各个P2P网贷公司组成行业联盟、资信平台，并积极向央行靠拢，寻求信用数据对接。同时，贷款流程借鉴传统商业银行模式，进行风险控制。

政府方面：加强了对P2P网络借贷平台的监管。2014年，中国人民银行发布《中国金融稳定报告（2014）》，要求P2P和众筹融资坚持平台功能，不得变相搞资金池，不得以互联网金融名义进行非法吸收存款、非法集资、非法从事证券业务等非法金融活动。这实际上是确定了P2P四大准入门槛。2015年，《关于促进互联网金融健康发展的指导意见》《网络贷款信息中介机构业务活动管理暂行办法（征求意见稿）》《最高人民法院关于审理民间借贷案件适用法律若干问题的规定》等一系列政策法规的出台，使整个P2P网贷行业走向阳光化，其运营和监管有法可依。

地方性政策方面：全国各地方政府出台政策，关注并扶持互联网金融的创新发展，深圳、天津、南京、广州、武汉均出台了相关法律法规。

在这一阶段，由于国家表明了鼓励互联网金融创新的态度，并在政策上对网络借贷平台给予大力支持，使很多大型国有企业和金融巨头开始尝试创立网络借贷子公司或者以入股已有P2P网贷公司的形式参与P2P贷款市场的竞争。

四、P2P网络借贷兴起的原因及特点

P2P网贷平台之所以在短时间内快速发展，这首先是由于其在相应的时代契合了投资者和融资者的需求，并有了一定的技术保证和宽松的发展环境；其次，其本身所具有的特点也是重要原因。这些特点归纳如下。

1. 准入门槛低

（1）对借款人而言，借款门槛低。P2P网贷平台的服务对象，往往是无法提供足够抵押担保条件、被传统金融服务拒之于门外的借款人。借款人只需要在P2P网贷平台注册，完成身份验证，即可成为该平台的会员。申请过程中，用户只需要向平台提供身份证明、收入来源证明以及信用证明等信息，即可设定借款额度。

（2）对投资者而言，投资门槛低。大部分P2P网贷平台实行的是"小而分散"的原则，投资者的投入甚至可以低至几十元。

（3）对网贷平台而言，行业门槛低。

2. 操作简单，参与广泛

P2P网贷的一切认证、记账、清算和交割等流程均通过网络完成，简化了传统金融机构烦琐的层层审批模式，借贷流程比较简单，操作起来非常方便。借贷者只要有良好的信用记录，即使缺乏担保抵押也能获得贷款。

同时，这种"定制化"的交易能够充分满足借款人的资金需求，也产生了多样化的P2P借贷产品。

再者，P2P借贷的手续简单方便。相对于银行等金融机构烦琐的层层审批的贷款模式，P2P网贷平台简化了流程，能够简单、快速、及时地解决需求者的资金问题，满足市场需求。

3. 利率较高，风险较大

P2P网贷平台的利率往往高于商业银行，但低于传统高利贷公司。P2P借贷中的借款者往往是无法在传统金融机构中获得贷款的个人，为了能够及时获得贷款满足资金需求，他们

倾向于承担更高的利率。同时，作为新兴的互联网金融产品，为了获得更高的公众认知度，打响品牌，许多平台往往采取提高利率的方式吸引投资者（见图2-6）。

但是，P2P网贷属于民间借贷，没有充足抵押品的情况较多，其风险往往较传统融资方式更高。

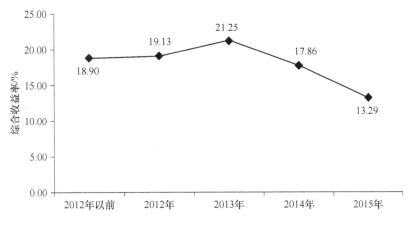

图2-6　各年综合收益走势

【自主思考】
1. 结合实际，谈谈P2P网络借贷的兴起给你的生活带来了哪些变化。
2. 结合实际，谈谈P2P网络借贷兴起的原因和背景。

任务二　P2P网络借贷的运营模式

P2P网络借贷在中国经过几年的发展，已经对最初引进的国外运作模式进行了改良，有的引入了担保机制，有的引入了线下模式，有的已经介入了借贷交易过程，不仅仅作为一个中介平台，而是作为一个借贷资金流转的中转站。本任务分别从国外和国内两个方面来介绍P2P网络借贷的运营模式。

任务描述

学生对P2P网络借贷运营模式的相关知识进行学习和理解。

任务分析

进行相关知识的讲解学习和课堂互动。教师运用多媒体对P2P网络借贷运营模式的相关知识进行讲解，学生听课、讨论和思考。

相关知识

一、国外的P2P网络借贷模式

国外P2P网贷平台模式，分为营利型和非营利型。营利型又可以分为复合中介型和单纯中介型，复合中介型以 Zopa 模式和 Lending Club 模式为代表，单纯中介型以 Prosper 模式为代表；非营利型以 Kiva 模式为代表。

（一）英国 Zopa 模式：贷款人手续费＋投资者管理费＋逾期费用

1. 公司简介

2005 年 3 月在英国成立的 Zopa，是世界上第一家网上小额信贷平台，Zopa 的运营模式是一种典型的线上复合型 P2P 网络借贷模式，它主要面向社区群体提供小额的贷款服务，它曾宣称"摒弃银行，每个人都有更好的交易"。

Zopa 作为 P2P 网络借贷平台的鼻祖，经过 10 多年的发展，已经成为目前最广为人知的 P2P 网络借贷平台之一。2010 年 Zopa 被评为"最佳个人贷款提供者"，并连续 4 年被评为"最值得信任的个人贷款者"。Zopa 平台具有英国公平贸易局颁发的信贷许可证，即在法律上承认了 Zopa 具有向消费者提供信贷服务的资格。Zopa 获得了罗斯柴尔德旗下 RIT Capital Partners 资本的参股投资，这为其今后的发展锦上添花。同时 Zopa 是英国反欺诈协会（CIFAS）的成员，并且在信息专员办公室（Office of the Information Commissioner）注册，截至 2014 年年底，其累计贷款规模已超过 7.13 亿英镑。Zopa 在英国的运营取得成功，自 2007 年起曾试图向其他国家，如美国、日本扩张业务，但上述国家对网络信贷监管较严，从而阻碍了 Zopa 国际化发展的脚步。

2. 业务流程

Zopa 主要提供小额度贷款，一般为 500～25 000 英镑，其借贷流程如下。

（1）借贷双方要先在平台上提供个人信息，进行实名注册，成为会员。借款人发布借款需求时，需要按照要求尽可能详细地提供个人经济状况、家庭情况、借款理由及借款期限、利率和金额，并提供个人信用报告。投资者需要先在个人账户中充值，然后输入可以投资的金额和投资的时间，并设定期望收益率、还款方式等。

（2）Zopa 在借款人提交信息后 24 小时内进行信息审核，每个借款人都必须接受身份认证、信用认证和风险认证。借款人的个人信用评级由 Zopa 参照该借款人在 Equifax 信用评级机构的信用评分确定，借款人按信用等级被分为 Ax、A、B、C 四个等级，如果借款人情况过于糟糕，在这四个等级之外，则会被网站拒绝。信用等级越高者违约风险越小，就能以较低的利率借到钱，信用评级还能帮助投资人根据自身的风险偏好做出投资决定。

（3）投资者在网站上浏览，根据自身风险偏好和期望收益自行选择借款人，Zopa 会将借款以 10 英镑为单位进行分割，分散匹配给不同的投资者以达到分散风险的目的。投资者以 10 英镑为单位进行投资，最后达成交易。

3. 风险控制

在风险控制方面，Zopa 主要有如下举措。

（1）严格执行身份认证、信用认证和风险认证的审核制度，并且与专业的信用评级机构合作，保证了借款人的质量。

（2）强制投资人分散投资，Zopa 的所有投资都是以 10 英镑为单位进行的，将风险降低，将贷款等额分割给不同的借款人并强制借款人每月还本付息，有效地分散了风险。

（3）借款人必须签署具有法律效力的合同。

（4）借贷平台介入交易的程度比较高，当借款人发生逾期未还款的情况时，Zopa 会启用"风险储备金"，偿还出借人的本金和利息；发生坏账之后该网站负责雇用第三方公司进行坏账跟踪和追讨，和投资人共同承担信贷违约的风险。

4. Zopa 模式的特色

（1）严格的风险控制制度。Zopa 严格划分借款人信用等级，并使信用等级成为借贷中的重要评判标准。除了对借款人进行信用评级外，还要求投资者分散投资、借款人按月分期偿还贷款。此外，借款人还必须签署具有法律效力的合同保障投资者的权益。

（2）完善的服务。Zopa 在整个交易过程中的服务包括：信息发布对接、相关法律文件准备、对借款人进行信用认证、坏账发生时雇用代理机构为投资人追讨欠账等。

Zopa 模式的不足之处在于只适用于征信体系成熟的国家，在征信体系尚不完善的国家，采用线上模式容易面临较大的信用风险和道德风险。

（二）美国 Lending Club 模式：贷款人手续费＋投资者服务费＋收款手续费＋逾期费用

1. 公司简介

2007 年 5 月 Lending Club 在美国成立，Lending Club 以 Zopa 模式为基础，结合社交网络，发展出一种全新的 P2P 网贷模式：Lending Club 和 Facebook 合作，作为平台应用加入。伴随着社交网络的快速发展，P2P 网络借贷的后起之秀的 Lending Club 也取得了飞速发展，并获得了以年轻人为主的社交网站用户群体的认同。Lending Club 提供的贷款额度最低 1 000 美元，最高 2.5 万美元，平均的贷款年限为 3 年。截止到 2014 年 6 月底，Lending Club 已经撮合完成了超过 50 亿美元的交易额。

2. 业务流程

Lending Club 的借贷流程与 Zopa 模式的借贷流程相似，不同的是：

（1）借款前，借款人必须经过严格的信用认证和 A～G 分级，Lending Club 会根据不同的分级制定固定的贷款利率。

（2）投资者在浏览借款人的资料时，除了可以根据自己的风险偏好、期望收益率、借款期限进行选择以外，还可以依据借款人是否自己的朋友，来做出是否借款的决定。

（3）借款人可以在 Lending Club 的 Facebook 应用上发出借款请求，利用社交网络的优越性，增加借款成功的可能性。在借贷过程中，Lending Club 的收入来源主要是手续费、服务费和管理费。

3. 风险控制

通过 Lending Club 进行借款的借款人在交易前必须经过严格的信用认证和 A～G 分级，Lending Club 不采取竞标方式，而是根据借款人的信用等级有不同的固定利率。

2010 年 11 月，Lending Club 注册了全资子公司 IAdvisor，用以保障投资者的资金安全。随着 Lending Club 大额投资期的到来，Lending Club 设立了投资于低风险借款人（A、B 级客户）的保守信贷基金 CCF 和投资于中等风险借款人（C、D 级客户）的信贷基金 BBF。

4. Lending Club 模式的特色

Lending Club 模式最大的特色是借助于世界上使用范围最广、影响最大的社交平台 Facebook，利用社交网络的用户参与度高、活跃度高、互动性强、传播性强的特点，对借贷活动进行推广。由于 Facebook 进行的是熟人之间的借贷，因此，借款成功率更高，同时，由于借贷发生在朋友圈里，所以借款人无须公布自己的信用历史，保护了个人隐私。

另一个特色是划分了信用等级，并将它和利率完全挂钩，撮合符合信用要求的借款人和投资人进行有效率的借贷和投资，提高成交效率。

Lending Club 模式也属于线上复合中介型模式，其主要风险在于担保公司会过度介入交易，以及担保公司担保能力的可信度。

（三）美国 Prosper 模式：贷款人手续费＋投资者管理费＋逾期费用

1. 公司简介

Prosper 于 2006 年在美国成立，是美国第一家 P2P 网络信贷平台公司，Prosper 的运营模式是一种单纯中介型 P2P 网络借贷模式，旨在帮助普通个人更方便地相互借贷。Prosper 模式类似于 eBay 实行的"拍卖模式"：借款人在网站上发布借款需求，贷款额度最低 50 美元、最高 2.5 万美元，要写明期限并说明借钱的原因和用途，然后设定一个愿意支付的最高利率，投资人以此利率为基准通过降低利率进行竞拍。与普通拍卖模式不同的是，Prosper 的拍卖模式是以自愿投资额度竞拍而非全额竞拍。

2. 业务流程

Prosper 的借贷流程与一般 P2P 网络借贷流程有所区别。

（1）借贷双方在 Prosper 平台上注册，平台要求借贷双方必须是拥有"社会保险号"（记录着美国人一生所有的基本信息和信用情况）的美国公民。

Prosper 要求借款人的信用评分必须达到 640 分以上，然后必须详细填写个人信息、个人税号、银行账号，并提交信用报告。Prosper 要求个人投资者必须是 18 岁以上的美国公民，机构投资者必须是美国本土机构并且具有纳税人号码。所有投资者都必须具有支票或储蓄银行账户，投资者在注册时，也必须提供个人信用报告，然后在其 Prosper 的账户中充值大于 25 美元的金额，账户中的金额会进入 Prosper 在富国银行（Wells Fargo）开立的资金账户池。

（2）Prosper 审核借款人信息并给予相应的信用等级，信用等级决定了借款人的最大借款额度、借款利率和服务费。

（3）通过审核后，借款人可以在 Prosper 借款平台上发布自己的借款需求，内容包括 Prosper 信用等级、借款数额和期限、借款用途、个人经济状况简介等。通过审核后，借款人的认证尚未完成，由于此时借款人提交的证件还不齐全且没有获得最终的真伪验证，借款人的借款列表中会出现一个认证进度表，认证分为三个阶段，认证进度越快越容易被出借人信任。

（4）投资者看到各借款人的借款列表后，筛选得到符合要求的借款列表，系统会优先匹配认证进度快的列表，投资人选择后就可以开始竞标，当达到募集金额或借款列表发布达到 14 天时募集结束。

投资人还可以使用"快捷投资"功能进行投资，输入出借总金额及分割给每份贷款的最大值，选择借款人的信用级别，Prosper 会给出相应的回报率和坏账率供出借人参考。

（5）募集结束后 Prosper 会在 2~8 个工作日内对借款人的信息进行更加细致深入的审核，在审核期间还会要求借款人提供更多证明文件以获得贷款资金。只有当进一步验证借款人的信息后，Prosper 才会通过 Web Bank 向借款人账户转入资金，在向借款人账户转入资金前，Prosper 会先扣除应该收取的服务费金额。同时，生成贷款票据，并将票据发给竞标成功的投资者。

在借贷过程中，Prosper 向借贷双方收取费用，对不同信用等级的借款人收取不同比例的服务费，对投资人按年总出借款额度的 1% 收取服务费。

3. 风险控制

（1）Prosper 利用严格的审核制度和信用评级甄别出信用良好的借款人，通过公布各信用等级详细的历史数据帮助出借人了解投资风险。

（2）当借款人的详细资料通过 Prosper 所有阶段的审核后，资金才会打入借款人的账户。出借人会收到相应的 Prosper 票据，按月收回本息。

（3）Prosper 鼓励投资者分散投资、要求借款人按月还本付息，在一定程度上降低了投资风险。

（4）Prosper 虽然不承诺保障本金，但是当借款人超过几天还款时，就会被收取滞纳金，滞纳金按照投资比例划给出借人。当逾期不超过 30 天时，Prosper 会先向借款人进行直接催收，若借款人出现逾 30 天不归还贷款的情况，Prosper 会向出借人推荐催款公司收账，但费用需要由出借人自己承担。

（5）发生坏账的借款人除非还清贷款和罚金，否则不再允许在 Prosper 借款，同时，Prosper 会向信用评级公司递交违约人的拖欠报告，将其违约记录记入其信用报告。

（6）为保障投资者的资金安全，投资者的投资资金将存入 Prosper 在富国银行为客户设立的特别托管账户，该账户安全由美国联邦存款保险公司（FDIC）保障，以防止 Prosper 擅自挪用出借人资金。

（四）美国 Kiva 模式：非营利性公益平台

1. 公司简介

Kiva 是 2005 年在美国成立的 P2P 网络借贷平台，与前面三种模式不同的是，Kiva 是一家非营利的 P2P 借贷网站，提供跨境小额贷款服务，服务的借款人主要是发展中国家的低盈利企业，而投资人则是来自发达国家的居民。由于该平台具有公益和扶贫的性质，因此愿意通过 Kiva 投资的人可能都是带着捐款的心去的。截至 2016 年 2 月，共有 2 364 452 名用户在 Kiva 注册，其中共有 1 384 940 位投资者提供了贷款，共有 1 882 330 名借款人获得贷款，累计金额达到 81 148 800 美元，有 304 家区域合作伙伴与该平台合作。Kiva 的业务广布全球，分布在 83 个国家，Kiva 的还款率达到 98.40%，人均借款数额达 413.32 美元，人均交易 10.12 笔。

2. 业务流程

Kiva 采取通过平台募集资金撮合借款人和投资人之间的交易的流程。

（1）借款人通过 Kiva 平台进行借款，有两种方式：第一种，直接通过平台进行借款，借款人在平台上发布借款请求，Kiva 要求借款人详细说明企业相关信息、贷款缘由、贷款用途、贷款期限、负债情况；第二种，借款人向与 Kiva 有合作项目的当地小额贷款公司提出借款申请。

（2）Kiva 通过与其有合作关系的小额贷款机构对借款人进行审核，该机构收集借款人的相关信息，对信息进行整理后，将资料反馈给 Kiva。

（3）Kiva 将审核通过的企业贷款需求发布在网站上，网站会详细介绍申请贷款的企业的相关信息、贷款原因、资金用途、还款来源、负债情况，并提示贷款的潜在风险，贷款期限一般为 6~12 个月。

（4）投资人在 Kiva 网站选择感兴趣的投资项目进行投资，Kiva 要求投资人投资金额大于 25 美元，Kiva 汇集性质相近的投资人资金完成一笔贷款的资金募集；投资人也可以对某一借款列表进行全额出借。

（5）募集完成后，Kiva 使用 PayPal 将募集到的资金转给发展中国家的小额信贷机构，这些信贷机构即 Kiva 分散在世界各地的合伙人，由它们完成最后一步支付和收集小额贷款的工作，借款利率由小额信贷机构制定，利息用来维持它们的正常运作。

（6）Kiva 的合伙人寻找适当的借款人、支付借款、监督管理借款人、收集到期的还款返还给 Kiva。这些机构还负责找寻合适的贷款项目，企业到期还款之后，当地的小额信贷机构把贷款集齐再通过 PayPal 返还给 Kiva。在借贷过程中，作为非营利机构，Kiva 提供的是无息贷款，不会向小额信贷机构收取费用，出借人也不需要向 Kiva 支付手续费，所以 Kiva 更像是为发展中国家的小企业项目募集资金的一个渠道，但借款人需要向小额信贷机构支付较低的利息以维持该机构的基本运作。

3. 风险控制

（1）Kiva 在对借款人信息进行审核时，通过当地的小额信贷机构进行考察，由于每一个与 Kiva 合作的小额信贷机构都是通过 Kiva 严格审核筛选出来的，它们有专业的信贷人员对贷款进行管理，可以更加深入地了解借款人的信用情况，同时定期回访了解资金运用情况，通过平台公布借款人信息，有利于提前发现借款人存在的问题。

（2）当借款人出现逾期未还款现象时，小额信贷款机构对借款人进行催缴。Kiva 还加入了小额信贷客户保护组织（Smart Microfinance）。小额信贷客户保护组织也是一个非营利性机构，它帮助小额信贷机构设计适当的贷款产品，建立防止借款人过度负债的机制。

（3）Kiva 在平台上明确告知出资人存在的风险，如借款人违约风险、小额信贷机构运作风险，还有汇率风险。因为 Kiva 服务的是跨境客户，但 Kiva 平台以美元为结算货币，因此汇率波动也会给出借人的本金带来一定的损失。

（4）Kiva 也建议投资人分散投资以达到分散风险的目的。

4. Kiva 模式的特色

Kiva 采取"批量出借人+小额借贷"的形式开展业务，与其他模式相比，这种模式有三大特点。

（1）**公益性**。Kiva 是不以营利为目的的公益性 P2P 网贷平台，其借款人为发展中国家的低盈利企业，它主要提供三种类型的贷款：集体贷款、住房贷款和农业贷款。

（2）**跨国借贷**。Kiva 从发达国家的居民处筹集资金，服务的借款人主要来自发展中国家，在借贷过程中，利用国际贸易支付工具 PayPal 实现资金的跨境流动，PayPal 的运用有利于实现资金的即时支付、即时到账，保障了借贷过程资金流动的快捷性。

（3）Kiva 不与借款人直接联系，而是通过各地的合伙人来间接放贷。

二、中国 P2P 网络借贷的运营模式

总体来说，中国 P2P 网贷的运营模式有三种主要的分类方法，即按借贷流程分类、按融资渠道分类、按有无担保机制分类，每类运营模式都有不同特点。

（一）按借贷流程分类

按借贷流程分类，可分为纯平台模式和债权转让模式。

1. 纯平台模式

纯平台模式是指平台本身并不介入交易，只负责审核借款人信息、展示借款信息及招标等工作，平台以收取账户管理费和服务费作为收益，投资者可根据平台显示的信息自行选择借款人和借款金额。这种模式业务流程简单，运营成本低，借贷双方直接接触，能够减少平台自身代偿风险，但是也存在着明显的缺点，即投资人的资金损失风险较高。典型代表如拍拍贷。

成立于2007年的我国第一家网贷平台拍拍贷就一直采用纯平台模式。拍拍贷的借款具有小额、短期的特点，一般不超过6个月，额度一般不超过10万元。具体来说，拍拍贷采用的是竞标的方式来撮合借贷双方的交易的，如图2-7所示。首先，借款人发布需要借款的金额和能够担负的最高年利率，汇总成借款列表，若干贷款人对借款人的列表进行投标（投标金额、合适的利率等），当投标结束，最低和较低的年利率的投标金额就会组合成为借款人的一笔借款，该借款人每月把当月的还款金额打入拍拍贷账户，拍拍贷系统自动将金额存入贷款人的账户里，直到将借款还清为止。

图2-7 拍拍贷操作流程示意图

纯平台模式保留了最初P2P网贷的面貌，出借人根据需求在平台上自主选择贷款对象，平台不介入交易，也不承担坏账风险，只负责信用审核、展示及招标，以收取服务费和账户管理费作为利润来源。

2. 债权转让模式

债权转让模式是指借贷双方不直接接触，而是由P2P网贷平台先放款获得债权，再将债权转让给投资者。一些P2P网贷平台会将优质债权分割打包成理财计划供投资者选择，并且负责贷后管理。这种模式又被称为"居间人"模式或"专业放款人"模式，通常需要平台人员线下操作，不利于业务的扩张，同时由于平台存在资产池，容易陷入非法集资的法律风险中。典型代表如宜信。

宜信公司是国内较早采用债权转让模式来运行的P2P网贷平台。具体操作流程如图2-8所示。

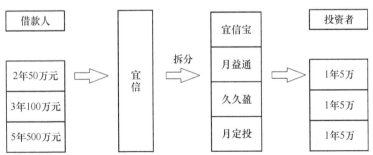

图2-8 宜信的债权转让模式流程图

首先，宜信通过其强大的线下分支机构寻找有借款需求的客户，审批合格后由宜信CEO与客户签订一份个人间的借款合同，合同中写明借款的金额、期限、约定的借款利率、还款日期和还款方式。然后，资金就从唐宁的账户上转移到客户的账户上。这就完成了借款人和宜信的交易环节。然后，宜信再去寻找潜在的投资者，将CEO名下的债权进行金额拆分或期限拆分，将其打包成类固定收益的组合产品，以组合产品的形式销售给投资者。经过拆分的债权变成多笔小额、短期的债权，相比之前整体的一笔债权来说，销售难度大幅降低。这时投资者与CEO签订债权转让合同，钱从投资者的账户上转移到CEO的账户上。这就完成了宜信和贷款人的交易环节。

(二) 按融资渠道分类

按融资渠道分类，可分为纯线上模式和线上线下相结合模式。

1. 纯线上模式

在纯线上模式中，从借款人的信用审核、借贷双方签署合同到贷款催收等整个借贷过程主要在线上完成。由于没有线下实地对借款人进行审贷的环节，通常是通过搭建数据模型来完成对借款人的信用审核，对采集到的信息利用相关模型进行分析，从而给予借款人一个合理的信用评级。

在纯线上的模式中，利用数据建模的方式对借款人信用进行审核节省了人力成本，但基于缺失的数据建立起来的数据模型也存在一定的问题，这些问题导致的直接后果就是信用审核可靠性降低，风险控制不成熟，逾期率和坏账率普遍较高。

2. 线上线下相结合模式

线上线下相结合模式被称为O2O模式。在这种模式中，线上主要展示理财产品，展示借贷业务信息及相关法律服务流程，并进行借贷的交易环节，而线下则主要开展借款人（资产端）开拓、信用审查和贷后管理等工作。借款人在线上提交借款申请后，借款人所在地的平台服务部门会实地考察借款人的资信和还款能力等情况。为了降低违约风险，P2P平台将借款审查、贷后管理、抵质押手续等风险控制的核心业务都放在线下进行，所占比例达到50%以上。典型代表如人人贷。

目前，人人贷的借款标的主要有信用认证标、机构担保标、智能理财标和实地认证标等。其中实地认证标就是人人贷与友众信业金融信息服务有限公司（简称友信）共同推出的产品，该产品在人人贷原有平台审核的基础上增加了友信对借款人实地走访审核调查以及后续的贷中、贷后服务环节，进一步加强了风险控制。目前，实地认证标已成为人人贷的金额占比最大的贷款标的。

(三) 按有无担保机制分类

按有无担保机制分类，可分为无担保模式和有担保模式。

1. 无担保模式

无担保模式是P2P网贷模式的最原始形式，平台不对借出的资金进行信用担保，仅发挥信用审核和信息撮合的功能，出借人根据自己的资金流动情况和风险承受能力自主匹配平台列出的借款项目。若发生贷款逾期和坏账，则完全由出借人自己承担，网站没有建立本金保障机制对投资者的本金和利息进行保障。

国内第一家P2P网贷平台拍拍贷是该模式的重要代表。

> 延伸阅读

P2P 网贷平台介绍——拍拍贷

公司简介

拍拍贷成立于 2007 年 6 月，公司全称为"上海拍拍贷金融信息服务有限公司"，总部位于上海，是国内第一家由工商部门特批为经营"金融信息服务"的互联网金融平台。

截至 2014 年，拍拍贷平台注册用户超过 600 万户，累计成功借款笔数超过 260 万笔，累计成功投资笔数超过 1 200 万笔，其品牌影响、用户数、平台交易量等方面均在行业内占据领先位置。

2012 年 10 月，拍拍贷成为首家完成 A 轮融资的网贷平台，获得红杉资本（Sequoia Capital）千万美元级别的投资。

2014 年 4 月，拍拍贷在北京钓鱼台国宾馆宣布率先完成 B 轮融资，投资机构分别为光速安振中国创业投资及纽交所上市公司诺亚财富。

2015 年 4 月，拍拍贷正式宣布完成 C 轮融资，再次成为国内 P2P 行业首个完成 C 轮融资的网贷平台。C 轮融资投资由联想控股旗下君联资本和海纳亚洲联合领投，VMS Legend Investment Fundl、红杉资本以及光速安振中国创业投资基金等机构跟投。目前，拍拍贷平台针对不同的用户需求推出了不同的投资类型，包括安全标专区、逾期就赔专区、网商专区、二次借款区和合作机构区等。

2014 年，拍拍贷平台每天处理的交易达 5 000～10 000 笔，盈灿咨询联合中国金融研究中心、网贷之家发布的《2014 年度网贷平台发展指数评级报告》显示，拍拍贷与陆金所、人人贷、宜人贷和招财宝 P2P 平台排名位列前五。

业务流程

拍拍贷的运营模式主要借鉴国外的 Prosper 平台，借贷的全过程都是在线上以竞标的方式完成的，网站以收取借贷双方的中介费用实现盈利。借贷流程如下。

（1）注册认证。拍拍贷可以通过个人邮箱注册账户或使用拍拍贷合作伙伴（包括支付宝、淘宝、新浪微博、QQ、财付通等）的账号进行登录，注册完毕后会员需要详细填写个人资料。

（2）借款人注册成功后申请成为借入者即可开始借入资金，借款人通过拍拍贷平台发布借款需求，借款需求包括借款理由和借款详情等。投资者注册成功后申请成为借出者即可开始投资活动，首先要对账户充值，作为投标时的资金。

（3）平台对借款人的借款需求进行审核。拍拍贷的借出投标是由出借人来判断的，但在完成了 100% 的借款金额满标之后，为了保证出借人的利益，拍拍贷会根据不同类型借款人提交的材料进行最终审核。（拍拍贷对资料的审核仅限于如下方式：①对用户提交的书面材料的扫描件或电子影像文件进行形式上的审查；②对用户提交的书面材料的内容与其申报信息的一致性进行审查）审核会在 3 个工作日内进行。

（4）投资人选择借款列表并投标。通过筛选正在进行中的借款列表，选择愿意投资的借款列表并进行投标。拍拍贷还提供了"自动投标"功能，由出借人自定义投标筛选规则，系统会在有符合条件的借款列表出现的情况下进行自动投标，简化投标操作。

（5）借款列表在投标期内满标，且借款人的个人资料已通过平台验证，投资者投标的金额将会自动转账划入借款人账户，与此同时，拍拍贷平台将自动生成电子借条并通过电子邮件方式寄发给交易双方。

（6）到期还款。网站会按时通过电话、邮件或短信方式对借入者进行还款提醒，借入者需按照规定的还款日期还款。以上流程如图2-9所示。

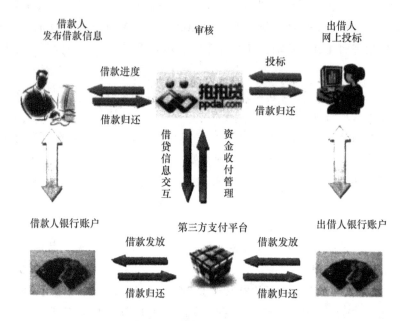

图2-9　拍拍贷的信贷流程

风险控制

（1）完善的信用机制。其包括2009年正式上线的各种认证系统、信用评级系统、反欺诈系统，提供的信用机制包括：认证机制、审核机制、资金管理机制和黑名单机制。2015年3月正式发布"魔镜系统"，这是行业首个真正基于征信大数据的风控系统，给信用风险的控制带来很大帮助。

（2）平台自身运营资金与借贷资金严格分离。2015年1月，拍拍贷推出"拍钱包"业务，率先实现平台资金银行托管。

（3）设立风险备用金账户。拍拍贷与中国光大银行上海分行合作，设立风险备用金托管账户，账户内资金将用于在一定限额内补偿拍拍贷所服务的逾期就赔列表的借出人在借款人逾期还款超过30日时逾期当期未还本金和逾期当期利息，即当借款人逾期还款超过30日时，拍拍贷将按照风险备用金账户资金使用规则，从该账户中提取相应资金用于偿付借出人在该笔逾期就赔列表项下逾期当期未还本金和逾期当期利息金额。

（资料来源：拍拍贷官网 http://www.ppdai.com）

2. 有担保模式

为获得出借人信任，有效拓展出借人客户，提高平台的知名度和交易量，许多平台推出了担保机制，以保障出借人的利益。担保模式按照担保委托方不同可分为第三方担保模式和平台自身担保模式两种。

第三方担保模式是指P2P网贷平台与第三方担保机构合作，由第三方担保机构为投资人提供本金保障服务，P2P网贷平台本身并不参与其中，有担保资质的小额贷款公司或担保公司可成为第三方担保人。在第三方担保模式中，P2P网贷平台作为中介，不吸储、不放贷，仅提供金融信息服务。实践中采用这一担保模式的P2P网贷公司主要有陆金所、有利网及开鑫贷，这些平台上的全部借款标均由合作的小贷公司或担保公司提供担保。

由平安集团创建的陆金所就是第三方担保模式的典型例子（见图2-10）。它借助于平安集团的信贷消费风险管理数据模式对每位借款人进行借款风险评估。在借款交易达成之后，其产品的违约赔付、借款人的资质审核都由平安集团旗下的担保公司——平安融资担保公司负责。

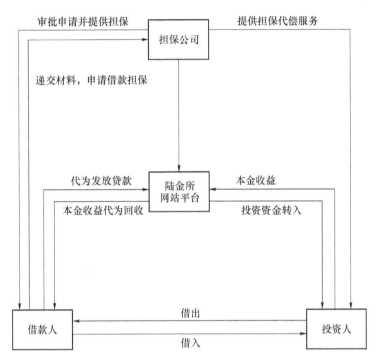

图2-10　陆金所交易流程图

引入第三方担保机构担保是国内P2P网贷公司控制平台积聚风险的重要手段。在这种模式中，小贷公司和担保公司对P2P网贷平台上的项目进行审核和担保，P2P网贷公司给予其一定比例的渠道费和担保费。这既节省了风控和业务成本，降低了平台风险，又搭建起了借款人、风险控制机构、P2P网贷公司等多方共赢的平台，而且这种合作模式流程简单、合作双方权责清晰，有利于平台的扩张。这种整合了民间借贷中介和担保中介的模式对推动利率市场化、促进民间金融的阳光化，以及在降低小微借贷成本方面都有极大的作用。

平台担保模式是由P2P网贷平台利用自有资金或向借贷双方收取相关费用形成的类似保险金额，为出借人的资金安全提供保障。在这种模式中，通常借贷双方签署的协议中会注明，若借款人发生贷款逾期超过规定期限，则出借人可将债权转移给平台，由平台先偿付出借人的资金并保留对逾期贷款的追偿权。

表2-3为人人贷风险备用金账户一种产品规则明细。

表 2-3 人人贷风险备用金账户一种产品垫付规则明细表

产品类别	成交借款风险金计提比例 /%		逾期/严重逾期借款风险金垫付范围	垫付资金来源
信用认证标	AA 级用户	0	未还本金	人人贷风险备用金
	A 级用户	1		
	B 级用户	1.5		
	C 级用户	2		
	D 级用户	2.5		
	E 级用户	3		
	HR 级用户	5		
智能理财标	≥1		未还本金；逾期当期利息；垫付等待期利息	人人贷风险备用金
实地认证标	≥1		未还本金；逾期当期利息	实地认证机构风险备用金；人人贷风险备用金
机构担保标	0		未还本金；逾期当期利息	合作机构

【自主思考】
1. 对比国内外 P2P 网贷模式，分析产生不同点的原因。
2. 对比我国几种 P2P 网贷模式，分析各自的特点。

任务三 P2P 网络借贷的风险分析

P2P 网贷自诞生以来已经过 10 余年的发展历程，无论是在欧美国家还是在中国都得到了长足的发展。但相比之下，欧美国家的 P2P 行业在风险控制和监管的约束之下运行相对平稳，而中国的 P2P 网贷行业在飞速发展的同时暴露出越来越多的问题，风险事件不断发生，不仅连带损伤了许多良性经营的平台的金融信誉度，还因涉及较多投资人利益而影响社会稳定，中国的 P2P 网贷行业正在遭遇整改转型的巨大压力。对比分析之下，中外 P2P 网贷行业发展的这种差异，与其根植的社会环境息息相关，比如欧美国家相对完善的征信体系、明确的金融监管机制、严格的信息披露机制、平台完全不承担风险等。中国的 P2P 网贷行业想要解决行业发展中的诸多瓶颈，无疑还要走一段较长的路，尤其需要在内部风险控制和外部监管上严格把关。

任务描述

学生对 P2P 网络借贷风险的相关知识进行学习和思考。

任务分析

进行相关知识的讲解学习和课堂互动。教师运用多媒体对 P2P 网络借贷风险的相关知识进行讲解，学生听课、讨论和思考。

相关知识

一、P2P 网络借贷的风险

P2P 网贷平台的风险主要有以下六个方面。

（一）资质风险

传统的金融机构一般实行"净资本"管理，无论是银行还是信托公司都要有自己的注册资本，其注册资本少则几个亿，多则十几个亿，甚至几十个亿，且注册资本不是用来经营的，而是一种保证、一种"门槛"。P2P 网贷目前资本门槛低，缺乏明确的资本监管要求。同时对其管理者也缺乏明确的从业经验要求，不少 P2P 网贷平台对金融活动的本质认识肤浅，欠缺风险意识和风控管理能力，认为做 P2P 网络贷款只是做信息流，或者说只是做一个公共平台，风险无人控制，最后只能落在投资人的头上。

（二）模式风险

P2P 网络借贷看似简单，就是投资者通过网络平台把资金借给资金需求者，其实是一个比银行及其他金融机构都要复杂的模式。在我国，P2P 网贷属于新兴产业，目前市场并没有达到成熟的地步，无论是投资人还是借款人对这种金融产品都缺乏理性认知。

金融风险具有跨期对冲的特点，收益的当期性很多人看到了，但对风险的滞后性却认识不足。很多投资者是冲着高收益而去，资金需求者是奔着套现而来，网贷平台是冲着其中的利益而开设，但这并非是真正意义上的 P2P 网贷模式。

真正的 P2P 网贷模式，首先是一家资产风险管理机构，能引导投资和把控风险，它的模式并不是简单地像一个电商那样，纯粹地运营一个信息平台。作为一家资产风险管理机构，它首先能引导投资者客观地分析借款标的，能根据投资人的资金情况给出专业的分析和建议。同时能科学、专业、全面地调查借款人的资金需求及用途的真实性，防范套现获利的现象。因此，在所有借款标的在被一个平台公布之前，这些工作都应该已经提前做好，把风险控制在贷前阶段。其次，一个好的 P2P 网贷平台，它的组织架构应由专业的信贷风险管理人员组成，而并非一个单纯的网站运营平台，很多网贷平台都能做到对贷款标的根据安全性、收益性进行分类分级，并都宣称能够以本金保障，但关键要看它是靠什么把贷款标的分类分级的，其方法是否科学，是否符合规避风险的规律。

这方面的风险与信用评级体系密切相关。国外信用评级体系相对完善，而目前我国的信用体系建设还处于初级阶段，信用评级体系非常不健全。

最近，央行已经组织社会各方参与建立社会征信系统，取得了一些进展。央行发行了一些民间征信的牌照，许多民间资本也参与进来，互联网大数据的技术在这方面也开始运用。另一方面，央行对于其征信系统的管理也相当谨慎。在 2011 年，央行办公厅下发了《关于小额贷款公司接入人民银行征信系统及相关管理工作的通知》，多家线下的小额贷款公司积极申请接入央行的征信系统。

但是 P2P 行业缺乏统一标准，自身风控能力和信息管理能力也参差不齐，央行征信系统尚未对其开放。另外，P2P 网贷等新型信贷平台的信贷数据也被排除在央行的征信数据之外，借款人违约也不会被计入央行的个人征信数据中。因此，P2P 网贷上的借款人失信成本很小，平台上出现坏账的风险很大。

（三）资金风险

资金风险是不少平台出现"跑路"的原因。这些平台一般都是给自己的母公司或者负责人筹集资金，一旦母公司出现问题，网贷公司也就在劫难逃了。还有一些平台未将资金托管到正规的银行等金融机构，利用管理不严的资金托管公司欺诈投资人。资金托管也必须托管给规范的有资质的机构，唯有这样才能给投资人的资金增加保障。相当一批平台为了吸引投资人，对借款提供担保，出现坏账时一旦平台无法履行担保的承诺，投资者的资金将无法收回，也势必形成网络借贷平台的信用风险。

（四）标的风险

每一个网贷平台的贷款标的都经过网站平台慎重审核才发标的，但这其中又有许多不同之处。首先，看该标的所公布的是什么样的申请资料，是简单的个人身份证明、收入证明，还是对该贷款的真实用途、还款能力等都做一个科学的、真实的证明？同时，所有这些证明作为投资人能否看得到，如果证明过于简单或相关资料无法查阅，那就应该慎重。其次，看该平台以往的还款情况，看成功率是多少、坏账是多少等。作为投资人应该具备一定的分析能力，能对贷款标的有自己的分析和判断。网贷的年利率有国家相关法律制度规范，目前为银行法定同期基准利率的 4 倍，在合理的范围内受到国家法律保护，如果投资回报率高得离谱，就面临较高的法律风险。因此投资人在高收益面前一定要客观认识其风险性。

（五）经营风险

网贷平台的经营风险主要是指受各种因素影响导致平台资金链断裂而破产形成的风险。作为一个新兴行业，P2P 网贷平台知名度仍然不够，网络借贷平台在成立初期往往由于缺少客户资源，成本过高而难以赢利，加之目前激烈的行业竞争更是延长了各平台"烧钱"的期限，长期不能够赢利的平台将不得不停止经营。号称"中国最严谨的网络借贷平台"的哈哈贷上线一年半即关停，在这段时间内哈哈贷吸收了近 10 万会员，赢利收入达到 30 万元，但是其成本投入已经超过 200 万元。哈哈贷创始人姚宗场坦承，公司的关闭主要是由于资金链断裂。类似的情况比较频繁地出现在这一野蛮生长的新兴行业中，运营不佳的平台或将被大量淘汰出局。

（六）法律风险

当前 P2P 行业面临的法律风险主要包括对 P2P 行业商业性质的界定以及 P2P 创新合法性问题。我国现存的法律还没有对 P2P 网贷的商业性质进行统一界定。目前大多数 P2P 网贷公司都是在工商局注册，作为一个中介服务公司，P2P 网贷平台是不能揽储、不能放贷、不能提供担保的，但现在许多网贷公司在金融创新的名义下纷纷开展债权转让业务和担保业务，这些业务是金融机构或准金融机构才能承担的，一旦出现问题，P2P 平台经营者携款而逃，将给投资人造成极大损失。尤其是一些平台的债权转让模式和资金托管方式涉及合法性的问题。债权转让模式最容易造成的就是非法集资，平台要避免非法集资就要避免中间资产池的形成，就要保证投资行为的发生先于资产转移。而不当的资金托管方式可能会涉及非法吸收公众存款。网贷平台大多有一个资金托管账户，或是在第三方支付平台，或是在银行。在我国的金融法律体制下，只有银行等金融机构才能吸收公众存款，这些第三方支付平台上积累大量的社会公众的资金，一旦资金进入 P2P 公司或者公司个人账户，就难以避免造成非法吸收公众存款。

二、P2P 网贷平台在国内发展的问题

P2P 网络借贷自 2007 年进入我国后取得了飞速发展，发展初期监管政策和体制缺失、业务边界模糊、经营规则不健全等，导致 P2P 行业的进入门槛非常低，平台公司盲目进入行业，导致行业服务水平参差不齐，其弊端也很快显现出来。根据有关方面不完全统计，截至 2015 年 11 月末，全国正常运营的网贷机构共 2 612 家，撮合达成融资金额 4 000 多亿元，问题平台 1 000 多家，约占全行业机构总数的 30%。

我国 P2P 网络借贷行业发展过程中暴露的问题和风险隐患主要有以下几个方面。

（一）缺乏必要的风控

在我国，由于 P2P 平台模式尚未发展成熟，网贷机构往往缺乏必要的风险控制能力，主要表现为：

（1）利用高息揽储，投资风险巨大。许多平台受利益驱动，为争取更多的资金，会给予很高的利息，利用高息收揽资金，除了借款合同标明的利息，还包括各式各样的投资奖励、提成等，一味追求高息，会带来巨大的投资风险。

（2）信用风险防范能力较弱。由于我国征信系统不够完善，平台对贷款客户的信息无法准确核查，平台对借款人的信用风险控制能力较弱，逾期情况严重，阻碍了 P2P 网络借贷平台安全有效地持续运营；更有甚者，P2P 网络借贷极易为不法分子所利用，成为不法分子诈骗资金的新渠道。

（3）运营能力差，难以把控运营风险。P2P 网贷平台自身经营管理能力不足，由于 P2P 行业的进入门槛低，导致 P2P 行业一直处在激烈的竞争中，平台往往需要投入大量的资金用于运营、推广和周转，使得平台在短期内很难赢利；而且单纯中介型 P2P 网贷平台无法从根本上有效督促借款人及时还款，借款人一旦违约就会形成坏账，而复合中介型 P2P 网贷平台实现偿付力与赢利间的平衡也是一个难题。

（4）缺乏专业团队、专业技术支持。P2P 网络借贷作为新兴行业，其从业人员缺乏专业知识及技能，而 P2P 网络借贷发展迅速，又具有多样性，对它的风险控制更提高了对工作人员的要求。但实际上，大多数平台缺乏平台风控所需的专业团队，风险控制机制的建设明显落后于平台交易规模的增长。在信息安全方面，由于技术限制，不少网贷机构网络信息系统脆弱，易受黑客攻击，存在客户资金、信息被盗的隐患。

（二）缺乏必要的规则

不少 P2P 网络借贷机构缺乏必要的规则对业务进行规范，影响金融市场秩序和社会稳定。

（1）为客户借贷提供隐性担保，由信息中介异化为信用中介。平台用自身运营资金对用户的本息进行担保，容易造成平台的资金错配，从而增大资金压力。

（2）许多平台违规设立资金池，没有将客户贷款资金托管在第三方管理账户，意味着资金的流向完全是在网贷机构的控制之下，机构对贷款资金拥有百分之百的控制权，可以任意挪用客户资金，资金安全完全依赖 P2P 网贷机构经营者的道德底线，一旦权力没有得到制约，P2P 网贷机构的经营者就可能会受利益驱使卷款潜逃，给投资者带来巨大损失。

（3）对投资人缺乏制度约束，在当前 P2P 模式下，一旦投资人在短时间内大规模撤走资金，就会使平台爆发流动性风险，导致平台无法持续经营。

（三）缺乏必要的监管

网贷机构游走于合法与非法之间，借用网络概念"包装"，涉嫌虚假宣传和从事非法吸收公众存款等非法集资活动。P2P 行业欺诈情况严重，时有经营者卷款"跑路"事件发生，严重影响市场参与者信心和行业声誉，抑制了行业的发展，损害了社会公众的利益。P2P 网络借贷的监管难度主要体现在以下几个方面。

（1）对平台而言，其对借贷双方信息的真实性难以判断。互联网的虚拟性便利了信息的伪装，在 P2P 网贷平台注册的用户信息的真实性难以保证，易引发信用风险，也有可能出现冒用他人身份或一人注册多个账户以骗取贷款的情况。

（2）对监管机构而言，其对平台的运营难以监管。由于我国没有明确的法规约束，在发展过程中，P2P 网贷逐渐形成多种运营模式，不同模式下的 P2P 网络借贷机构的业务活动的差异很大，再加上网络平台的虚拟性、隐蔽性、匿名性、即时性特点，监管部门难以实现对资金流向的实时追踪掌握。

（四）缺乏法制健全的外部环境

网贷行业虽然取得飞速发展，但无论是在信用体系建设、消费者保护机制，还是在法律规范等方面都很不健全，成为行业健康发展越来越明显的障碍。

（1）缺乏统一从业标准。目前我国 P2P 网络借贷平台缺乏行业标准，由于 P2P 网络借贷行业发展初期门槛较低，导致大量业务水平参差不齐的 P2P 网贷平台蜂拥而入，无法保证服务质量，从而影响了 P2P 网络借贷的声誉。P2P 网络借贷作为新兴的互联网金融模式，其未来的发展很大程度上由现阶段的声誉决定，因此从业标准的制定和遵守显得尤为重要。

尽管目前已有部分网贷机构自发组织了行业自律联盟，如上海网络信贷服务业企业联盟联合拍拍贷、陆金所等机构，在"2013 上海金融信息服务业年度峰会暨上海互联网金融高峰论坛"上发布全国首个《网络借贷行业准入标准》，但是小范围的行业自律缺乏足够的约束力，行业组织能够吸收的平台数目尚不够多，约束范围有限，管理松散。

（2）监管制度不完善。我国管理 P2P 网络借贷的法律法规较为缺乏，目前只有规范性文件，法律体系还不够健全，还不能解决实践中面临的众多问题。同时，因为 P2P 行业兼有金融行业和 IT 行业的性质，法律定位不明确，一直无法确定监管归属。直至 2015 年，我国陆续出台了《关于促进互联网金融健康发展的指导意见》《网络贷款信息中介机构业务活动管理暂行办法（征求意见稿）》《最高人民法院关于审理民间借贷案件适用法律若干问题的规定》等一系列政策制度，才进一步明确了 P2P 网贷监管机构主体，并使 P2P 网贷平台运营和监管有法可依。

延伸阅读

6月网贷平台风险评级报告发布

近日,网贷天眼研究院发布了2017年6月网贷评级综合实力排行榜。其中,在平台风险评级排名方面,陆金所、人人贷、宜人贷、微贷网依然领先其他平台,名列前茅。值得一提的是,民贷天下和团贷网在前20名中上升幅度最大,分别为第15名和16名。

表2-4是2017年6月网贷平台风险评级表一部分。

表2-4 2017年6月网贷平台评级表(部分)

序号	平台名称	变化	等级	得分	偿兑性	资金流入率	利率	运营	期限	地域性	投资	借款	流动性
1	陆金所	→0	A+	93.03	9.01	28.17	7.72	45.78	3.33	25.52	0.62	2.12	93.68
2	人人贷	↑1	A+	91.70	6.91	51.88	9.35	6.94	3.08	23.21	2.49	3.35	98.30
3	宜人贷	↓-1	A+	89.28	9.34	63.26	10.77	14.64	3.83	23.21	2.38	2.38	116.72
4	拍拍贷	↑4	A+	88.56	21.07	56.71	11.17	8.75	1.36	25.52	0.19	0.42	139.13
5	微贷网	→0	A+	88.19	12.41	9.25	7.81	34.81	0.31	16.66	0.94	2.84	102.39
6	开鑫金服	↓-2	A+	87.91	7.85	12.35	6.65	6.86	1.58	2.91	2.48	11.94	45.74
7	小赢理财	↓-1	A+	86.10	3.40	40.09	7.08	38.31	0.92	25.17	0.29	1.01	117.59
8	投哪网	↓-1	A+	85.48	8.21	-0.39	9.06	7.68	1.07	25.17	2.07	2.97	38.89
10	点融网	↑1	A	84.45	2.15	-35.37	7.76	0.07	0.92	25.52	11.06	10.14	3.34
11	积木盒子	↓-1	A	83.85	9.35	24.30	8.08	12.52	0.76	23.21	0.28	0.54	61.87
12	麻袋理财	↑3	A	83.76	12.67	20.80	8.77	13.48	2.71	23.21	0.45	0.84	11.92
13	有利网	↑1	A	82.71	7.71	54.07	10.09	10.63	2.65	23.21	2.24	4.82	504.06
14	凤凰金融	↓-1	A	82.39	7.55	20.27	6.44	28.25	1.06	23.21	2.24	4.82	504.06
15	民贷天下	↑5	A	81.83	9.43	3.75	6.38	23.41	0.37	25.17	0.69	1.82	5.05
16	团贷网	↑10	A	81.49	11.21	9.53	9.93	20.48	0.84	25.17	2.20	4.40	5.50
17	翼龙贷	↓-1	A	81.15	6.56	-57.60	9.53	4.20	1.54	23.21	2.12	4.23	63.93
18	爱钱进	↓-6	A	80.65	12.50	79.92	10.71	21.68	3.85	23.21	0.97	1.91	12.19
19	PPmoney	↓-2	A	80.28	3.01	32.07	9.42	16.40	0.85	25.17	0.53	0.85	23.41
20	东方汇	↓-2	B+	79.90	7.14	10.30	5.00	16.96	0.25	25.52	1.82	8.25	0.75

最新网贷平台风险评级公布　平台名次浮动较大

伴随互联网金融监管的加强,有不少平台因迎合监管获得了明显效果,成交数据和投资者信心逐渐回升。特别是成交额的大幅提升,影响运营指数向好,导致有些平台排名上升。

除了陆金所、微贷网、宜贷网排名没有变动以外,前20名里有7家平台名次上升。民贷天下是前20名里上升幅度较大的平台之一,本期综合得分为81.83分,首次挺进平台风险评级A级行列,排名第15位,同时也是广东排名第3、广州排名第1的平台。从风险评级表中可以看出,民贷天下在偿兑性、地域性等方面的数据都较为优秀,本次评级排名上升主要是由于各项评级指标的综合表现较好,特别是受到平台运营平稳、走势向好的正面影响,这也反映出民贷天下综合实力与发展潜力的增强。

但同时,在前20名中有10家平台出现名次下降的情况,排名下降幅度最大的是爱钱进。据网贷天眼分析,近三个月,爱钱进成交额虽然也大幅上涨,但并没有正向影响到其运营指数,因为投资人数与借款人数相比缓滞不增,而且新的广告投放较前期并未带来大量的新增投资用户,导致借款金额集中度上升,人均投资金额上升。

整改大限或延期　P2P 合规方向明朗化

近日，互联网金融整改延期成为整个行业和媒体的焦点话题。原计划于 2017 年 3 月底前完成的互联网金融专项整改工作时间延长，或调整至 2018 年 6 月作为最后的监管验收期限，这让一直跟行业整改生死竞速的各家 P2P 网贷平台松了一口气。但不管是否真正延期，P2P 网贷平台合规工作并没有放松。

在平台整改关键点中，银行资金存管是互联网金融平台合规的硬性指标之一。整改期过后，无法接入银行存管的平台，将面临被淘汰的可能，因而网贷平台接入银行存管正在加速进行，进入了最后的冲刺阶段。从当前数据来看，截至 2017 年 5 月 19 日，共有 408 家正常运营的平台宣布与银行签订直接存管协议，约占同期 P2P 网贷行业正常运营平台总数量的 18.43%，其中包括本次评级表中的陆金所、人人贷、民贷天下等平台。

从平台安全性方面考虑，良好的信息披露对平台长远发展大有裨益。所以除了银行存管以外，信息披露也是网贷平台合规工作的重中之重。近期中国互联网金融协会的互联网金融信息披露服务平台已正式上线，已有陆金所等 10 家试点平台接入系统。而在近期网贷天眼的《独家：55 家网贷平台信息披露排行榜》中，宜人贷、宜贷网、民贷天下更是凭借高于 90 分的成绩列入排行榜前 5 名。

如今，监管严格，面对诸多整改要求，网贷平台竭尽全力向合规调整，使得整个网贷行业未来发展方向愈加明朗化。但除了要执行行业合规标准之外，平台也要加强自身的管理，明确平台业务，打造安全、可靠的网贷平台，为出借人提供优质的金融服务。

（资料来源：http://p2p.hexun.com/2017-06-29/189832475.html）

【自主思考】
1. P2P 网络借贷风险都有哪些？成因是什么？
2. P2P 网络借贷在我国发展过程中都有哪些问题？问题产生的根源是什么？

任务四　P2P 网络借贷的风险控制与监管

自 2015 年 7 月 18 日《关于促进互联网金融健康发展的指导意见》公布以来，又陆续出台了四个规定（含征求意见稿），虽然有关 P2P 网贷业务的具体监管细则尚未出台，但这五个规定（含征求意见稿）涉及 P2P 网贷业务的诸多内容，从一定程度上也体现了相关部门今后对 P2P 网贷业务的具体监管方向。

任务描述

学生对 P2P 网络借贷风险控制与监管的相关知识进行学习和思考。

任务分析

进行相关知识的讲解学习和课堂互动。教师运用多媒体对 P2P 网贷风险控制与监管的相关知识进行讲解，学生听课、讨论和思考。

相关知识

一、P2P 网络借贷的内部风险控制

（一）P2P 网贷的风险控制环节

P2P 网贷的内部风险控制主要包括贷前、贷中和贷后三个环节。

从贷前环节来看，国外 P2P 网贷的整个信用审核手段都是以线上系统化为主，网贷公司只是提供一个撮合双方交易的信息平台，但国内绝大多数网贷公司则以线下审贷人员的经验为主。当然，这跟中国的信用环境有很大关系。而且国内大多数 P2P 网贷平台借款人的数据是用户自己提交的，所以在真实度上会大打折扣，存在很大的漏洞和风险；而国外的做法则大多是通过大数据的采集和购买第三方数据等方式获取，相对保证了资料的客观性和真实性以及效率。

从贷中环节来看，国外 P2P 重视信用评级，特别强调用户的信用记录，会运用信用评分给借款人分出几个等级，使出借人可以根据借款人的信用等级、借款金额、借款时限以及能接受的贷款利率提供贷款。而国内 P2P 平台更偏重金融属性，简单地说，就是线上线下相结合、由小贷公司或担保公司加入平台为借款人提供担保或资金兜底保障，而且大部分对用户的信用审核偏重对其银行卡交易等流水的审核，其对金融属性的分析特别重。这种区别直接带来国内外 P2P 平台在具体操作上的差异。

在贷后环节，国外 P2P 行业信息透明，平台需要让出借人充分知道他把钱借给谁了，信息越清晰、越透明，违约率就越低，所有的借款客户也知晓出借人是谁，点对点。国内 P2P 网贷平台的出借人和借款人之间的信息是不完全透明的。绝大部分平台出于不同的目的，针对每笔交易的信息披露都十分有限，有些甚至连借款人的基本信息都写得十分模糊。目前国内的 P2P 行业鲜有公开任何形式的资产质量报告，即使有坏账率也都是自己报的，缺乏公信力。还有一些平台在用"居间"模式，更易造成一些信息不对称。在贷后催收部分，国外更多地采取外包催收，运用很多科技手段，黑名单共享；而国内更多的还是雇用大量催收人员，黑名单也基本不共享。

（二）P2P 网贷的风控体系

对于一家 P2P 网贷平台来说，风险控制是生命线，是核心竞争力，也是吸引用户投资的保证。而做好风险控制的前提条件是建立完整的风险控制体系，一整套风险控制体系至少需要涵盖以下三个方面：

1. 合规性保障

合规性保障是平台风险控制体系能够成立的前提条件。一切游离在法规红线之外的风险控制体系，无论怎样的严格和成熟都是伪风控，随时都有崩盘的可能，因此合规是大前提。

在 2014 年以前，合规性保障可能还得不到投资人和平台的足够重视，能够注意的也局限在平台运营证照、注册信息等表面的法规保障方面。但是在 2015 年以后，特别是 2015 年下半年以来，P2P 监管规定对 P2P 业务活动有了更高层次的要求，因此升级合规性保障迫在眉睫。就眼下而言，一家平台的合规性保障至少包括这样几个方面：一是平台提供居间撮合服务的合法性；二是投资人及借款人之间的借贷关系的合法性；三是投资人通过平台获得的出借投资收益的合法性；四是平台产品和业务活动符合监管规定，现在能够依据的是已经下发的《网络借贷信息中介机构业务活动管理暂行办法（征求意见稿）》。

2. 技术安全保障

平台的互联网技术力量是平台安全和投资人资金安全的重要保障，也是平台风险控制体系内的重要一环。最近几年黑客攻击 P2P 网贷平台的案件逐渐增多，也有平台因黑客攻击而导致系统瘫痪，深陷挤兑泥潭最终倒闭的案例。目前，新的监管细则对平台技术安全已作出了硬性要求。

根据监管规定，P2P 网贷平台在技术安全保障上需要做到以下五点：第一，应按照国家网络安全的相关规定和国家信息安全等级保护制度的要求，开展信息系统定级备案和等级测试；第二，需配备完善的防火墙、入侵检测、数据加密以及灾难恢复等网络安全设施和管理制度；第三，建立信息科技管理、科技风险管理和科技审计等有关制度，配置充足的资源，采取完善的管理控制措施和技术手段保障信息系统安全稳健运行，保护出借人与借款人的信息安全；第四，记录并留存借贷双方上网日志信息、信息交互内容等数据，留存期限为 5 年，并且每 2 年至少开展一次全面的安全评估，接受国家或行业主管部门的信息安全检查和审计；第五，应当建立或使用与其业务规模相匹配的应用级灾备系统设施。

3. 平台产品信用风险控制

平台产品信用风险控制已经是一个老话题了。目前国内采取的模式各有特点，但都难以尽善尽美，原因在于我国征信制度的不完善。如前所述，目前国内有些平台选择纯粹的线上交易，将社交数据分析作为风险控制的手段；也有一些平台选择和第三方渠道合作，从第三方渠道处获得借款人；还有一些平台由自用的线下审核队伍对大部分线下借款人进行审核，进行直接风险控制。

从专业的风控角度来看，在我国征信制度尚不健全的背景下，坚持线下审核，提供反担保，特别是提供具有较高变现能力的抵押品是控制风险的一个较好方式。不过，无论采取哪种方式，形成贷前、贷中、贷后联动优化的风控闭环，特别是完善贷前风控体系，才能真正有利于平台良性发展、降低产品信用风险。

二、P2P 网络借贷的外部监管

（一）我国 P2P 网贷行业的监管

在我国 P2P 网贷行业的发展过程中，监管上存在的问题一直是其主要障碍之一。由于监管思路一直不明确，P2P 网贷行业鱼龙混杂，资质参差不齐。2014 年 4 月，银监会开始启动 P2P 网贷监管细则的研究工作，提出在鼓励发展创新的同时，要明确四条界限：一是要明确平台只是一个信息中介；二是要明确平台自身不能提供担保；三是要明确平台不得搞资金池；四是要明确平台不得非法吸收公众存款。

2014 年 8 月，银监会又提出了 P2P 网贷的五个导向，其中再次强调了要明确平台的信息中介定位，并且还提出了 P2P 网贷要具备一定的从业门槛，要充分披露信息和提示风险的规定，鼓励实行资金的第三方托管，鼓励行业自律规范。同时，还提出了 P2P 网贷发展的六大原则，增加了对从业者专业素质的要求，对于借贷双方的资金额度也有了明确的限制，并强调要严厉打击那些假冒的 P2P 网贷平台。

2014 年 9 月，在中国互联网金融创新与发展论坛会议上，银监会创新监管部主任王岩岫提出了 P2P 网络借贷行业监管的十大原则。除了对之前原则的强调之外，还提出了实名制原则、明确的收费机制原则等。2015 年 1 月，银监会进行机构调整，新设立了普惠金融工作部，将 P2P 网贷行业纳入其监管范围。自此明确了 P2P 网贷的监管工作由银监会创新监管部和普惠金融部共同负责。

随着P2P行业逐步规范和竞争的不断白热化，优胜劣汰的现象愈加明显。2015年12月28日，为规范网络借贷信息中介机构业务活动，促进网络借贷行业健康发展，更好地满足小微企业和个人投融资需求，银监会会同工业和信息化部、公安部、国家互联网信息办公室等部门联合起草的《网络借贷信息中介机构业务活动管理暂行办法（征求意见稿）》向全社会正式发布，包括P2P在内的互联网金融长期"无监管、无门槛、无规则"的"三无"状态被终结。

（二）国外P2P网贷的监管

相较于我国新鲜出炉的行业监管政策，国外的P2P行业监管经验相对丰富，监管体制相对完善，一些监管共识值得关注。

英国作为P2P网贷发源地，也是目前世界上最大的P2P市场，其行业发展经历了从宽松到严格的阶段性转变。2005—2011年是英国P2P行业的野蛮生长阶段，既无行业自律又无政府监管。2011年成立自律协会，2012年确定金融行为监管局为其主要监管者，2014年实施《关于网络众筹和通过其他方式发行不易变现证券的监管规则》，对P2P网贷行业运营细则进行规定。英国还设置了客户资金管理与争议解决及补偿机制。机制规定客户资金必须与公司资金隔离单独存放于银行账户，如果平台没有二级转让市场，投资者可以在14天内取消投资而不承担违约责任，但投资者不能享受类似存款保险的保障。

美国作为P2P网贷迅速崛起的"后起之秀"，监管政策在借鉴英国的基础上也有一些自己的思路。

首先，两国均设置准入门槛。英国对资本金要求采取了阶梯形计算标准，并规定过渡期为2万英镑、最终5万英镑的最低资本要求，而美国几百万美元的登记成本，提高了准入门槛，限制了市场的发展，最终形成了目前的寡头垄断市场。

其次，两国均建立了信息披露制度。美国的信息披露制度较为严格，美国证券交易委员会要求平台注册时提供风险措施等全面信息，要求平台定时披露财务状况及重大事项，及时向贷款人披露借款人的信息，包括借款人的年龄、工作、学历、收入范围、信用等级等。要求平台每天多次向美国证券交易委员会提交贷款列表信息并予以公布，用于法律诉讼时证明是否存在错误信息误导消费者。英国的披露制度只是规定平台须公平、清晰、无误导地告知投资者其商业模式、违约贷款评估方式、金融推广等内容，平台要定期向英国金融行为监管局报告相关数据、客户资金情况、客户投诉情况及上一季度贷款信息等。美国的制度相对完善，但其中部分条款不太适合我国国情，如"向贷款人披露借款人的详细信息"存在可能导致个人信息泄露的安全隐患，易造成借款人产生抵触心理。

此外，两国均设置了破产后备计划。英国规定，如果平台破产，应当继续对已存续的借贷合同继续管理，对贷款管理作出合理安排。美国规定，如果平台面临破产，第三方机构可以接管继续经营，使投资者的投资不受损失。

随着P2P网贷监管政策进一步明确，合规的P2P网贷等互联网金融机构接入央行征信系统指日可待。P2P接入征信体系中，一方面能享受到央行征信系统的信誉和征信信息；另一方面，P2P网贷平台获取的借贷数据也能对接到央行的信用评级体系中，如果P2P网贷平台上的借款人出现坏账，那么他的不良信用记录就会被记录在央行的个人征信报告中，影响个人征信得分。这方面的做法可以有以下几种：一是参考美国的经验，出台公平信用报告法，明确相关机构获取个人信用报告需要遵守的原则和程序；二是充分发挥互联网金融的大数据优势，鼓励社会征信机构和P2P网贷平台合作开展征信业务，完善和补充社会征信体系；三是提高失信成本，创建良好的信用环境。通过对个人征信体系的建设，来促进 P2P 网络借贷平台的健康发展。

> **延伸阅读** **史上最全！新一轮 P2P 网贷监管政策真相解密**
>
> 2015 年 12 月 28 号《网络借贷信息中介机构业务活动管理暂行办法（征求意见稿）》发布，拉开了 P2P 网贷行业监管的序幕。随后各省、自治区、直辖市的金融、公安、工商等机构不断加强对 P2P 网贷的监管。2016 年年初各地工商行政部门暂停"投资类""互联网金融"等字样的企业注册登记，随后对 P2P 网贷的广告宣传也进行了严管。各地金融办出台各类监管政策，重庆在"征求意见稿"出台后，就发布了《关于加强个体网络借贷风险防控工作的通知》，在明确业务规则的基础上，要求平台开展自查自纠。
>
> **工商登记注册收紧**
>
> 目前正在运营的 P2P 网贷平台有 2 431 家，其中仅有少数 P2P 网贷平台满足监管的要求，对于尚未进入该领域的资本，需要先衡量是否能满足监管的各项要求，无形中行业准入门槛已经提高。2016 年以来，P2P 网贷平台数量已经由原来每月增加上百家，到现在每月仅新增几十家。
>
> **整治排查互联网金融广告**
>
> 有媒体报道，国家工商总局等 17 个部委已下发《关于开展互联网金融广告及以投资理财名义从事金融活动风险专项整治工作实施方案》，明确划定了互联网金融广告整治的"九条红线"。早前，深圳市监督管理局、上海市工商局已经对理财投资类、互联网金融类广告提出了规范要求。
>
> 整治互联网金融广告并不是不允许 P2P 网贷平台进行广告宣传，只是审核过程较原来严格，同时还需要注意广告用词，不能夸大自身的收益误导投资人。除了投放广告，P2P 网贷平台的宣传手段其实还有很多，如举行线下公益活动、参加线下展会以及行业会议等等，广告仅是宣传的手段之一，并不是唯一的宣传手段。
>
> **全国范围内防范和处置非法集资**
>
> 除了 P2P 网贷以外，投资理财、非融资性担保等均被列为非法集资高发重点领域。与 P2P 网贷平台相比，投资理财公司数量更多，风险也更大，并且目前一些线下的投资理财公司在实际操作中，存在着先吸收投资人资金再放贷的模式，这种本末倒置的模式极易形成资金池，违法风险更严重，造成的社会不利影响也是巨大的。本轮防范和处置非法集资工作虽然 P2P 网贷是重点领域之一，但是首当其冲的是那些打着"互联网金融创新""P2P""普惠金融"的旗号，干着非法集资的不法行为的线下投资理财公司。
>
> **规范 P2P 网贷业务——"首付贷""校园贷""私募拆分"**
>
> 从 2016 年 3 月开始，受到一线城市对房地产宏观政策调控的影响，部分一线城市叫停"首付贷"业务，或者对"首付贷"业务进行摸底。
>
> P2P 网贷平台进行金融创新是允许的，但创新的同时不能忽视其中的风险。在业务的选择上，首先不能违反我国相关的法律法规，要对开展的业务进行充分调研，分析其存在潜在的风险，切不可盲目跟风。同时，严格把控审贷风险，针对不同的群体制定不同的风控措施，更有效地防控风险的发生。
>
> **行业自律加强**
>
> 进入 2016 年以来，随着监管细则征求意见稿的出台，与 P2P 网贷相关的协会也开始发

挥自律作用，纷纷出台相关的标准，约束协会平台成员的行为。广州市融资担保行业协会发布了《关于禁止我市融资担保公司参与P2P网络平台相关业务的通知》。江苏省互联网金融协会制定了《关于对网络借贷平台高管人员的管理指引办法（暂行）》，对会员单位高管人员实行跟踪管理制度。

仅仅靠监管层进行监管是远远不够的，各地互联网金融协会已经相继成立，各类规范标准也会相继出台，这些都将与政府监管机构和政策相互配合、相互补充，共同推进P2P网贷的规范经营和稳步发展。

【自主思考】
1. 根据所学知识，试分析目前我国P2P监管有哪些进展和不足。
2. 根据所学知识，试分析我国P2P监管与国外相比有哪些不足。

任务五　实操体验

任务描述

本任务旨在通过对典型案例的分析及实际操作，从实践上加深对整个项目的学习理解，做到实践理论一体化。

任务分析

本任务主要内容为分析宜信"新新贷"产品的申请及宜信"宜人贷"产品的操作实践。

实操体验

一、宜信"新新贷"产品的申请

（一）融资产品申请材料的要求

P2P融资根据不同的产品，需要提交不同的申请材料。目前，P2P融资产品主要分为以下三类：针对工薪族的信用借款产品、针对企业主的信用借款产品、抵押类借款产品。

1. 针对工薪族的信用借款产品

借款人只需要提供详尽的个人资料和证明材料就可以获得借款额度，一般包括身份认证材料，如身份证、户口簿、住址证明、生活照等；职业收入认证材料，如工作证明、工资流水等；信用报告认证材料，如个人征信报告等；手机认证材料，如手机通话详单等。借款人提供的资料越全面、证明材料越多，获得的可借款额度就越大，同时会获得更高的信用评分等级。

以宜信的"新新贷"产品为例，借款人需提供本人的二代身份证正反面复印件、住址证明、工作收入证明、近6个月的工资流水、近1个月内的个人信用报告、手机通话详单、生活照。

2. 针对企业主的信用借款产品

企业主借款人除了提供详尽的个人资料和证明材料外，还需要提供公司的证明材料，如企业"四证"、办公地址证明、经营凭证、经营地照片等；信用报告证明，如个人信用报告、企业信用报告等；收入证明材料，如个人账户流水、公司账户流水等。此外，借款人还可以提供财力证明等辅助申请材料，如房产证明、车产证明、金融资产证明等，以证明借款人的实力，获得较高授信。

以"新新贷"产品为例，借款人需提供本人和担保人身份证，营业执照，至少一份完整的近6个月对公或对私的银行流水、对账单或网银截图，经营地和居住地的房产证（或购房合同）或租赁合同，经营地和居住地近3个月的公共事业收费单，客户与申贷企业最大个人股东的个人信用报告、经营场所照片。

3. 抵押类借款产品

借款人需要提供基本的个人资料以及抵押物的相关证明材料，一般包括身份证明材料，如身份证、住址证明等；收入证明材料，如工作证明、个人银行账户流水等；抵押物证明，如车辆登记证或行驶证、房产证或土地证及产调（产权调查报告）等；信用报告证明，如个人信用报告等。

以宜信的房屋抵押借款为例，借款人需提供身份证、结婚证、工作证明或营业执照副本、半年银行流水、房产证、土地证及产调、二居所证明、信用报告。

（二）融资材料的准备

1. 中国人民银行个人信用报告

（1）进入平台官网。打开中国人民银行征信中心个人信用信息服务平台官网首页，单击"马上开始"，如图2-11所示。

图2-11 中国人民银行征信中心个人信用信息服务平台首页

（2）用户注册。单击"新用户注册"；填写标识信息、验证码，阅读服务协议，单击"下一步"；填写用户基本信息，然后单击"提交"，如图2-12所示；注册完成，页面提示用户注册成功。

（3）登录平台。返回个人信用信息服务平台首页，单击右上角"登录"，填写登录名、密码、验证码；通过"新手导航"页面，单击"确定"。验证方式包括问题验证和数字证书验证。自 2014 年 10 月 20 日起，中国人民银行征信中心与中国银联合作，推出新的身份验证方式——银行卡验证。

（4）身份验证。

（5）提交申请后，即获得个人信用报告。

图 2-12　用户注册界面

2. 银行工资账户流水

在准备 P2P 融资申请材料时，除了需要工作和收入证明外，一般还需要提供至少最近三个月的银行工资账户明细清单或最常用的银行账户的流水清单，以便与收入证明相印证。

3. 房屋产权调查报告

房屋抵押类借款一般还需提供房屋产调，即产权调查报告。房屋所有权证上虽然有房屋的权利人、坐落地址、建筑面积等基本信息，但是却不包含该房屋是否存在抵押、查封等权利限制的情况。如果一套房屋存在查封无法交易的情况，光看房屋权利人的产权证原件是无法发觉的。产调一般可以到当地的房地产交易中心获取，携带产权人身份证、房屋地址、查阅费即可办理。

（三）P2P 融资申请

在所有申请材料准备齐全后，借款人便可通过 P2P 平台的官网或者 APP 进行借款申请。借款申请一般包含以下几个步骤：注册用户并通过实名认证；填写借款申请，选择借款金额、期限和利率，提交借款申请。下面，通过一个实例，具体介绍 P2P 融资申请的操作方法。

张先生是一家小微企业主，为即将到来的旺季备货，希望通过 P2P 融资获取一笔短期流动资金。那么，如何通过 P2P 平台在线申请融资呢？让我们根据步骤引导一起来"做中学"。

步骤 1：选择合适的 P2P 融资平台。

根据张先生的融资需求，应该选择一家服务小微企业的 P2P 融资平台。通过网络检索，我们发现"新新贷"是一家专注于服务小微企业的 P2P 平台，截至 2015 年年底，已向

19 034 位小微企业主发放了超过 40 亿元的借款。该平台成立于 2012 年 2 月，由新新贷（上海）金融信息服务有限公司运营，总部位于上海，是中国互联网金融协会首批会员单位，在全国设有数十家分支机构，为有投资、借款需求的人们提供专业、阳光、透明、规范的金融信息服务，致力于用公平金融的理念改善每个人的生活品质，特别是"新商贷"等特色产品为广大小微企业提供了一条解决融资难题的新途径。

步骤 2：注册"新新贷"用户并通过实名认证。

登录"新新贷"官网，单击首页的"注册"，然后使用手机号或者邮箱完成注册（见图 2-13）。随后，根据提示输入姓名、身份证号，通过实名认证。

步骤 3：进入借款页选择合适的借款产品。

用注册的账号登录官网后进入首页，单击"我要借款"，进入产品列表根据融资需求，选择一款产品，如信用类的"新商贷"，进入申请页面。

步骤 4：申请信用类产品"新商贷"。

进入"新商贷"产品申请页面后，首先填写申请地区、借款用途、金额、利率、还款方式、期限等借款基本信息，然后填写借款标详细说明，最后输入验证码，单击"提交"即可。此时，借款标会显示在"新新贷"操作后台，官网平台中不会显示。随后，融资客户可根据要求输入各项资料。

步骤 5：完善资料。

此步骤要求借款人完善个人基本资料、固定资产资料、私营业主资料、财务状况、联系方式和配偶资料，填写完整并保存。

至此，进入了"新新贷"人工审核环节。借款人根据融资客户经理要求的资料清单，线下提交完整的申请材料原件或复印件。待线下审核成功后，在步骤 3 中提交的借款标将会同步到官网首页，借款标进入平台招标环节。待满标复核后，借款人申请借款提现，完成借款流程。

图 2-13 "新新贷"注册界面

二、宜信"宜人贷""极速模式"操作实践

（一）P2P 融资"极速模式"特点

随着大数据技术在 P2P 行业的应用，近年来 P2P 融资出现了一种基于移动互联网的纯

线上自动化批款的"极速模式",最快 10 分钟即可到账,满足了用户对更高效服务的持续需求,并刺激着整个行业对先进技术的不断探索。

基于大数据的 P2P 融资"极速模式"具有如下特点。

1. 精准定位客户

P2P 融资"极速模式"专注于对服务速度有强烈需求的优质资产用户,将风险前置,锁定目标借款客户群体为税后月收入在 4 000 元以上、信用良好的城市白领。

2. 极速授信批款

P2P 借款服务的批款速度,是衡量 P2P 平台水平的重要标准。P2P 融资"极速模式"利用大数据技术,成功实现了"1 分钟授信、10 分钟批款"的快速借款服务。如此快速的批款速度,正是基于"极速模式"精确快速的信审系统,通过后台信审模型计算完成的。

3. 大数据创新应用

从浩如烟海的数据信息中甄别出真正有价值的数据,是建立大数据系统的关键所在。除信用卡、电商交易记录之外,"极速模式"数据库还对用户在银行、电商网站留存的电话号码进行实名注册等检验,进一步丰富了数据库数据类型,为建立多维度的信审模型提供了有力保障。

4. 全流程线上闭环操作

P2P 网贷融资的"极速模式",能够实现借款申请提交、放款、还款全流程通过基于移动互联网的 P2P 手机客户端操作,真正做到了全流程线上闭环操作,并且能够做到用户信息与 PC 端的无缝对接。

5. 差异化自动化定价

P2P 网贷融资的"极速模式"通过将用户信用卡电子账单数据、电商数据、社交关系数据以及信用卡防前端欺诈数据汇总,交叉验证形成风控机制,进而可以计算出每一个用户的风险评分,最终判断能否对借款人放款,以及对其借款额度、分期、利率进行判定。

(二)"宜人贷""极速模式"操作

宜信"宜人贷"的"极速模式"是该类网络贷款的典型代表。

宜信"宜人贷"于 2014 年正式推出的"极速模式",开创了我国 P2P 业界融资"极速模式"的先河。该模式实现了在线秒批借款,在保持最低月费率 0.78% 的前提下,"极速模式"可做到 1 分钟授信、10 分钟批款,批款额度最高可达 10 万元。目前,"宜人贷""极速模式"适用的区域包括北京、山东、浙江、广东、江苏、福建、湖北、湖南、辽宁、重庆、河北、黑龙江、四川等。"宜人贷"是我国首家在美国上市的 P2P 平台,该模式还在不断推广中。那么,如何通过"宜人贷""极速模式"融资呢?让我们根据步骤引导一起来"做中学"。

步骤 1:下载并注册"宜人贷借款"APP。

通过 Apple Store 或安卓应用商城下载"宜人贷借款"APP,打开首页,单击"我"界面,然后用手机号注册成为"宜人贷借款"用户。

步骤 2:提出借款申请并选择额度预估方式。

在"宜人贷借款"APP 首页单击"极速模式",然后在弹出的界面中了解申请条件,并单击"立即申请",从"信用卡验证"与"信用报告 & 银联验证"中选择一种额度预估方式。

步骤3：完成额度预估。

通过输入信用卡账单邮箱及密码或者输入信用报告查询结果，完成额度预估，获知最大借款额度及最长借款期限，并单击"下一步"。

步骤4：提交借款额度及期限。

选择实际想要的借款额度及借款期限，如选择借款10 000元，期限12个月，了解对应的还款计划，并"确认提交"。

步骤5：资格验证、输入银行卡信息和收到借款。

验证身份信息、电商（淘宝）账号信息和手机号，确认信息的真实性；然后输入本人的银行卡信息用于收款。等待数分钟，接听"宜人贷"客服电话，回答问题核实确实是本人申请的借款，没有异议的话，很快银行卡上就能收到借款了。

立体化阅读

融资信用审核步骤
校园网贷引发的血案

项目小结

P2P网络借贷是指借款人与投资人通过独立的第三方网络平台进行的借贷活动，即由P2P网络贷款机构作为中介平台，借款人在平台发放借款标，投资者进行竞标向借款人放贷的行为，具有直接融资、网络操作、公开透明、风险较大等特点。

P2P网络借贷的运营模式国外和国内有较大的差别。国外的网贷平台一般是作为信息中介，从中收取一定的管理费、手续费以及逾期费用作为收益。而国内的P2P网贷一般都介入借贷过程，有的将债权进行拆分重组，包装成理财产品供投资者选择；有的借贷从纯线上转到线上线下相结合，在线上搜集借款信息，在线下寻找合适的投资者；还有的引入担保机制，一旦发生坏账，由第三方或者平台自身先代为偿还，并保留对逾期贷款的追偿权。

国内P2P网贷运作中的风险主要表现在资质、模式、资金、标的、经营、法律等方面，对其风险的控制一方面有赖于P2P网贷平台建立自身的内部风险控制体系，把控好贷前、贷中、贷后等风险环节，建立起完整的风险控制体系，另一方面则来自外部监管。

国外对P2P网贷行业的监管经验丰富，监管体制比较完善，设置了P2P行业的准入门槛，建立了信息披露制度，还设置了破产后备计划。我国对P2P网贷行业的监管则刚刚起步，《网络借贷信息中介机构业务活动管理暂行办法（征求意见稿）》向社会正式发布，包括P2P网贷在内的互联网金融长期无监管、无门槛、无规则的"三无"状态将被终结。

课后练习题

一、单选题

1. P2P 融资客户最突出的需求是哪一项？（   ）
   A. 希望获得尽可能多的借款   B. 希望尽快获得借款
   C. 希望以尽可能低的利率获得借款   D. 希望获得更好的客户体验
2. 以下四种哪一种不属于国内 P2P 平台模式？（   ）
   A. 纯线上模式   B. 线上线下相结合
   C. 平台与机构合作   D. 纯线下模式
3. 以下哪项不属于出借人涉及的法律风险？（   ）
   A. 电子合同合规性的风险   B. 出借人债权的合法性
   C. 借助于平台进行非法公开发行证券的风险   D. 资金托管的法律问题
4. 如果想查询借款人是否涉及法律诉讼、判决结果如何，以分析案件性质和风险，则应该通以下哪个网站查询？（   ）
   A. 全国企业信用信息公示系统   B. 全国法院被执行人信息查询
   C. "启信宝" APP   D. 中国裁判文书网
5. 目前，对 P2P 网络贷款平台的监管部门主要是（   ）。
   A. 银监会   B. 证监会
   C. 银监会与普惠金融部 D. 银监会与证监会

二、简答题

1. P2P 网贷相比传统银行借贷有哪些自身的特点？
2. 中国的 P2P 网贷平台在运营模式上和国外的有什么不同？
3. P2P 网贷主要面临哪些风险？风控主要体现在哪些方向？
4. 简述中国 P2P 网贷行业的监管历程和监管现状。

项目三

众筹融资

项目介绍

本项目介绍了众筹的概况,包括众筹的发展、内涵、模式、股权众筹,非股权众筹,众筹的风险;并给出了典型案例与实操体验。要求学生熟悉众筹融资的基本概况和现有的具有代表性的产品与业务,并能够结合具体案例进行众筹模式的实际操作,掌握其运作流程。

知识目标

1. 理解众筹的含义和特征,熟悉众筹的主要模式;
2. 掌握股权众筹投资和融资的完整流程;
3. 了解股权众筹投资和融资中存在的风险。

能力目标

1. 学会利用互联网搜索工具查找股权众筹平台,并搜索不同类型的股权众筹投融资案例;
2. 能够对搜索到的股权众筹案例进行分析,并在众筹平台上完成项目投资;
3. 能够在股权众筹平台上完成创业项目的股权众筹融资模拟操作。

案例导入

滴滴打车创业的第一笔融资

滴滴打车是一款免费打车软件,是覆盖最广、用户最多的打车应用,曾入选"App Store 2013年度精选",荣获日常助手类应用榜单冠军。根据艾瑞咨询的统计数据显示,如今滴滴打车已占到国内打车应用软件市场的六成。对于这款于2012年9月上线的软件,许多人可能并不知道,最初的融资是通过互联网股权众筹完成的。帮助滴滴打车迈出创业第一步的网络平台叫作天使汇,是一家天使投资众筹网站,创业者可以在网站上发布创业计划,出售股权以获得天使投资。2011年，滴滴打车在这一平台上完成了1 500万元融资。

在2015年上半年的融资金额排行榜上，滴滴打车荣登榜首，如表2-5所示。

表2-5　2015年上半年融资TOP10

序号	产品	行业	金额/亿	轮次	公司	地区
1	滴滴快的*	汽车后市场	124	E	北京小桔科技有限公司	北京
2	蚂蚁金服	互联网金融	120	A	蚂蚁金融服务集团	杭州
3	同程旅游	旅游	60	E	苏州同程网络科技股份有限公司	苏州
4	大众点评	本地生活	53	F	上海汉涛信息咨询有限公司	上海
5	魔方公寓	本地生活	12	B	魔方（中国）连锁服务式公寓集团	上海
6	盘石网盟	媒体	12	B	浙江盘石信息技术有限公司	杭州
7	优信拍	汽车后市场	8	B	优信互联（北京）信息技术有限公司	北京
8	罗计物流	汽车后市场	8	B	北京运科网络科技有限公司	北京
9	乐视体育	媒体	8	A	乐视体育文化产业发展（北京）有限公司	北京
10	爱屋吉屋	本地生活	7	D	爱屋吉屋（上海）信息技术有限公司	上海

＊滴滴打车于2015年2月与快的合并。

（资料来源：http://www.askci.com/news/2015/08/11/153548rawu.shtml）

【自主思考】
众筹给中小企业和初创期企业带来了哪些便利？

任务一　众筹的概况

2011年，众筹在中国萌芽；2014年，众筹开始在中国蓬勃发展起来，从"娱乐室"众筹电影到京东的房产众筹项目，众筹逐渐成为经济舞台上的重要力量。2014年12月18日，由中国证券业协会起草的《私募股权筹融资管理办法（试行）（征求意见稿）》发布，股权众筹的政策监管正式落地。

任务描述

学生通过了解众筹的发展情况、内涵及模式，对相关知识进行学习和思考。

任务分析

进行相关知识的讲解学习和课堂互动。教师运用多媒体对众筹的相关知识进行讲解，学生听课、讨论和思考。

相关知识

一、众筹的发展

(一) 众筹的起源

众筹的雏形可追溯到 18 世纪的欧洲,当时很多艺术家在缺乏资金的情况下,采取"订购"(subscription)的方式完成作品。艺术家先找订购者,后者主动提供资金,当作品完成时,订购者会获得一本写有他们名字的书,或是协奏曲的乐谱副本,或是成为音乐会的首批听众。

1713 年,英国诗人亚历山大·蒲柏花费近 5 年的时间完成了注释版的《伊利亚特》。启动翻译计划之前,蒲柏承诺在完成翻译后向每位订购者提供一部六卷四开本的早期英文版的《伊利亚特》,这一创造性的承诺带来了 575 名用户的支持,总共筹集了 4 000 多几尼(旧时英国的黄金货币)帮助他完成翻译工作,这些支持者(订购者)的名字也被印在了早期翻译版的《伊利亚特》上。蒲柏因此获得荣誉与经济的双丰收,荣登英国桂冠诗人的宝座。

莫扎特、贝多芬也曾采取这种方式来筹集资金完成作品。1783 年,莫扎特想在维也纳音乐大厅表演最新谱写的三部钢琴协奏曲,他向一些"粉丝"发起"众筹",其回报则是向这些支持者提供手稿。第一次并没有成功。一年后,当他再次发起"众筹"时,176 名支持者提供了资金赞助,作为回报,这些支持者的名字被记录在莫扎特协奏曲乐谱的手稿上。

1885 年,美国诞生了一个最具影响力的"众筹"项目。美国的象征——自由女神像,是法国在 1876 年赠送给美国独立 100 周年的礼物。当时为了将这座高 46 米、重达 200 多吨的铜像顺利安置在纽约港口,需要建造一个基座。一名来自《纽约世界报》的出版商约瑟夫·普利策,为此发起了一个"众筹"项目,项目筹资计划被登载在报纸上,内容是:只要捐助 1 美元,就会得到一个 6 英寸①的自由女神雕像;捐助 5 美元可以得到一个 12 英寸的雕像。这一计划引起了热烈反响,得到了世界各地超过 12 万人的支持,筹集的金额超过 10 万美元。

上述案例说明"众筹"在西方有悠久的传统,同样说明了传统"众筹"的一些典型特点,例如:主要集中于文学、艺术等创意类领域;项目发起人具有较高的声望或拥有较广的信息传播途径;投资兼具商业与慈善目的,既有预付费性质,又常带有赞助性质。

(二) 众筹在国内外的发展情况

1. 众筹在国外的发展

众筹作为一种商业模式真正兴起,与互联网的应用及发展息息相关。众筹最早起源于美国,在欧洲各国迎来了黄金上升期,随后在欧美以外的国家和地区也迅速传播开来。

世界上最早建立的众筹网站是美国的 ArtistShare。该网站于 2001 年 9 月开始运营,2003 年开始推出众筹项目,它的运营标志着互联网众筹模式的诞生,被称为"众筹金融的先锋"。ArtistShare 是一家音乐众筹网站,是一个连接艺术家和"粉丝"的平台。网站既帮助"粉丝"资助支持自己喜爱的音乐作品,并获得仅在互联网上销售的专辑;又为艺术家们解决了后顾之忧,使其能更用心、更积极地投入创作。ArtistShare 网站上的音乐项目获奖无数,其中获得了 6 座格莱美奖杯和 21 项格莱美提名,也吸引了更多音乐创作人才走入这个

---

① 1 英寸 = 2.54 厘米。

众筹网站。作为第一家为艺术向公众筹资的众筹网站，ArtistShare "为富于创造力的艺术家服务的全新商业模式"受到广泛赞誉，为音乐产业的发展开拓了新的思路。

2005 年之后，众筹网站在各国相继涌现。初创企业很难从银行等传统融资渠道获取信贷支持，资金的不足促使这些初创企业寻求新的融资渠道，这加速了众筹融资在全球的发展。

2008 年的次贷危机之后，欧美各国经济不容乐观，于是纷纷出台各种政策帮助中小企业发展（欧洲约 2 300 万个中小企业对商业的贡献度为 99%，美国的创业企业对 GDP 贡献的比例达到 21%），而众筹融资在一定程度上为中小企业融资提供了新的渠道，活跃了经济，促进了就业。

2. 众筹在中国的发展

互联网众筹的浪潮也席卷中国。由于其较低的准入门槛和广泛的融资渠道，众筹在国内也引起了强烈的关注，迎来了全新的发展时期。基于不同的金融环境、法律体系和文化习惯，与世界上其他国家的发展情况相比，众筹在我国的发展有所不同。

自 2011 年我国引入众筹开始，众筹网站快速发展。目前有一定规模、一定影响力的众筹网站已有 10 多家，如点名时间、淘梦网、众筹网等。发布的项目涵盖了影视、音乐、出版、科技、游戏、设计、艺术、动漫、农业、公益等诸多领域。不少参与众筹投融资的人表示，这是一种创业方式的改变，也会给普通人带去更多实现梦想的机会。

国内最初成立的众筹网站是点名时间，于 2011 年 7 月上线，英文名为"Demohour"，是中国最大的智能产品首发平台，被称为"中国的 Kickstarter"。网站已收到 7 000 多个项目的申请，通过审核的有 700 多个，其中接近一半项目筹资成功并顺利发放回报。

成立于 2013 年 2 月的众筹网有后来者居上之势，短短一年多的时间，已经拥有 1 745 个项目，累计筹资金额达到 3 000 万元，支持者有 9 万多人。其中，众筹网联合长安保险推出的"爱情保险"项目创出了国内融资额最高的众筹纪录，筹资额超过 600 万元。快男电影项目近 4 万人次参与，创造了投资人最多的纪录。

此外，众筹网特别出资筹办了全球首家"众筹大学"，其作为一个纯公益性的项目，旨在通过邀请业界资深专家就"众筹模式下创业与投资"对学员进行深入培训与交流，以期在公众中普及众筹概念，培养创业者在众筹模式下的创业能力。

目前国内知名的众筹网站还有好梦网、点梦时刻、乐童音乐、追梦网、觉 jue.so 等。一些电商巨头也开始进入众筹领域，如淘宝推出了准众筹产品，京东也推出了自己的众筹网站。众筹概念的火热，引起了经纬中国、英特尔投资等风投机构的关注，淘梦网、点名时间相继获得数百万美元的 A 轮投资。

除了非股权众筹模式，国内股权众筹模式也悄然兴起。不少创业服务机构都开始搭建众筹网站，目前，国内股权众筹网站已超过 15 家，如天使汇、原始会、好投网、人人投、我爱创等。其中，天使汇众筹网站已经为 70 多家企业完成了超过 7.5 亿元的投资。2013 年 10 月，天使汇被央视"新闻联播"报道，成为互联网金融创新的典范。

股权众筹因向不特定人群公开募集资金，以分红作为回报，容易碰到"非法集资"的"高压线"。为引导股权众筹行业健康发展，2014 年 5 月份，证监会出台监管意见稿，股权众筹正逐步得到政府和社会的认同。

作为一种新兴的融资方式，相对于发展红火的余额宝、P2P 网贷等互联网金融模式，众筹在国内的发展还处于初级阶段。无论是项目数量、融资规模，还是大众参与度、社会影响力都还远远低于西方国家的发展水平，体现为国内众筹行业市场偏小、多家众筹类网站运营模式相近、同质化竞争严重。除了国内缺乏高知名度的众筹平台引领外，与我国目前的传统文化、法律环境、风险控制、机制设计、大众接受程度等因素也息息相关。但是，伴随着中国金融市场化改革的推进，以及市场基础环境的完善，中国的众筹行业将会是一个非常具有发展潜力的领域。据世界银行预测，2025年全球众筹市场规模将达到3 000亿美元，而中国市场将占到500亿美元的份额。

二、众筹的内涵

（一）众筹的概念

"众筹"，英语为crowdfunding，即大众筹资，本意指用"团购+预购"的形式，向网友募集项目资金的模式。当代互联网众筹是指由项目发起人利用互联网和SNS（社交网络服务）传播的特性，发动公众的力量，集中公众的资金、能力和渠道，为小微企业、艺术家或其他个人进行某个项目或创办企业提供必要的资金援助。众筹项目种类繁多，不仅包括新产品研发、新公司成立等商业项目，还包括科学研究、民生工程、赈灾、艺术设计等项目。只要是网友喜欢的项目，都可以通过众筹方式获得项目启动的第一笔资金，或者获得项目发展的第一批"粉丝"用户。

和传统融资方式相比，众筹的精髓就在于小额和大量，融资门槛低且不再以是否拥有商业价值作为唯一的评判标准，为创业公司的融资开辟了一条新的途径。从此，融资渠道不再局限于银行、私人股权投资和风险投资，只要是网友喜欢的项目，都可以通过众筹方式获得项目启动的第一笔资金，为更多小本经营者或创作人提供了无限的可能。

（二）众筹的特点

（1）低门槛：不论身份、地位、职业、年龄、性别，只要有想法、有创造能力都可以发起项目。

（2）多样性：众筹的方向具有多样性，在国内的众筹网站上的项目类别包括设计、科技、音乐、影视、食品、漫画、出版、游戏、摄影等。

（3）依靠大众力量：支持者通常是普通的民众，而非公司、企业或是风险投资人。

（4）注重创意：发起人必须先将自己的创意（设计图、成品、策划等）达到可展示的程度，才能通过平台的审核，而不仅仅是一个概念或者一个点子，要有可操作性。

（三）众筹的构成

众筹由三部分构成。

发起人：又称项目所有者、项目创建者、筹资者，有产品、有创意或设想但缺乏资金的人。

支持者：又称项目支持者、投资者、捐赠者、出资人，对项目发起人的项目和回报感兴趣并给予资金支持的人。

众筹平台：连接发起人和支持者并为双方提供服务的互联网终端，是众筹的核心。

（四）众筹的流程

（1）项目发起人在众筹平台发起申请，为融资项目制作宣传资料，制定融资金额、进度等目标；

（2）众筹平台对众筹计划进行审查并筛选，以保证项目质量，控制风险；

（3）审核通过后，众筹平台展示项目，并积极发挥发起人与投资者之间的沟通桥梁作用，吸引潜在投资者，促成项目融资成功；

（4）如在规定时间，项目所有人达到融资目标，则融资成功，项目发起人获得融资款项；反之，众筹平台会将融到的资金退还给投资者，项目停止；

（5）融资成功后，项目进入实施阶段，发起人向投资者兑现之前所承诺的回报。见图2-14。

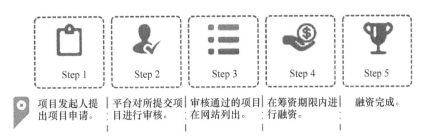

图2-14 众筹的流程

以上是一般众筹平台的操作流程，部分众筹平台在某些环节上会有所不同。但是无论是何种类型的众筹网站，贯穿整个筹资过程中的一个重要环节是相同的，那就是项目发起人和投资者之间的交流，这种交流既是项目的介绍，也是吸引潜在投资者了解并接受项目的宣传过程。这对项目能否融资成功至关重要。

三、众筹的模式

（一）众筹模式的分类

根据众筹融资的法律关系及回报内容，理论上可以将其分为两大类：股权众筹和非股权众筹。

（1）股权众筹，即项目发起人给予投资人一定的公司股份作为回报，投资者能否获取收益取决于公司的实际经营情况。如澳大利亚的ASSOB、英国的Crowdcube等，都是目前世界上比较著名的股权众筹网站。

（2）非股权众筹，即项目发起人给予投资人具体的实物作为回报，回报内容大致包括项目最终产品、项目附属品及鸣谢三大类，所以非股权众筹也叫商品众筹，如国外的Kickstarter、国内的点名时间等网站都是这种类型。就我国目前的众筹类型来看，非股权众筹主要有商品众筹（淘宝众筹）、债权众筹（万科众筹）、公益众筹（腾讯乐捐）和综合众筹（京东众筹）。不同的众筹方式有不同的特点，表2-6为几家典型公司的众筹特点。

表2-6 不同众筹方式的特点

类 型	代表	特 点
私募股权投资公司转型	投壶网	专业能力强，融资速度快，适合快速发展期的企业，关注大健康、医疗细分领域
媒体平台转型	36氪众筹	媒体影响力强，对企业宣传有一定帮助，关注互联网领域

续表

类　型	代表	特　点
电商平台扩充	京东东家	流量大，兼顾曝光率和融资速度，关注 TMT、智能穿戴等领域
传统金融集团转型	平安众筹	金融属性较强，定位于创新股权众筹、房地产众筹及其他众筹

鉴于我国相关金融法律法规和政策规定，我国的众筹基本采用非股权众筹模式，即设定的回报不涉及股权、债权、分红、利息等形式，而是以相应的实物、服务或者媒体内容等作为回报，从商业模式上看非股权众筹更像是商品的预购或团购。但也有少部分众筹网站从我国法律环境出发，小心翼翼地进行着疑似股权众筹的尝试和探索，如京东众筹等。

（二）众筹的赢利模式

任何机构要想持续发展，必须有稳定的收入来源。

在世界范围内，对众筹网站的赢利模式还没有一个清晰的划分，还处于摸索阶段。从国外成功实现赢利的几家网站来看，赢利来源一般有以下几种类型：交易手续费、增值服务费、营销推广费。

（1）交易手续费，即网站对所提供的服务收费，这是目前众筹网站的主要收入来源，一般按照筹资金额的特定比例来收取，普遍是融资总额的5%左右。Kickstarter 在 2012 年 2 月份公布的数据显示，当月通过 Kickstarter 平台募集的资金为 1 158 万美元，相应的，其手续费收入接近 60 万美元。

（2）增值服务费，主要指对筹资者进行合同、文书、法律、财务等方面的指导工作而收取的费用，筹资者可以把融资的所有事项都外包给众筹平台处理，而众筹平台会收取相应的费用。

（3）营销推广费，也是部分众筹平台的收入来源，包括合作营销、广告推广等费用。这部分费用只有少部分众筹网站在采用。

国内大部分众筹网站也是把交易手续费作为主要收入来源，但远未实现赢利。不过，所有这些众筹平台，都有一个共同的信念：赢利不是第一要务，最重要的是先培育市场。

延伸阅读　　众筹扶贫，助贫困户有尊严地脱贫

"我叫鞠占东，来自内蒙古呼伦贝尔市莫力达瓦达斡尔族自治旗，有着20余年的水果栽培、种植经验，我们的众筹扶贫目标，是让每位果农年收入增加3 000元以上……"

这是全国红十字系统首届众筹扶贫大赛中一个参赛项目的自我介绍，该项目在轻松筹上线短短数天，就已经获得近百人的购买支持。

记者在大赛页面看到，目前初赛共有来自25个省、自治区、直辖市的100多个项目入围，涵盖了初级农产品、生鲜产品、杂粮干货、手工艺品等七个品类。本次初赛预计通过135位脱贫带头人对接约1.6万户贫困户，众筹目标逾千万元。

"这次活动以脱贫带头人带动贫困户的方式，通过对项目团队进行项目包装、文案撰写、项目推广等培训，对脱贫带头人和贫困户赋能，期望实现贫困户的可持续发展。"中国红十字基金会常务副理事长兼秘书长孙硕鹏告诉记者，"除了众筹的资金外，最终大赛还将选出20个项目，每个项目会获得中国红十字基金会博爱家园生计金支持10万元。本次众筹款项将直接进入项目发起者账户，红十字基金会不收取任何管理成本。"

据记者了解，众筹扶贫的模式主要是通过组织、激励脱贫带头人，如一线扶贫干部、大学生村干部、返乡"创客"等群体，开发或发起众筹项目帮助贫困户销售优质农产品，增加贫困户的经济收入，让他们有尊严地脱贫、可持续地增收。

"众筹扶贫的模式能引起更多公众对老少边穷地区的关注，通过消费加以支持，也有利于调动更多的社会力量解决贫困问题。"中国红十字基金会众筹项目中心主任胡伶说。

互联网的发展打破了时空的限制，连接贫困户与消费者，用"消费"代替"捐赠"的形式支持扶贫，既提升了贫困户的收入，鼓励其用辛勤劳动换取更优质的生活，也带动了消费者参与扶贫的积极性，更高效、更有针对性地解决社会问题。

（资料来源：http://gy.youth.cn/gywz/201709/t20170927_10793752_1.htm）

> 【自主思考】
> 1. 众筹给中小企业、个人、互联网公司带来了许多便利，在看到这些优势的同时，众筹是否也带来了一些风险呢？结合实际，谈谈你的看法。
> 2. 试比较不同众筹模式的特点及优势。

任务二 股权众筹

2014年10月31日，由深圳互联网众筹行业的领军机构人人投、爱合投、大家投、贷帮、云筹及众投邦承办，爱创业、天使街、银杏果九家众筹平台协助的"中国（深圳）第一届股权众筹大会"在深圳丽兹卡尔顿酒店成功举行，并成立了国内众筹行业的首个股权众筹联盟。

任务描述

学生对股权众筹模式的相关知识进行学习和理解。

任务分析

进行相关知识的讲解学习和课堂互动。教师运用多媒体对股权众筹融资的概念和特征、运营模式、投资风险等相关知识进行讲解，学生听课、讨论和思考。

相关知识

一、股权众筹的概念和特征

（一）股权众筹的概念

股权众筹是指融资企业出让一定比例的股份给普通投资者，投资者通过出资入股该企业获得收益。这种基于互联网渠道而进行融资的模式被称作股权众筹。另一种解释就是"股权众筹是私募股权互联网化"。

2001年众筹在国外兴起；2011年众筹进入中国；2013年国内正式诞生第一个股权众筹

案例；2014年国内出现第一个有担保的股权众筹项目；2014年5月，证监会明确了对于众筹的监管，并出台监管意见稿。

（二）股权众筹的特征

股权众筹的主要特征为：

（1）融资企业具有高成长特性。进行股权众筹的融资企业一般具有高新技术背景，市场成长预期空间较大。

（2）低门槛。融资企业只要符合现代公司管理制度，自主拥有融资项目并能转让股权，即可进行股权众筹；普通投资者只要达到股权众筹的最低投资门槛就可以进行股权投资，在我国股权众筹平台投资一般要求最低是2.5万元。

（3）回报周期长。股权众筹企业投资回报周期长，投资后要退出至少需要一年时间。

（4）流动性差。投资者投资后，股权众筹也不存在公开的交易市场，退出渠道很少，所以流动性很差。

（5）高风险。股权众筹企业一般是初创企业，虽然具有高成长性，但是企业的成长过程仍存在诸多不确定因素，创业随时都面临失败的可能，投资面临很高的风险。

（三）股权众筹的流程

（1）投资者选择股权众筹平台，注册会员。股权众筹平台的选择对于投资者至关重要，直接关系到投资的成功与否、风险大小。

（2）投资者登录股权众筹平台，浏览自己感兴趣的众筹项目，并进行认真研究。投资者在研究的过程中重点应关注项目创意、市场前景、财务预测、发起人简历、融资方案、最低投资额、收益分配机制、退出机制、项目主要风险点等内容。

（3）投资者就自己有意向的项目约谈项目方，预约认购项目份额。

（4）投资者参加项目路演。

（5）投资者根据了解到的项目综合情况，结合自身的风险承受能力，进行投资决策。

（6）投资者在线认购投资项目，完成款项的支付。需要注意的是，有许多优秀项目上线的第一天融资目标就已经完成，比如人人投上线的桃花源记项目13秒内就被投资者抢购一空，因此，对已看好的项目可尽早进行认购，防止被抢购造成认购失败。

（7）签订投资协议或退还认购资金。等项目融资结束，若融资成功，则投资者可在股权众筹平台的协助下完成项目公司成立或股份转让，签订投资协议和投后管理协议等。

（8）投资者投资后应经常关注项目的进展情况，可通过项目股东QQ群等方式保持与项目方的沟通联络，等项目分红后可查看项目分红情况。

二、股权众筹的运营模式

（一）根据投资方式划分的股权众筹运营模式

1. 直接股权投资

直接股权投资指筹资人在股权众筹平台上创建项目，发起融资需求，投资者根据自己的商业判断、兴趣爱好等因素，认可筹资人的项目理念后，通过股权众筹平台投入相应资金，与其他投资者就该项目共同成立一个新商事主体，从而每个投资者都成为原始股东的股权众筹方式。这种股权众筹方式适用于尚未成立商事主体的情况，能否成功融资的关键在于发起人（筹资人）拟创建的项目理念能否吸引线上潜在投资者。这种方式虽然不属于公开发行股票，但仍受限于《中华人民共和国公司法》关于股份有限公司的股东人数不能超过200人、有限责任公司的股东人数不得超过50人的规定，且在股东分散、人数众多的情况下还面临决策效率低下等问题。

2. 基金间接股东模式

投资者直接在股权众筹平台上浏览可投资项目，然后挑选认为有潜力的项目进行投资，资金并不经过股权众筹平台，而是转入一家风投基金，由风投基金把所有投资人募集的资金注入项目公司，投资者是股权众筹平台中项目个股的基金持有者，基金的面值和项目公司的股票价值是等值的。在这种融资模式中，投资者是项目公司的间接股东，其所有投票权被基金公司代理，投资者对融资项目公司基本上没有影响力。美国著名股权众筹平台Fundersclub采用此模式。

3. 线上 + 线下两段式投资

对于已经成立并运营的企业来说，由于《中华人民共和国证券法》明确规定，向"不特定对象发行证券"以及"向特定对象发行证券累计超过200人"的行为属于公开发行证券，必须通过证监会核准，由证券公司承销。这些规定限定了中小企业股权众筹的投资者数量，而中小投资者能提供的资金量都不是很大，项目所能募集到的资金就会非常有限，这将使很多项目无法进行下去。

为了突破股东人数的限制，筹得足够的项目资金，而不触及《中华人民共和国公司法》和《中华人民共和国证券法》的红线，目前国内股权众筹平台普遍采用的手段是"线上 + 线下"两段式操作。即在线上展示项目信息，与潜在投资人达成意向后，操作转入线下。另外，很多零散资金则以股权代持的方式汇聚在潜在投资人名下，股份的转让以增资扩股的方式，由企业和潜在投资人直接协调。代持人因为有记名股权凭证，其权益可以得到保障，可是对于被代持人而言，由于是隐名股东，没有记名股权凭证，一旦出现风险，往往会受损失。

（二）根据我国政策划分的股权众筹运营模式

1. 凭证式众筹

凭证式众筹主要是指在互联网上通过卖凭证和股权捆绑的形式来进行募资，投资人付出资金取得相关凭证，该凭证又直接与融资企业或项目的股权挂钩，但投资者不成为股东。

2. 会籍式众筹

会籍式众筹主要是指在互联网上通过熟人介绍，投资人付出资金，直接成为融资企业的股东。

3. 天使式众筹

与凭证式、会籍式众筹不同，天使式众筹更接近天使投资或VC的模式，投资人通过互联网寻找融资企业或项目，付出资金或直接或间接成为该公司的股东，同时投资人往往伴有明确的财务回报要求。

三、股权众筹网站典型案例介绍

（一）国外典型的股权众筹网站

1. Australian Small Scale Offerings Board（ASSOB）

澳大利亚可谓是股权众筹的先行者，早在众筹融资风靡全球之前，澳大利亚投资者就开始通过类似众筹融资的投资方式为初创企业融资了,这主要的原因是澳大利亚的法律更多地强调投资者的责任。如果他们了解到此次投资风险极高,但是仍然按照规定提出报价,那责任就在投资者。

成立于 2005 年的 ASSOB(澳大利亚小规模融资板块)一直通过在线众筹融资方式为初创企业融资,它是澳大利亚股权激励型的众筹融资先驱者中最棒的一家。

它为未被认可和得到认可的投资者提供一个在线融资平台。在成立后的 8 年间,ASSOB 已为超过 300 个项目成功融资,超过 2 500 名投资者在平台上进行了投资。ASSOB 只做股权交易,至 2013 年融资约 1.4 亿美元。项目的最小融资额为 55 000 美元,最高则达 350 万美元。有些项目有几百人支持,有些则上千。在这方面,ASSOB 股权激励型众筹融资和其他绝大多数的回报型融资平台没什么区别,金额不受限,未被认可的投资者和海外投资者也可以并存,但 ASSOB 唯一的特殊要求就是每个项目最多不能有超过 20 个未被认可的投资者。对这一点严格把控,融资者必须确保,当他们要接受未被认可的投资者投资时,只能选择投资额最大的 20 个投资者,然后把其他投资者的资金返还给投资者。

2. AngelList

在 AngelList 平台上,融资者和投资者分别输入各自简介,融资者可以选择让哪些投资者查看他们的简介,投资者也能每天收到几十家初创公司的列表。让靠谱的项目找到靠谱的钱,AngelList 就这样充当着融资者和投资人的红娘。不过,它所服务的仅限于高科技类的融资项目。AngelList 的精妙之处在于它整合了 Twitter、Facebook 和 LinkedIn 的社交属性,为投资者追踪项目提供了极大的便利。比如说,无论是融资者还是投资者,落户 AngelList 的第一步就是建立一个类似于 Facebook 的简介。其他人可以对项目任意评论,就像在 Facebook 上留言一样。每当你更新信息时,关注你的人都可以及时查看到,就像 Twitter 更新一样。作为投资者,你关注的项目有了新的投资,AngelList 同样会提示你。

AngelList 网站发布的数据显示,95% 的投资来自线下,即通过投资者和融资者面对面交流的方式最终完成,这主要原因是在 *Jumpstart Out Business Startups Act*(JOBS 法案,《创业企业融资法案》)出台之前,通过线下成交可以有效规避法律风险。而该法案生效后 24 小时内,AngelList 融资额便超过 100 万美元,线上成交额大大高于其此前的融资数额。

AngelList 还能为融资者和投资者提供各种文件辅助,比如标准的风险投资协议、自动生成的交割文件、用于管理的包括电子签名、生成 PDF 文件等用途的工具。AngelList 在招募方面也做得很不错,它扮演着人才与初创公司之间的桥梁角色。AngelList 还推出了估值工具,方便投资者直观了解项目前景。

(二)国内典型的股权众筹网站

1. 首批成为证券业协会会员的八家股权众筹平台

(1)天使汇:天使融资众筹平台。

(2)原始会:中国股权众筹平台领军企业,卓越的互联网金融平台。

(3)人人投:"草根"天使投资放心、实体店铺融资省心的众筹平台。

(4)天使街:专注 O2O 的股权众筹平台。

(5)筹道股权:中国首家递进式股权众筹平台。

(6)云筹:天使投资股权众筹平台。

(7)众投帮:新三板股权众筹平台。

（8）投行圈：您身边唾手可得的互联网投资银行。

2. 其他股权众筹网站

（1）众筹之家：中国首家专注股权众筹的行业门户网站。这是一个门户集合，用它可以检索股权众筹网站的大多数项目。

（2）京东股权众筹：国内最大的互联网众筹平台。

（3）大家投：股权众筹平台。

（4）创投圈：专注于早期项目的创业投资平台。

（5）企业号：股权众筹融资投资服务网。

（6）VCHello：天使投资平台。

（7）爱合投：专注企业股权价值、打造股权投融资服务的专业平台。

（8）创微网：微创业股权众筹平台。

（9）天使客：自称"草根平台"，是国内首个引入风投的股权众筹平台。

（10）资本汇：核心使命——人人皆可创业和投资。

（11）众投社：股权众筹平台。

（12）聚募众筹：股权众筹平台。

四、股权众筹投资风险

（一）股权投资活动的固有风险

（1）赢利能力风险。

（2）众筹资金监控问题。

（3）大股东利用控股地位侵害小股东权益。

（4）股东退出机制不畅。

（二）众筹操作模式的特定风险

（1）有限合伙制限制投资者主张权利。

（2）领投"陷阱"。

（三）股权众筹的法律风险

1. 触及"公开发行证券"或"非法集资"红线的风险

股权众筹的发展冲击了传统的"公募"与"私募"界限的划分，使得传统的线下筹资活动转为线上，单纯的线下私募也会转为"网络私募"，从而涉足传统"公募"的领域。在互联网金融发展的时代背景下，"公募"与"私募"的界限逐渐模糊，使得股权众筹的发展也开始触及法律的红线。

2. 存在投资合同欺诈的风险

股权众筹实际上就是投资者与融资者之间签订的投资合同，众筹平台作为第三者更多的是起居间作用。我国的股权众筹多采用"领投＋跟投"的投资方式，由具有成熟投资经验的专业投资人作为领投人，普通投资人针对领投人所选中的项目跟进投资。但是，如果领投人与融资人之间存在某种利益关系，便很容易产生道德风险问题，领投人带领众多跟投人向融资人提供融资，若融资人获取大量融资款后便存在极大的逃匿可能或以投资失败等借口让跟投人吞下"苦果"。

3. 股权众筹平台权利义务模糊

从股权众筹平台与投融资双方的服务协议可以看出，股权众筹平台除了居间功能之外，还有管理监督交易的职能，并且股权众筹平台要求投融资双方订立的格式合同所规定的权利义务也存在不对等。因此，股权众筹平台与用户之间的关系需进一步理清，并在双方之间设定符合《中华人民共和国公司法》的权利义务关系。

> **延伸阅读** **24小时众筹100万元 阳澄湖畔筹划苏州首家众筹式民宿**
>
> 一名苏州"80后"建筑师在众筹平台"开始吧"发起了一个众筹项目：在阳澄湖畔打造一个最美的民宿空间，瞬间引起转发无数。上线24小时，点击量6.5万次，众筹金额破100万元，而实际认筹的金额高达240万元。
>
> 2015年春季阳澄湖生态休闲旅游度假区举办油菜花节，一群年轻人开车来玩，对河滨一座破旧房屋一见钟情。这群年轻人中有"海归"建筑设计师，有资深媒体人，有"金枕头"的酒店品评师、旅行达人，还有文创领域的设计高手。他们虽只睡了三四个小时，但个个兴奋异常："村上湖舍"是自己的梦想，互联网时代可以把一个人的梦想变为几百人的梦想，甚至未来几万人的梦想。后来，他们理出了一个"互联网+民宿"的方案。
>
> 2015年9月10日晚9点40分，这群年轻人中的建筑师在知名的生活风格众筹平台"开始吧"发起了一个在阳澄湖畔打造民宿空间的众筹项目，"阳澄湖畔制造最美空间""改造旧厂房""精品民宿""众筹众创"几个关键词立即刷爆了朋友圈，苏州、上海、北京、武汉等全国20多个城市的123位陌生人迅速聚合起来，其中有智能家居师、家居设计师、环境设计师、包装师，他们都要参与开发；有一位手工艺师还捐赠了一套制作手工皮具的工具，123位支持者创造了民宿众筹的新纪录。
>
> 据了解，"村上湖舍"将结合文创、农事等体验性的概念，建设成一个阳澄湖边的标志性乡村游精品，并且形成一个模式，打造"村上"品牌进行输出。为此，这个团队注册了"村上文旅"这个载体。
>
> 原来40天的众筹计划，推出之后异常火爆，11日晚上，"村上文旅"团队作出了一个决策：让出团队个人的股份，开放给更多"粉丝"，暂时不关闭众筹，让更多热情的同道人加入。
>
> （资料来源：http://csxy.suda.edu.cn/cn/xueyuanxinwen/2015/0913/1224.html）

【自主思考】
1. 股权众筹为创业者、小微企业开辟了一条可行的融资之路，也为投资者提供了更多的选择，那么请从投资者的角度，描述如何选择股权众筹投资项目。
2. 试着找一个感兴趣的众筹项目，分析它的优势及可行性。

任务三 非股权众筹

非股权众筹主要表现为产品预售，主要通过项目发起人在互联网平台上的介绍，得到支持者的资金，回报方式多为融资项目制作的产品、书籍、唱片等。非股权众筹作为众筹模式的主力军，给互联网公司带来了许多机遇。

任务描述

学生对非股权众筹模式的相关知识进行学习和理解。

任务分析

进行相关知识的讲解学习和课堂互动。教师运用多媒体对非股权众筹融资的概念特征、运营模式等相关知识进行讲解，学生听课、讨论和思考。

相关知识

一、非股权众筹的概念和特征

（一）非股权众筹的概念

非股权众筹，即项目发起人给予投资人具体的实物作为回报，不涉及股份、分红、债权、利息等。非股权众筹模式是一种新兴的，有别于传统金融的融资方式。它借助于互联网的开放、公开、灵活、便捷等特点，依托信息平台和社交网络，帮助项目发起人迅速把握市场脉搏，赢得目标客户群，筹集到项目启动资金，满足了创意经济、小微经济融资的需要。

（二）非股权众筹的特征

1. 开放性

不论身份、职业、年龄、性别，只要有创意、有创造能力，都可以作为项目发起人。无论是否有投资经验、出资金额多少，只要对创意感兴趣，都可以为项目投资。众筹模式为普通民众提供了直接参与金融市场的渠道，缓解了资本市场资金紧缺而民间资本投资无门的问题。

2. 额度小

首先是单笔融资规模较小，从数百元开始，大多在1万～10万元的规模，远远低于传统融资机构动辄百万、千万元的规模。其次是投资人大多数是普通民众，个人支持的资金从几元到几千元不等，但是"一人拾柴火不旺，众人拾柴火焰高"，聚少成多。

3. 风险低

传统融资模式下，投资者数量少，单笔投资金额高，风险也相对集中。众筹模式的核心思想体现为"大众"，通过互联网平台的无界性，可以在短时间内聚集数量庞大的参与者，而每位投资人的投资额度可以很低，分散的方式有利于降低融资风险。

4. 效率高

众筹融资相对于传统渠道来说，手续简便。细节完善、可操作性强的项目，一经众筹网站发布，就很容易获得投资者关注并融资成功，融资效率大大高于传统渠道。

5. 社交化

众筹融资其实是发动网络上的"陌生人"参与项目的投资，正是借助于互联网的社交属性，让互不相识的投融资双方在众筹平台上进行交流互动，了解项目的创新性和可行性，从而促成融资。众筹平台的网络社交影响力决定了众筹项目的成功率。

二、非股权众筹的运营模式

非股权众筹的运营模式，可以细分为以下三大类。

（一）按照其是否营利分类

1. 捐赠模式（Donation-Based）

单纯的赠予行为，即项目发起人无须向投资者提供任何形式的回报。投资者更多的是考虑项目带来的心理满足感。目前，很多非政府组织（NGO）都采用这种模式为特定项目吸引募捐，募集金额相对来说较小，项目包括教育、社团、宗教、健康、环境、社会等方面。如 Watsi、Causes、YouCaring 等。

2. 奖励模式或事前销售模式（Reward-Based or Pre-Sales）

在项目完成后给予投资人一定形式的回馈品或纪念品，回馈品大多是项目完成后的产品，时常基于投资人对于项目产品的优惠券和预售优先权。如 Kickstarter、Indiegogo、点名时间等。

（二）按照筹资方式分类

1. 固定模式（All-or-Nothing）

如在筹款结束时，所筹得资金达到融资目标，则项目发起人可以获得筹资。否则，所有资金退回投资者，项目发起人不能获得筹资。如 Kickstarter、ArtistShare、众筹网等。

2. 灵活模式（Keep-It-All）

筹资结束时，无论是否达到融资目标，项目发起人都可以获得已筹资金。如 RocketHub、Patreon、Gofundme 等。

3. 混合模式（Hybrid Models）

项目发起人发起融资计划时，可以选择以固定模式或者灵活模式中的一种方式筹资。如 Indiegogo、Appsplit 等。

（三）按照面向领域分类

1. 综合类

支持多元化项目的筹资申请，涉及面广泛。如 Kickstarter，按项目内容可以分为音乐、影视、艺术、出版、戏剧、游戏、设计、视频、漫画、摄影、时尚、舞蹈和技术 13 个大类，是一家典型的综合类众筹网站。国内的众筹网、点名时间也是支持各类项目的综合类网站。

2. 垂直（专业）类

支持某一特定领域项目的筹资申请，比较专一，富有行业特色。如 ArtistShare、Sellaband 主要面向音乐领域；ZaoZao 主要面向时尚设计领域，时尚爱好者是网站的目标客户；Venture Heath、Medsatrt 等专门面向医疗领域；淘梦网主要面向微电影领域。这些都是典型的垂直类众筹网站。

三、非股权众筹的典型网站介绍

（一）国外非股权众筹网站

1. Kickstarter

国外典型的非股权众筹网站 Kickstarter，其网站创意来自其中一位华裔创始人 Perry

Chen，他的正式职业是期货交易员，但因为热爱艺术，开办了一家画廊，还时常参与主办一些音乐会。2002年，他因为资金问题被迫取消了一场筹划中的在新奥尔良爵士音乐节上举行的音乐会，这让他非常失落，进而就开始酝酿建立一个募集资金的网站。Perry Chen 回忆说："一直以来，钱就是创意事业面前的一个壁垒。我们脑海里常会忽然浮现出一些不错的创意，想看到它们能有机会实现，但除非你有个富爸爸，否则不太有机会真的去做到这点。"

上线5年的时间里，Kickstarter 已经成为众筹领域的先锋，是非股权众筹网站的代表。2010年，《时代周刊》把该网站评为年度最佳发明之一。2011年，《时代周刊》授予该网站"2011年最佳网站"称号。

2012年及2013年，该网站发展非常迅速，成果显著：2013年，共成功筹资19 911个项目，筹资总额达4.8亿美元，平均每天筹资131万美元，每分钟筹资913美元；共有来自六大洲的214个国家和地区的300万支持者，其中807 733个人支持了1个以上项目，81 090个人支持了10个以上项目，975个人支持了100个以上项目。

不管是发起项目数，还是筹资金额数，Kickstarter 在全球众筹网站都是遥遥领先的，是非股权众筹网站的标杆和旗帜。世界上很多众筹网站也在模仿 Kickstarter 的运营模式。

目前，Kickstarter 平台上的项目可以分为艺术、漫画、工艺、舞蹈、设计、时尚、影视、食物、游戏、新闻、音乐、摄影、出版、科技和戏剧15个大类。

对上线的项目，网站有严格的审查条件，对于不符合网站上述大类的项目，则予以拒绝，这些项目包括以慈善为理由的捐款、营养补充剂类、美容产品类或社交网络应用类等（最新版本的声明把转基因生物也列入受抵制项目）。

Kickstarter 建议操作的流程是：创建项目，通过网站审核后，先发动朋友们进行预览，然后面向网上所有的支持者进行筹资并进行跟踪与互动。这些环节，网站会有工作人员进行指导如何进行操作。

Kickstarter 筹资采用的是固定模式，即在规定期限内筹资达到目标金额，则项目成功，项目发起人获得所筹资金；否则意味着项目失败，所有款项退还给支持者。

Kickstarter 的赢利来源，最开始不仅向成功的项目收取筹款金额的5%作为服务费，而且还会收取一定的广告和网页设计等费用。随着成功项目的增多，网站只收取5%的服务费。

2. Indiegogo

Indiegogo 成立于美国旧金山，2008年1月上线，目标是成为大型而多元的投资平台。不同于其他众筹网站都有特定的服务对象，Indiegogo 不希望限定自己的客户类型。它是一个完全开放的平台，世界各地的人们都可以在这里展示自己的创意或对项目进行投资。Indiegogo 从多元化的融资方式中获得了商机，近几年该网站获得了很多关注，吸引了越来越多的用户。

目前，Indiegogo 上的项目包括设计、艺术、舞蹈、音乐、健康等24个大类，涉及面广泛，几乎囊括了所有领域。

同样是美国比较著名的众筹网站，Indiegogo 相比于 Kickstarter，两者在可申请项目类型、审查制度、用户覆盖面等方面都有较大区别。

在项目类型方面，Indiegogo 涉及范围广泛，类型更丰富。

在审查制度方面，Indiegogo 并不严格，项目发起人甚至无须等待审查便能直接发布项目。

在用户覆盖面方面，Kickstarter 最开始只接受美国境内用户，后来才非常谨慎地对加拿大和英国的用户开放。Indiegogo 则面向世界 200 多个国家，更为开放。

Indiegogo 筹资采用混合模式，由项目发起人自行选择采取固定模式还是灵活模式。

在收费方面，Indiegogo 由于采用两种筹资模式，所以收取服务费也有所区别。对采取固定模式的，在项目成功后收取筹资金额的 4% 作为服务费；对采取灵活模式的，按照筹资金额的 9% 收取服务费。如果项目发起人是通过美国国税局认证的非营利性机构，可享受 25% 的优惠。

Indiegogo 采取和 Kickstarter 差异化的竞争方式，在美国众筹市场赢得了自己的一席之地。

（二）国内典型的非股权众筹网站

1. 点名时间

它是国内最早上线的众筹平台，和其他众筹网站类似，最开始接受各种类型的项目，出版、影视、音乐、设计、科技，甚至公益、个人行为的项目都可以发布。网站整体项目的支持率、转化率超过很多电商平台，因此引起业界的关注。

从 2012 年开始，点名时间深入智能硬件产业链之中，到上海、杭州、深圳实地了解创新产品的制造和创新过程中遇到的问题，发现国内有很多人不想再做代工和贴牌等 OEM/ODM 的模式，想创立自己的品牌。于是点名时间从 2013 年年初开始，正式将重心和方向转向智能硬件领域。现在点名时间把自己定位为中国最大的智能产品首发平台。

点名时间运作模式最初是模仿国外知名众筹网站 Kickstarter，后来主要接受智能硬件项目，并细分为医疗健康、家居生活、出行定位、影音娱乐、科技外设和其他六大类。

所有项目都需要通过网站审核才可上线，项目发起人通过制作视频、图片、文字介绍，把自己的创意或梦想展示在网站上，并设定目标金额及筹资时限。当项目在目标期限内达到了目标金额，项目才算成功。

如果在到达截止日期时，筹资金额没有达到预期，那么已经收到的资金会退还给支持者。这么做的原因是为了给支持者提供风险保护。

该众筹平台有一个特别之处，就是引入了"预热机制"，即在正式筹资前，将项目在网站上加以宣传展示，以引起人们足够的关注，吸引潜在投资者加以了解并收集相关反馈意见，对项目加以完善，从而提高项目的成功率。2014 年 2 月 26 日，点名时间最高筹资金额纪录被"Smart Plug 智能插座"以 175 万元刷新。

点名时间只有在项目结束并成功后，收取最终金额的 10% 作为手续费。如果项目失败，则不收取任何费用。

2. 追梦网

追梦网是上海追梦网络科技有限公司旗下的类 Kickstarter 众筹模式网站，是国内众筹网站的先行者之一。2011 年 4 月追梦网开始筹建，2011 年 9 月正式上线。到 2012 年，追梦网共上线音乐、电影、出版、人文、旅行等各种类型的项目数百个，成功筹资额达 300 多万元。创始人杜梦杰是南京邮电大学 2007 级学生，他和追梦网被视为大学生创业的典范，在他的带领下，追梦网富有年轻人的浪漫与理想色彩，正在众筹道路上继续探索。

追梦网支持的项目有科技、设计、影像、音乐、人文、出版、活动等几大类，对于在网站中未能列出的项目类型，用户可以通过官方微博或站内反馈等形式与追梦网取得联系进行咨询。

追梦网的筹资方式采用固定模式，即每个项目都有目标金额和时间限制，项目必须在发起人预设的时限内达到或者超过目标金额才算成功。若没有达到目标金额，那么所有款项将退回到支持者的账户，保障支持者的资金安全。

还有一个规定，那就是所有项目发起人都是实名认证。项目需要工作人员进行审核、沟通、包装、指导后才能上线。项目成功后，工作人员将监督项目发起人执行项目以及兑现承诺的回报，确保支持者的权益。

追梦网用户如果想支持某个感兴趣的项目，只需在任何一个项目页面上选择不同的回报，并按相应的"支持"按钮，然后通过支付宝或财付通等第三方支付工具或是国内各大网络银行或信用卡来进行支付。

国内现有的众筹平台基本都会向项目发起者收取1%~10%的费用，而追梦网目前实行的是完全免费的策略。现在不收，是因为还在探索其他赢利途径，但是如果最后没有找到其他赢利途径的话，还是有可能走上收费道路的。

3. 淘梦网

淘梦网是国内首家垂直型众筹网站，专注于微电影项目。网站成立于2012年3月，由四个心怀梦想的年轻人兼职创办。最初定位于创意梦想在线大众型众筹平台，致力于鼓励人们晒出心中的梦想与大家分享，并借助于平台的宣传推广，获得亲友以及大众的支持，获得启动梦想所需的目标资金来实现梦想。

淘梦网最初也是接受各种类型的项目，后来经过摸索和实践，渐渐专注于独立电影（微电影）类项目，演变为垂直型众筹网站。希望通过众筹的魅力来帮助独立电影人实现梦想，同时还在众筹的基础上加入SNS的社交元素，让更多独立电影（微电影）爱好者参与进来。

与其他众筹网站类似，项目也必须经过审核才可上线。淘梦网上的项目按照电影的分类进行了划分，如动画、爱情、悬疑、科幻等类型。

项目发起人来自各个行业，有学生、电影爱好者、电影学院练手的、专业导演试水微电影的，也有广告公司的人、电影电视剧公司的人。项目发起人可以在平台上发布拍摄计划、列出预算、展示团队、记录进度、沟通交流、寻求合作，最终完成作品创作。在此过程中，吸引观众、投资方、广告主和发行方的资金或资源支持。

淘梦网注重营销推广，通过与视频平台、电视台、网络运营商、国内外影展等渠道的合作提供多样的营销和发行服务。同时，通过手机视频、视频平台、电视台、比赛等为电影团队获得作品收益。

运行2年多来，淘梦网众筹的微电影有150部，其中43部获得成功；拥有1200部微电影的发行权；总计达成15亿次的点击。淘梦网不仅完善了微电影的服务，也为自己找到了一个赢利的途径。

> **延伸阅读**
>
> ## 众筹项目：CS厨房多功能强力剪
>
> 项目概述：该众筹项目由阳江市阳东区创晟五金塑料制品有限公司发起，此项目必须在2017年9月19日前得到100 000元人民币的支持才可成功。截至2017年9月5日已筹集资金447 963元，当前进度为448%，获得了7 563名支持者。非股权众筹获得产品金额具体如下：
>
> - ¥1，492位支持者限额492份，抽奖档实名专享，每满60位支持者抽取1位幸运用户，不满时也抽取1位。幸运用户将会获得CS厨房多功能强力剪1把。幸运用户将由京东官方抽取，中奖者名单将在京东众筹bigger公众号上公布。
> - ¥59，2 330位支持者限额5 000份，将以众筹优惠价获得CS厨房多功能强力剪1把。
> - ¥56，798位支持者限额1 000份，手机专享，将以众筹优惠价获得CS厨房多功能强力剪1把。
> - ¥112，227位支持者限额1 000份，将以众筹价获得CS厨房多功能强力剪2把。
> - ¥270，46位支持者限额1 000份，将以众筹价获得CS厨房多功能强力剪5把。
>
> 以上产品配送费用：免运费。预计回报发送时间：项目众筹成功后30天内。
>
> （资料来源：https://z.jd.com/project/details/87309.html）

【自主思考】

1. 请从创业者（融资者）的角度，描述如何进行非股权众筹融资操作；或者从投资者角度，描述如何进行产品选择的投资操作。
2. 非股权众筹与股权众筹相比有哪些特点？

任务四 众筹的风险分析

"中国股权众筹第一案"在北京海淀法院作出判决，法院确认众筹融资合同有效。因信息披露不实直接导致合作破裂的北京诺米多被判付违约金1.5万元，并支付委托融资费用2.52万元；同时，北京飞度网络科技公司人人投返还诺米多出资款16.72万元。该判决具有里程碑意义，确立了股权众筹的合法性，该判决认定众筹融资是一种新型金融业态，也对众筹的具体操作方式从法律角度给予了更加细化的判定。

任务描述

学生对众筹平台存在的风险以及风险防范措施等相关知识进行学习和思考。

任务分析

进行相关知识的讲解学习和课堂互动。教师运用多媒体对相关知识进行讲解，学生听课、讨论和思考。

相关知识

一、非股权众筹的风险分析

（一）资金管理风险

非股权众筹主要体现为一种类似预购的行为，从项目发起到项目支持，流程比较简单，因此比较容易得到快速发展。尽管如此，我国在发展非股权众筹上还是存在一些风险。大多数平台没有采取第三方机构托管平台资金。

目前，我国大多数众筹平台的支付方式一般是由项目支持者把资金打到众筹平台的专用账户，如果项目筹资成功，由众筹平台直接把相应款项一次拨付或分批拨付到项目发起人的资金账户；如果项目筹资失败，众筹平台负责把募集的资金退还给项目支持者。在这种资金管理模式下，众筹平台和项目支持者的资金并没有进行风险隔离，存在擅建"资金池"和"非法挪用"筹集资金的风险。

（二）信任风险

目前，由于我国公民的信用体系建设滞后，陌生人之间的信用度存在严重的信息不对称，不法分子有可能利用众筹项目进行金融诈骗。同时，滞后的信用体系容易使众筹平台上的创意项目的真实性遭到怀疑，这就会导致好的项目的支持率偏低，打击众筹业务的发展。

（三）项目存在知识产权保护的风险

项目发起人为了筹资成功，需要通过互联网把项目最大限度地展示给公众，互联网的开放性和即时性特征使项目信息迅速传播，一旦项目受到热捧，就会被迅速模仿并大量生产，这使项目发起人的知识产权无法得到有效保护。

二、非股权众筹的风险防范措施

（一）众筹平台做好风险提示和信息披露

众筹平台必须在其网站上详细介绍项目的运作流程和标准，特别是在显著位置向出资人提示可能存在的法律风险，明确各方的法律责任和义务以及发生争议时的处理办法。

（二）保障资金安全

保障资金安全和对项目进行有序管理，既是众筹平台的应尽义务，也是防范法律风险的重要手段，众筹平台应当引入第三方资金托管，隔离平台自身与资金运行风险。众筹平台对涉及资金的环节，如向公众筹款、扣除一定比例的服务费、向项目发起人拨款或退回公众的预付款等，要严格管理，加强自律，还需要引入外部监督机制。

（三）政府尽快完善法律监管

众筹商业模式是一种涉及许多人的投资活动，属于比较松散的合伙关系，发生纠纷的概率很高，而且通过网络构建的信任基础比较薄弱，一旦出现项目失败，资金又难以返还，就可能引发激烈矛盾。这要求众筹平台积极与政府主管部门沟通，取得相应的政策指导、法律监管或进行项目备案，化解在法律模糊地带的法律风险。

三、股权众筹的风险分析

股权众筹由于其极强的金融属性，相对于非股权众筹，面临的风险不但多，而且复杂。

（一）非法集资的风险

根据《最高人民法院关于审理非法集资刑事案件具体应用法律若干问题的解释》第一条，非法集资应当同时满足四个条件，即：①未经有关部门依法批准或者借用合法经营的形式吸收资金；②通过媒体、推介会、传单、手机短信等途径向社会公开宣传；③承诺在一定期限内以货币、实物、股权等方式还本付息或者给付回报；④向社会公众即社会不特定对象吸收资金。从形式上看，股权众筹融资模式未获得法律上的认可，通过互联网向社会公开推介，以股权方式回报出资者，且均公开面对社会公众，所以，单从这一条法律解释来讲，股权众筹融资模式与非法集资的构成要件相吻合。但是，除了要考虑股权众筹融资是否符合"非法集资"的形式要件，还要深入考察股权众筹融资是否符合对"非法集资"犯罪定性的实质要件。

《最高人民法院关于审理非法集资刑事案件具体应用法律若干问题的解释》在立法目的中写道："为依法惩治非法吸收公众存款、集资诈骗等非法集资犯罪活动，根据刑法有关规定，现就审理此类刑事案件具体应用法律的若干问题解释如下。"可见，该司法解释的出台是为了惩治非法吸收公众存款、集资诈骗等犯罪活动，是为了维护我国社会主义市场经济的健康发展。反观股权众筹融资，其运营目的包括鼓励支持创新、支持小微企业发展及服务实体经济，良性发展的股权众筹融资并不会对我国市场经济产生负面影响，不符合非法集资犯罪的实质要件。但我们也要严防不法分子以股权众筹融资骗取项目支持者资金的行为。

（二）代持股的风险

凭证式和会籍式股权众筹的投资者一般都在数百人乃至数千人。部分股权式融资平台的众筹项目以融资为目的吸收投资者为有限责任公司的股东，但根据《中华人民共和国公司法》第二十四条"有限责任公司由五十个以下股东出资设立"的规定，股权众筹项目所吸收的股东人数不得超过50人。如果超过，未注册成立的不能被注册为有限责任公司；已经注册成立的，超过部分的投资者不能被工商部门记录在股东名册中享受股东权利。目前在中国，绝大部分对股权众筹项目有兴趣的投资者只愿意提供少量的闲置资金来进行投资，故将股东人数限制在50人以内将导致无法募集足够数额的款项来进行公司的运作。因此，在现实情况中，许多众筹项目发起者为了能够募集足够的资金成立有限责任公司，普遍对投资者建议采取代持股的方式来规避《中华人民共和国公司法》关于股东人数的限制。

采用代持股的方式虽然在形式上不违反法律规定，但在立法精神上并不鼓励这种方式。当显名股东与隐名股东之间发生股东利益认定的争端时，由于显名股东是记录在股东名册上的股东，因此除非有充足的证据证明隐名股东的主张，一般会倾向于对显名股东的权益进行保护，所以这种代持股的方式可能会导致广大众筹项目投资者的权益受到侵害。

（三）非标准化风险

股权众筹在国内处于刚刚兴起的阶段，发展不成熟，还没有建立行业标准。目前，虽然各家股权众筹网站已基本建立起各自模式的流程和标准，用于项目的申请和审核，并提供相应的服务，但融资项目能否上线最终还是依某一团队的经验判断，融资项目的风险、金额设定、信用评级也基本取决于平台方，存在可操作的弹性空间。而不同团队的能力不一样，对风控、操作的把握也各异，一旦由于经验不足导致失败，给投资者造成损失的案例也不少见。

（四）欺诈行为

当下多数投资者对股权众筹项目的收益形式和风险点还缺乏必要的了解。具有高科技、高成长、高预期光环的股权众筹项目非常吸引众人目光，一些可能的欺诈行为也会打出高收益的幌子。而由于股权众筹参与的门槛相对较低，出资金额小，其中的风险更容易被忽略，造成损失后也更难追讨。

（五）法律和监管机制不完善

由于股权众筹属于新生事物，国内缺乏针对它的相关法律条文和相应的监管监督机制，股权众筹平台自身也缺乏管理经验。股权众筹面向不特定人群公开募集资金，涉及股份、债券等证券工具的发行，若未得到有效规范，可能演变成非法证券活动。

四、股权众筹的风险防范措施

（一）制定专门的监管规则

股权众筹融资的运作模式与一般的金融产品和金融服务存在较大的区别，一方面，股权众筹具有特殊性，欺诈风险较大，对投资者保护难度较高，需要有一定的运作规范；另一方面，股权众筹在我国刚刚起步，如果按照现有的对成熟金融产品与金融服务的尺度进行监管，可能加大其运作成本，将许多潜在的参与者排除在股权众筹平台之外，因而需要参考目前已有的金融产品与金融服务监管法律，制定专门针对股权众筹融资平台的法律规范。

（二）明确监管主体和分工协调

根据国际经验，股权模式的众筹融资平台主要归金融市场监管部门监管。如果股权模式要获取证券业经营牌照并遵守证券法的相关规定，可由证监会负责监管。与此同时，股权众筹也涉及网络安全、征信系统、产业发展等问题，需要工信部、发改委等部委共同参与监管。需要强调的是，在各部委分工监管的基础上，还要注重监管的协调。

（三）避免碰触非法集资、非法证券活动的法律红线

在股权模式下，众筹平台扮演中介的角色，负责撮合投资者和融资者，平台本身不吸收资金。同时，项目发起人、平台运营主体及投资者均能清晰地认识并预见到，双方并非存贷款的法律关系，而且投资者出资不以获得利息、固定回报或高额回报为目的。换言之，股权众筹不属于集资的范畴，不存在非法集资的问题。但是，股权众筹涉及股份、债券等证券工具的发行，若未得到有效规范，就可能碰触非法证券活动的法律红线。因此，对股权众筹平台，应积极制定监管规则，防止其变成非法证券活动，并密切关注平台的经营范围，谨防平台向"自营"方向发展，非法吸收投资者资金，甚至演变成非法集资。

（四）加强投资者教育

股权投资与常见的股票投资大不相同，比如投资期限可能会很长，很难在短期内赎回，而且初创项目失败的概率很高。当前大部分个人投资者对其风险没有充分的认识，监管部门需要加强对投资者的教育，普及众筹融资知识，充分揭示市场风险，引导投资者树立正确的投资理念，增强风险意识和自我保护能力。

> **延伸阅读**　　　　　**餐饮众筹兴起　但"暴毙"噩耗不断**
>
> 近2年，互联网众筹行业兴起，因其投资门槛低和操作方便等特点，不少中小投资者看准了餐饮众筹这一项目，咖啡馆、火锅店、茶馆、休闲餐厅、酒楼等众筹项目不断涌现，显示出旺盛的市场需求。但与此同时，餐饮众筹项目失败的速度也让人大跌眼镜。

长沙最大的众筹餐馆"印象湘江"开业一年多关店

2015年10月28日晚,"印象湘江"世纪城店20多位股东宣布,由于资金断链、债务缠身,该店难以经营下去,决定从29日起正式停业进行清算。而一年之前这家店开业时,作为当时长沙以众筹方式开办的最大的一家餐馆,曾引起舆论广泛关注,在一年的时间内又开了两家店面。谁也没想到,93位股东筹集100万元开的店,一年后负债100多万元,最终只能关店。

杭州首家众筹咖啡馆"聚咖啡"停业

2015年4月,有媒体曝出杭州首家众筹咖啡馆"聚咖啡"已经关门停业。据中申网了解,"聚咖啡"成立于2014年,当时共有110名股东出资,共筹得60万元资金用来维持咖啡馆的运营。但是好景不长,原"聚咖啡"董事长称由于店铺房租贵,加之股东多意见多,因而决策效率不高,以及股东热情消减等各方面原因,咖啡馆最终不得已选择了停业。

"印象湘江""聚咖啡"的倒闭,并不是餐饮众筹失败的个例。北京、武汉、常州、东莞等地也有众筹餐饮企业因为经营不善而倒闭的情况。在北京建外SOHO筹集了66位股东132万元资金的Her Coffee,也在经营一年后关店;武汉的"CC美咖"、长沙的"炒将餐饮"等众筹餐厅也先后倒闭。

优质项目少、股东众多而决策效率低、财务不透明、行业利润率低、缺乏投资者教育等,都是导致当前餐饮众筹项目快生快死的重要原因。虽然餐饮众筹在一定程度上能够解决餐企融资难问题,但是经营者的管理能力才是决定餐厅业绩的关键。众筹餐饮企业股东众多,这是其开起来的关键,也是其惨淡收场的问题所在。未来餐饮众筹如何发展,的确是一个需要思考的问题。(资料来源:根据网上相关报道整理)

【自主思考】

1. 股权众筹融资为创业者、小微企业开辟了一条可行的融资之路,又为投资者提供了新的投资渠道,请从投资者和融资者两个角度描述股权众筹融资风险。

2. 请从投资者角度谈谈如何识别和应对众筹的风险。

任务五 典型案例分析与实操体验

任务描述

本任务旨在通过对典型案例的分析及实际操作,加深对整个项目的学习理解,做到实践理论一体化。

任务分析

本任务主要内容为分析众筹项目的全流程。

实操体验

"牧标牛肉"众筹项目全流程案例分析。

实操内容

一、融资者（项目方）撰写商业计划书，提出融资需求

（一）现有公司情况概述

店铺名称：牧标牛肉
店铺地址：山西太原迎泽区旧城街
店铺筹备总投资：280 000.00 元
从筹备到运营周期：90 天
店铺营业面积：50 平方米
客流量：40~50 人/日
人均消费：90.00 元
上季度营业收入：250 000.00 元　　　上季度净利润：40 000.00 元
上年度营业收入：800 000.00 元　　　上年度净利润：130 000.00 元

店铺名称：牧标牛肉
店铺地址：山西省太原市文华苑文化街 3-15 号（长风街长治路口）
店铺筹备总投资：280 000.00 元
从筹备到运营周期：45 天
店铺营业面积：25 平方米
客流量：35 人/日
人均消费：82.00 元
上季度营业收入：148 950.50 元　　　上季度净利润：19 363.90 元
上年度营业收入：598 587.17 元　　　上年度净利润：80 809.10 元

店铺名称：牧标牛肉
店铺地址：山西省太原市水西关南街三十中对面（新建路口路西）
店铺筹备总投资：280 000.00 元
从筹备到运营周期：45 天
店铺营业面积：25 平方米
客流量：38 人/日
人均消费：108.00 元
上季度营业收入：169 009.44 元　　　上季度净利润：22 937.77 元
上年度营业收入：637 345.48 元　　　上年度净利润：82 819.91 元

（二）融资需求

开店计划：
预期融资开店数量：1 家　　　　　　开店时间预备周期：45 天
预期店面地址：山西太原
预期开业时间（融资成功后）：2015 年 2 月 28 日
预期分红时间：180 天（融资成功后）
第一年预计盈利：130 000.00 元

其他计划：
融资要求：
开店融资金额：280 000.00 元
个人最低投资金额：14 000.00 元

项目方　　　　　　　　　　　　投资人
项目方出资金额：56 000.00 元　　投资人出资金额：224 000.00 元
项目方出资所占比例：20.00%　　　投资人出资比例：80.00%
店铺营业面积：50 平方米

二、选择股权众筹平台，完成用户注册

三、发布股权众筹项目

四、等待审核，根据审核结果修改完善商业计划书

众筹平台会审核企业提交的各项资料包括商业计划书等。

关于我们

山西胡兰食品有限公司创建于1997年，是一家集肉牛繁育、饲养、屠宰、加工、销售于一体的产业化经营企业，是山西省农业产业化重点龙头企业和清真食品专业生产企业。

胡兰食品总部位于山西省吕梁市，在英雄刘胡兰的家乡文水。公司一直致力于牛肉产业的建设和牛肉制品的生产研发，拥有年出栏万头肉牛的育肥基地及生鲜牛肉、冷冻牛肉、深加工牛肉制品生产基地。凭借先进的生产设备和工艺技术，以独有的技术方法，研制出一系列符合消费者口味的优质产品。产品包括各部位生鲜牛肉、酱卤牛肉、速冻牛排，以及以牛肉为主要原材料的方便餐系列、家庭休闲系列产品，现有"牧标"、"胡兰乡"两大品牌。产品市场遍及全国23个省、直辖市和自治区。

五、投资人注册会员和预约认购

六、众筹项目路演

(一) 众筹项目路演定义

众筹项目路演是指企业代表向众多投资方讲解自己的企业产品、发展规划、融资计划，并且回答投资方的提问。项目路演分成线上项目路演和线下项目路演。线上项目路演主要是通过 QQ 群、微信群，或者在线视频等互联网方式对项目进行讲解；线下项目路演主要通过活动专场对投资人进行面对面的演讲以及交流。项目路演的好处在于可以同时让多名投资人很认真地倾听你的讲解和说明，同时还可以有一个思考和交流的过程，让投资人真正读懂企业的项目，从而做出更为准确的判断。

（二）项目路演讲解的主要内容

（1）公司业务：公司名称、成立时间、注册地区、注册资本、主要股东、股份比例、主营业务、经营现状以及发展前景。

（2）管理团队与股权构成：管理者姓名、性别、年龄、籍贯、学历、毕业院校、行业从业年限、主要经历和经营业绩；股权构成。

（3）商业模式与竞争力：商业模式包括商经营模式和赢利模式；商业模式的创新点及行业壁垒。

（4）行业与市场：行业现状及发展前景，市场规模及增长趋势，行业竞争对手，公司的行业地位及竞争优势。

（5）财务现状与预测：统计公司现在的收入、毛利、净利及增长率，预测未来的收入、利润和回报率。

（6）经营风险与对策：预测项目经营中可能出现的经营风险及解决对策。

七、投资决策与项目认购

"牧标牛肉"项目公示，等待投资人认购。投资人可以根据平台提供的选项分类选择自己中意的项目进行选购。

状态	全部	融资中	预购中	预告中	已成功	已分红	已结项			
类型	全部	分红型	收益型	消费型	产品型					
行业	全部	美食	休闲娱乐	生活服务	教育培训					
排序	默认	年化收益	分红频次	分红周期	保证金	上线时间	融资金额	融资进度	关注人数	约购人数
地区	全部	北京	上海	太原	济南	青岛	潍坊	郑州	深圳	更多城市∨

八、签订投资协议

（一）股权投资协议范本

股权收益权投资协议

投资人（简称甲方）：
身份证号：

项目发起人（简称乙方）：
法定代表人：
身份证号码：
住址：
联系方式：

续表

鉴于：

项目发起人就＿＿＿＿＿＿项目（以下简称"融资项目"）通过人人投平台进行股权融资，详见融资项目概况。甲方拟投资本项目，享有融资项目投资收益。甲、乙双方友好协商，就投资、入股、行权事宜达成一致，以兹共同遵照执行：

第一条 定义

1.1 人人投股权融资平台：即北京人人投网络科技有限公司旗下运营的互联网股权投融资平台，网址：www.renrentou.com（以下简称"人人投平台""人人投"）。

1.2 项目方/项目发起人：指拥有商业项目且通过人人投平台发起股权融资的资金需求方。

1.3 投资人：通过人人投平台进行股权投资的自然人/机构。

1.4 第三方管理机构：指＿＿＿＿＿＿＿＿＿＿＿，负责对通过股权融资方式成立的企业/公司的设立及运营等事项进行监督管理。

1.5 第三方支付平台：指用于托管所融资金的第三方管理平台。

1.6 融资总额：指乙方通过人人投平台为融资项目募集到的管理、运营等资金（以下简称"项目所需资金"）及第三方管理机构因行使对该融资项目的监督职责而需支付的财务监管费和项目巡查费（以下简称"第三方管理机构监管资金"）之总资金额度。

1.7 融资成功：指在标准融资期及延期融资期（如有）届满，乙方通过人人投平台成功融到约定的融资总额，融资总额打入或冻结在第三方支付平台。

1.8 履约保证金：指乙方在融资项目融资成功后，转账至第三方管理机构银行账户内并由第三方管理机构监管的、用于确保乙方后续能如约向甲方履行收益分红义务的资金。

1.9 剩余投资金额：指甲方在融资项目存续的投资金额，即甲方的投资金额扣减已回购部分款项后的剩余金额。

1.10 第一笔放款：指融资项目融资成功一周后，人人投根据乙方书面申请及所报资料，经审核符合放款标准的，指令第三方支付平台将相应款项解冻并划转至乙方或乙方指定（关联）的第三方账户内（在第三方支付平台上开设的）。

第二条 项目概况

2.1 项目名称：＿＿＿＿＿＿＿＿＿＿＿＿＿＿＿＿；

2.2 融资总额：＿＿＿＿＿＿＿＿＿＿＿＿＿＿＿＿；

2.3 融资用途：＿＿＿＿＿＿＿＿＿＿＿＿＿＿＿＿。

第三条 甲方投资及收益

3.1 投资

3.1.1 甲方投资于融资项目，即甲方将投资金额汇至第三方支付平台，待项目融资成功后，由第三方管理机构进行资金使用监管。

3.1.2 乙方应根据本协议的相关约定，如期将投资收益、回购款项等通过乙方在第三方支付平台的托管账户划转至甲方在第三方平台的托管账户。

3.1.3 甲方投资金额：人民币＿＿＿＿万元（大写：＿＿＿＿万元）。

3.2 收益

3.2.1 固定收益

3.2.1.1 方式：第三方支付平台转账，按【月/季度/半年】分配，自第一笔放款完成之日（相应款项解冻并划转至乙方或乙方指定（关联）的第三方账户内）起计，由乙方向甲方支付。

3.2.1.2 支付时间：＿＿＿＿＿＿＿＿＿＿＿＿＿＿＿＿＿＿＿＿＿。

3.2.1.3 计算公式：固定收益＝剩余投资额×＿＿％【月/季度/半年】。

续表

3.2.2 浮动收益

3.2.2.1 方式：第三方支付平台转账，按【月/季度/半年】分配，自项目开业之日起计，由乙方向甲方支付。

3.2.2.2 支付时间：   。

3.2.2.3 计算公式：浮动收益＝营业收入【月/季度/半年】×   %×剩余投资额占比。

3.2.3 保障机制

3.2.3.1 发生以下情形时，甲方或第三方管理机构有权采取包括但不限于除名、变更项目运营主体经营方及要求乙方回购出资份额等措施维护合法权益，且不免除乙方支付投资收益的义务：

1) 为保障投资人收益，乙方需向甲方委托的第三方管理机构指定账户存入履约保证金，履约保证金金额为人民币   万元（大写：   万元）（即项目所需资金的   %）。乙方未能按照约定支付收益时，甲方委托的第三方管理机构有权从履约保证金中直接划扣，乙方应在划扣 7 日内补足，如乙方未能按期如数补足的，自应补足之日起计取滞纳金，标准为应补足金额 1%/日；

2) 乙方应勤勉尽责经营项目，如自开业之日起累计亏损数额达项目融资总额 30% 或累计亏损达 5 个月，乙方缴纳的履约保证金应提升至人民币   万元（即项目所需资金的   %），并于上述情况发生之日起 7 日内补足，乙方未能按期如数补足的，自应补足日起计取滞纳金，标准为应补足金额 1%/日。

甲方委托的第三方管理机构应在本项目回购或清算完成之日起一个自然月内无息返还履约保证金剩余部分。

3.2.3.2   (保证人) 和   (保证人) 自愿作为乙方的连带责任保证人，当乙方不能按照本协议约定履行义务时，甲方或第三方管理机构有权向保证人追偿。详见《股东协议》/《合伙协议》之附件《无限连带责任保证函》。

3.2.3.3 乙方以《资产清单》（需乙方提供）中所列全部资产对本协议中甲方收益和回购权益提供担保，当其不能实现时，甲方或第三方管理机构可对其进行处置。

3.2.3.4 乙方应将其在项目运营主体中的股东/合伙人权利质押给甲方或第三方管理机构。

3.2.4 行权

甲方委托的第三方管理机构集中行使甲方对融资项目的投资人权利。

第四条 甲方权利、义务

4.1 权利

4.1.1 甲方依据其实际投资金额享有融资项目的股权/合伙收益权。

4.1.2 转让权

4.1.2.1 在本协议有效期内，甲方有权将其股权/合伙收益权转移给其指定的第三人。

4.1.2.2 甲方应书面向第三方管理机构提出转移申请，并附甲方与第三人已签署之书面转让协议和第三人身份证明文件等资料。

4.1.3 退出权

4.1.3.1 融资项目封闭期为   年，从项目融资成功之日起计。融资项目封闭期内退出规定：

1) 甲方在项目融资成功之日起不满半年要求退出的，退还   % 的投资金额，有固定收益，无浮动收益。

2) 半年以上不满一年要求退出的，退还   % 的投资金额，有固定收益和浮动收益。

4.1.3.2 封闭期届满退出规定：甲方有权要求乙方回购，但应按如下规则分批分期进行：

(1) 封闭期届满日起算至第   个月末，累计可退出项目所需资金的   %；

(2) 封闭期届满日起算至第   个月末，累计可退出项目所需资金的   %；

(3) 封闭期届满日起算至第   个月末，累计可退出项目所需资金的   %；

续表

(4) 封闭期届满日起算至第　个月末，累计可退出项目所需资金的　%。

4.1.3.3 退出程序：甲方应提前　个工作日提出申请，乙方应于上述分期期限截止30个自然日内统一安排办理回购事宜，支付回购款项。未按期回购的，每延迟一日乙方应按应回购而未回购金额的0.3%向甲方支付滞纳金。甲方在回购期内，对剩余投资金额持续享有与封闭期内同等标准的固定及浮动收益。

4.2 义务

4.2.1 甲方应将投资金额汇至第三方支付平台账户。

4.2.2 在本协议有效期内，乙方有权对甲方的股权/合伙收益权进行强制回购，回购金额＝甲方剩余投资金额×（1＋　%）。

4.2.3 融资项目存续期（封闭期＋回购期）内，甲方应将乙方向其支付的投资收益的5%由乙方代扣后支付给第三方管理机构作为管理费。

4.2.4 甲方同意第三方管理机构为强化对融资项目的后续管理，对通过要求乙方安装财务监控软硬件设备而支出的费用、对融资项目不定期巡查而产生的费用等，在融资项目在人人投平台上线融资时作为融资总额的一部分由甲方出资并经第三方支付平台转账至第三方管理机构。

4.2.5 第三方管理机构监管资金具体种类及收费标准

4.2.5.1 财务监管费：3 000元（视频设备费＋POS设备费＋POS押金）＋1 000元/年服务费×存续期；

4.2.5.2 项目巡查费（暂不收取）：项目所需资金的1%（包含差旅费、食宿费等，原则上不超过10万元/年）。

4.2.6 甲方应依照相关法律法规规定承担其投资、收益所得涉及个人应缴税、费。

4.2.7 特别提示：甲方不得采取组建QQ、微信群，或在其他网络平台散布谣言、恶意中伤诋毁、串联、谩骂、堵门、围攻等损害项目发展和乙方、平台方及第三方管理机构名誉、利益的行为。如有上述行为，视为甲方自愿放弃所有投资收益，并对造成的所有损失承担赔偿责任。

甲方对本项目、第三方平台及其相关方的品牌起到积极宣传推广作用的，给予奖励。

第五条 乙方权利、义务

5.1 权利

5.1.1 乙方有权以其名义认购融资项目【股权/合伙份额】，登记为融资项目【股东/普通合伙人】，享有除本协议约定甲方享有权益外的【股东/普通合伙人】权利。

5.2 义务

5.2.1 未经甲方或第三方管理机构书面同意，乙方不得转委托第三方持有上述出资或行使本协议约定其享有之权益。

5.2.2 乙方承诺承担除本协议约定甲方义务外的本项目【股东/普通合伙人】应予承担之义务。

5.2.3 乙方承诺按本协议约定按期足额支付甲方投资收益和履行回购义务等，并于支付甲方投资收益和履行回购义务的同时，从相应款项中扣除5%代甲方支付给第三方管理机构作为管理费。

第六条 风险触发事件及处理

6.1 本协议所指风险触发事件包括但不限于下列情形：

1）乙方违反本协议约定义务；

2）乙方未按约定存入履约保证金，或未按约定补足履约保证金；

3）本项目经营主体已经或可能歇业、解散、清算、停业整顿、被吊销营业执照、被撤销或申请（被申请）破产；

4）本项目经营主体因违反食品安全、安全生产、环境保护及其他环境和社会风险管理相关法律法规、监管规定或行业标准而造成责任事故、重大环境和社会风险事件，已经或可能影响到其本协议义务履行的；

续表

5) 乙方弄虚作假，损害投资人权益的；
6) 可能导致甲方在本项目的投资款项收回或收益实现受到不利影响的其他情形；
7) 乙方变更项目选址。

6.2 出现上述风险触发事件时，甲方有权采取下列一项或多项措施：
1) 要求乙方限期纠正违约行为；
2) 要求乙方赔偿因其违约给甲方造成的损失；
3) 要求乙方无条件回购其投资份额，回购金额＝剩余投资金额×（1＋　　%）。

第七条　保密条款

7.1 协议双方对本协议履行过程中所接触或获知的任何商业信息均有保密义务，除非有明显的证据证明该等信息属于公知信息或者事先得到书面授权。

7.2 上述保密义务在本协议终止后仍然继续有效。任何一方因违反该等义务而给对方造成损失的，均应当向对方赔偿相应损失。

第八条　争议解决

凡因履行本协议所发生的争议，甲、乙双方应友好协商解决，协商不能解决的，任一方可向合同签订地人民法院提起诉讼。

第九条　其他事项

9.1 本协议一式叁份，协议双方各持壹份，另壹份交第三方管理机构备存，具有同等法律效力。
9.2 本协议甲、乙双方签署盖章即生效。

（以下无正文）

（本页无正文，为《股权收益权投资协议》签章页）

甲方（签字/盖章）　　　　　　　　乙方（签字/盖章）

邮箱：

电话：

收件地址：

账户信息：

签订时间：　　年　　月　　日

签订地点：北京市西城区

（二）委托管理协议（投资人—管理方）范本

委托管理协议

甲方（投资者）：

身份证号：

乙方：

住址：

鉴于：

甲方对　　　　　项目（以下简称"融资项目"）进行投资，特委托乙方代其管理在项目中的权益，享有相关权利、履行相关义务，现甲、乙双方本着平等互利原则，友好协商，就此事宜达成协议如下，以兹共同遵照执行。

续表

第一条　项目概况

名称：　　　　　　　　　　，选址：　　　　　　　　　　　　　　　　，总投资　　　万元（大写：　　万元），其中甲方出资　　万元（大写：　　　　万元），认购融资项目　　％投资份额。

第二条　委托事项

甲方委托乙方管理其在融资项目中的出资份额及相对应的权益，授权乙方代为行使出资人职责，享有股东/合伙人权利，履行股东/合伙人义务。

第三条　委托权限

甲方委托乙方行使的权利包括但不限于：

3.1　以乙方名义与项目发起人签订相关协议，成立项目运营主体；

3.2　以乙方名义在项目运营主体工商登记上具名，以出资人名义参与项目运营主体的经营活动；

3.3　参与项目运营主体的治理活动，如出席相关权利人会议并行使表决权，以出资人名义收发文书、对外签署相关法律文件；

3.4　代为收取投资收益、回购/受让款项（包括但不限于现金股息、红利或任何其他收益分配）；

3.5　以出资人名义处理与项目其他各方的关系事宜，包括纠纷处理、提起、应对仲裁、诉讼，提起、接受调解方案等；

3.6　乙方与项目发起人签订的《股东协议》/《合伙协议》等法律文件约定的其他事项。

第四条　委托管理费

4.1　委托管理费：甲方投资收益（包括固定收益【如有】和浮动收益）的5％。

4.2　支付时间：融资项目存续期（封闭期＋回购期）内，项目方应在向甲方支付投资收益的同时，将投资收益的5％由项目方代扣后支付给乙方作为管理费。

第五条　甲方的权利与义务

5.1　甲方作为项目的实际出资者，有权实际获得相应的投资收益；乙方作为受托方代甲方与项目方签订合作协议，代为行使出资人权利，履行相应的义务。甲方有权依据本协议对乙方不适当的受托行为进行监督与纠正。

5.2　在委托期限内，未经乙方书面同意，甲方不得将委托乙方代为持有的出资份额进行转让。

5.3　甲方不得无故解除对乙方的委托并要求转让相应的出资份额给甲方或甲方选定的新的受托人，除非乙方故意损害甲方利益或经乙方书面同意。

5.4　甲方所得投资收益属于个人收入，甲方应依法交纳个人所得税。

5.5　甲方同意乙方为强化对融资项目的后续管理，对通过在融资项目处安装财务监控软硬件设备而支出的费用、对融资项目不定期巡查而产生的费用等（以下简称"**监管资金**"），在融资项目在人人投平台上线融资时作为融资总额的一部分由甲方出资并经第三方支付平台转账至乙方。

5.6　监管资金具体种类及收费标准

5.6.1　财务监管费：3 000元（视频设备费＋POS设备费＋POS押金）＋1 000元/年服务费×存续期；

5.6.2　项目巡查费（暂不收取）：项目所需资金的1％（包含差旅费、食宿费等，原则上不超过10万元/年）。

第六条　乙方的权利与义务

6.1　作为受托人，乙方有权以出资人身份参与项目企业的经营管理并进行监督。

6.2　未经甲方事先书面同意，乙方不得将本协议项下的委托事项转委托给第三人。

续表

6.3 如乙方收取投资收益，应将其所收到的全部投资收益于合伙企业分配该等收益　　日内将属于甲方的收益金额分配于甲方，如乙方与项目方签订的《股东协议》/《合伙协议》约定的回购事项发生时，乙方有权作出回购的决定，且应于项目方支付全部回购款项　　日内将属于甲方的收益金额分配与甲方。

6.4 对项目方转账至乙方指定账户内的履约保证金，乙方应根据甲方与项目方签署的《股权收益权投资协议》的相关约定，切实履行监管职责。

6.5 乙方作为甲方的受托人，应当尽职尽责履行委托事务，维护甲方的利益。

第七条　风险与责任承担

7.1 甲方投资行为存在的风险和法律效果由甲方自行承担，乙方履行职务行为产生的法律效果和责任由乙方承担；

7.2 因乙方故意或重大过失给甲方造成损失的，乙方应承担相应的赔偿责任。

第八条　违约责任

8.1 为保护甲方利益，若本次投资过程中出现重大变动，如项目运营主体无法按时完成工商变更登记、无法正常开展经营，乙方在判断如上变动可能对投资者利益造成不利影响后，乙方有权通知甲方解除本协议。双方互不承担违约责任，乙方不收取委托管理费；

8.2 一方过错或重大过失给另一方造成损失的，应向对方赔偿相应损失。

第九条　委托期限

自本协议生效之日起至乙方与项目发起人签订的《股东协议》/《合伙协议》有效期满或甲方退出投资时终止。

第十条　特别提示

甲方不得采取组建QQ、微信群，或在其他网络平台散布谣言、恶意中伤诋毁、串联、谩骂、堵门、围攻等损害项目发展和乙方、平台方名誉、利益的行为。如有上述行为，视为甲方自愿放弃所有投资收益，并对造成的所有损失承担赔偿责任。

甲方对乙方、平台及其相关方品牌起到积极宣传推广作用的，给予奖励。

第十一条　保密条款

11.1 协议双方对本协议内容及履行过程中所接触或获知的对方的任何商业信息或个人信息均有保密义务，除非有明显的证据证明该等信息属于公知信息或者事先得到对方的书面授权。该等保密义务在本协议终止后仍然继续有效。任何一方因违反该等义务而给对方造成损失的，均应当向对方赔偿相应损失。

第十二条　争议的解决

12.1 本协议及相关法律关系，由中华人民共和国的有关法律来解释，并受其管辖。

12.2 因本协议委托事宜引发、形成或与之相关的任何争议，双方应以友好协商解决；协商不成，提交乙方所在地人民法院诉讼解决。

第十三条　其他事项

13.1 本协议一式叁份，甲方壹份，乙方贰份，具有同等法律效力。本协议未尽事宜，应经协议双方协商一致并签署补充协议，补充协议与本协议具有同等法律效力。

13.2 本协议自甲、乙双方签字盖章后生效。

（本页无正文，为《委托管理协议》签章页）

甲方（签字）：　　　　　　　　　　乙方（签字/盖章）：

年　　月　　日　　　　　　　　　年　　月　　日

九、项目分红查询及投资收益率测算

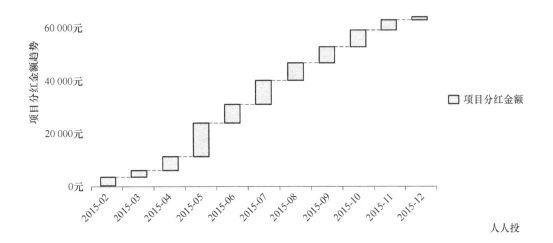

人人投

立体化阅读

中国众筹的十个经典案例

项目小结

本项目介绍了众筹的内涵、发展和模式,从法律关系和回报内容的角度将众筹分为股权众筹和非股权众筹并分别给出了定义,讨论了众筹的进一步分类,分析了股权众筹与非股权众筹的特征、运营模式及投资风险,并通过典型案例详细介绍了股权众筹投融资的操作流程。股权众筹在促进实体经济的发展、社会就业及全民创新创业方面具有显著作用,同时也面临非法集资、代持股、非标注化、欺诈和法律及监管机制不完善等方面的风险。

课后思考题

1. 众筹的特点包括（　　）。
   A. 门槛高　　　　　　　　　　B. 多样性
   C. 高效率　　　　　　　　　　D. 低成本
2. 众筹融资的过程一般由以下（　　）主体共同协作完成。
   A. 融资者　　　　　　　　　　B. 监管机构
   C. 众筹平台　　　　　　　　　D. 投资者
3. 简述股权众筹投资流程。
4. 简述股权众筹融资流程。
5. 众筹和非法集资有什么区别？如何鉴别？

项目四

大数据金融

项目介绍

本项目介绍了大数据金融的内涵与特点、大数据与金融融合的优势,以及大数据金融运营模式和风险分析等原理知识内容,要求学生熟悉和了解大数据金融的概况以及市场中现有的典型平台和产品,并能够进行平台与产品的实际操作训练,掌握其判断识别、运营规则、操作流程及方法技巧。

知识目标

1. 了解大数据与金融结合的优势;
2. 掌握大数据金融的内涵与特点;
3. 掌握大数据金融的运营模式和风险防控。

技能目标

1. 具备分析大数据金融平台和产品的能力;
2. 掌握使用相关平台的实际操作运用能力。

案例导入

Wecash 闪银

Wecash 闪银作为国内第一家互联网信用评估公司,自 2014 年成立以来,便以新颖的业务模式获得了国内外的广泛关注。2014 年度,毕马威澳大利亚和澳洲金融服务委员会(FSC)联合发布的首届"全球新金融科技 50 强"名单中,Wecash 闪银位居第 32 名,是上榜机构中唯一一家中国公司,标志着中国的金融科技公司进入了全球视野。2015 年"Fintech 100"中,Wecash 闪银依然榜上有名。

截至 2016 年 3 月,Wecash 闪银已拥有 4 000 万激活用户,覆盖了大部分线上用户群体,由此产生了海量数据库信息积累,Wecash闪银通过用户对教育信息、金融数据、社交网络、运营商、电商数据和合作机构数据的授权,获得百万级带标记实名样本、千万级非标记实名样本、亿级匿名样本、千万级黑名单数据、亿级电话号码数据。同时,Wecash闪银采用4 000多种风控维度的机器学习模型和2 000多种专家规则系统,实现极速自动评估,并且通过自动化的监控,实现分析模型每月的迭代更新,是当前大数据信用评估领域的典型应用。在世界银行征信业国际委员会的工作会议上,与会者将Wecash闪银称为"闪银模式",给予了高度评价。

2016年,互联网金融正式进入监管年,在行业准入门槛进一步提高的同时,现有互联网金融平台的业务梳理也是重中之重。闪银作为大数据征信服务机构,连接出资方和借款人,运用大数据征信方式,自身坏账始终保持在极低水平,同时以其"3分钟授信、极速提现"的业务模式,更加快捷便利地满足大众资金需求,是真正能够可持续运作的普惠金融产品。(资料来源:东北新闻网,2016-03-25)

> 【自主思考】
> 大数据金融的发展给你的生活带来了哪些变化?

任务一 大数据金融概况

中国金融业历经了10多年的高速发展,已步入了转型时期,经营模式将从"以产品为中心"向"以客户为中心"转变,管理模式将从"粗放型"向"精细型"转变。为了能够更加迅速、全面、准确地了解与掌握客户需求,传统的"经验依靠型"必须向更为精细、可靠的"数据依靠型"转变。大数据时代的到来,使得这一进程得以实现,大数据金融也将对传统金融业产生深远的颠覆性影响。

任务描述

学生对大数据金融的含义、特点以及大数据与金融结合的模式等相关知识进行学习和理解。

任务分析

进行相关知识的讲解学习和课堂互动。教师运用多媒体对大数据金融的含义、特点及大数据与金融结合的模式等相关知识进行讲解,学生听课、讨论和思考。

相关知识

一、大数据金融的含义

大数据金融,是指利用大数据开展的业务,即对海量数据,经过互联网、云计算等信息化的处理方式,对客户的消费数据进行实时分析,为金融机构提供客户的全方位信息,通过分析和挖掘交易及消费信息掌握客户的消费习惯,并准确预测客户行为,提高金融服务平台效率和降低信贷风险。

广义的大数据金融是包括整个互联网金融在内的所有需要依靠挖掘和处理海量信息的线上金融服务。也就是说，不管是P2P还是众筹等互联网金融行为，其核心都是大数据金融。狭义的大数据金融指的是依靠对商家和企业在网络上的历史数据的分析，对其进行线上资金融通和信用评估的行为。

无论是广义还是狭义的定义，大数据金融的核心内容都是对商家和客户的海量数据进行收集、存储、挖掘和整理归纳，使互联网金融机构得到客户的全方位信息，掌握客户的消费习惯并准确预测客户行为。

二、大数据金融的特点

大数据金融正从金融交易形式和金融体系结构两个层面改造金融业，其优势具体体现在以下五个方面。

（一）成本低廉、产品实用

由于这种资金融通以大数据、云计算为基础，是以自动计算为主，而不是以人工审批为主，成本低廉，不仅可以针对小微企业提供金融服务，而且可以根据企业生产周期灵活决定贷款期限。同时，大数据金融的边际成本低、效益好，也必将促使更符合市场需求的产品出现，产品更能得到消费者的认同。

（二）放贷快捷、服务个性

大数据金融建立在长期大量的信用及资金流的大数据基础之上，这有利于运用大数据金融的企业快速计算得出信用评分；通过网上支付方式，实时根据贷款需要及信用评分等大数据来放出贷款。更重要的是，大数据金融可针对每家企业的个性化融资要求，做出不同的金融服务且快速、准确、高效。

（三）科学决策、数据化管理

建立在大数据金融基础上的决策更科学，能有效降低不良贷款率。大数据金融能够解决信用分配、风险评估、实施授权，甚至是识别欺诈问题。同时，基于数据挖掘的客户识别和分类将成为风险管理的主要手段，实时动态的监测而不是回顾式的评价将成为风险管理的常态内容。

（四）网络化展示、降低信息不对称

大量的金融产品和金融服务通过特定的网络渠道展示在公众面前，这对金融实体营业点的冲击不容小觑。开放平台上的金融服务、金融产品的消费者和提供者之间的信息不对称程度将会大大降低，某些金融产品或金融服务的用户反馈和支持评价也会实时地展现在消费者面前。

（五）金融创新监管困难

大数据带给金融的创新之一是高频交易，它占据了交易的很大一部分。但高频交易也可能会引发大量抛售，如2010年5月的"闪电暴跌"，令道琼斯工业平均指数突然大跌。此外，大数据中的一个数据出错也可能导致"无厘头暴跌"，2013年4月23日美联社的推特账号发出美国总统奥巴马遭遇恐怖袭击的虚假消息，结果导致股市暴跌。

三、大数据与金融结合的模式

大数据的技术优势以及大数据与金融的天生适应性，使未来金融依赖大数据技术成为必然。大数据与金融结合，主要有五种模式：

（一）以垂直搜索为核心的互联网金融服务平台模式

依托大数据技术，聚集产业链上下游企业，构建产业联盟平台，汇聚多种金融服务与金融产品，向用户提供垂直搜索功能，用户通过对比进行挑选，互联网金融平台为用户提供全面的行业信息、精准的金融产品，为互联网金融机构提供智能化的金融产品销售服务，从而深度挖掘和满足用户的个性化需求，解决交易过程中的信息不对称问题，实现资金供需双方信息交流、业务对接和利益共赢。

（二）互联网金融 C2B 模式

客户对商家（C2B）模式强调客户的主导性并以客户为中心，其核心是通过聚合分散分布的数量庞大的用户形成一个强大的采购集团，以此来改变商家对客户（B2C）模式中用户"一对一出价"的弱势地位，使单个用户能够以大批发商的价格购买单个商品，有效降低购买成本。

（三）民营互联网银行模式

互联网银行依托移动互联端，其资本来源于民间，向小微企业和个人提供普惠金融服务，互联网银行利用网络平台和中介优势扩张其业务领域，运用已有的庞大客户群体和成熟的产业链发展供应链金融，利用大数据技术分析社交媒体等构建风控体系，与传统银行展开差异化竞争，在服务流程、服务质量上凸显自身优势。

（四）基于线下担保、数据开放的 P2B 模式

P2B 网贷的风险控制能力差、监管不到位，频现信用链条崩溃、"跑路"等现象。发展基于线下担保、数据开放的个人对企业的 P2B 模式，针对小微企业提供融资服务，借贷方由担保机构提供担保，可在一定程度上保障投资人的权益。P2B 模式在经营活动中涉及个人投资者、借贷企业、P2B 网贷平台、第三方资金托管及担保机构。P2B 平台主要为有理财需求的个人投资者和有借贷需求的小微企业搭建桥梁。

（五）构建商业银行"四位一体"的商业服务模式

在大数据和云计算环境下，传统商业银行必须进行战略转型，构建智慧银行、移动金融、电商金融、在线融资"四位一体"的商业服务新模式，推动传统商业银行的互联网金融创新。

大数据与金融结合的模式，使得大数据金融的优势得以发挥。拥有大量用户行为数据的公司，都在通过整合自己掌握的数据，力图突破传统金融行业的势力范围。互联网的迅速发展不仅极大地扩展了企业拥有的数据量，也使得企业能够贴近客户，了解客户要求，实现非标准化的精准服务，增大客户黏性；企业通过自己的征信系统，实现信用管理的创新，有效降低坏账率，扩大服务范围，增加对小微企业的融资比例，降低了运营成本和服务成本，可以实现规模经济。以下通过一个案例来说明大数据金融的优势。

延伸阅读

随着国内网购市场的迅速发展，淘宝网等众多网购网站的市场争夺战也进入白热化状态，网络购物网站也开始推出越来越多的特色产品和服务。

以余额宝为代表的互联网金融产品在 2013 年刮起一股旋风，截至目前，规模已超 6 000 亿元，用户近 1.5 亿。相比普通的货币基金，余额宝鲜明的特色当属大数据。以基金的申购、赎回预测为例，基于淘宝和支付宝的数据平台，可以及时把握申购、赎回变动信息。另外，利用历史数据的积累可把握客户的行为规律。

淘宝信用贷款是阿里金融旗下专门针对淘宝卖家进行金融支持的贷款产品。淘宝平台以卖家在淘宝网上的网络行为数据做一个综合的授信评分，卖家纯凭信用拿贷款，无抵押物，不需要担保人。由于其非常吻合中小卖家的资金需求，且重视信用，无担保、抵押的门槛，加之其申请流程非常便捷，仅需要线上申请，几分钟内就能获贷，被不少卖家称为"史上最轻松的贷款"，也成为淘宝网上众多卖家进行资金周转的重要手段。

淘宝网的阿里小贷更是得益于大数据，它依托阿里巴巴（B2B）、淘宝、支付宝等平台数据，不仅可有效识别和分散风险，提供更有针对性、多样化的服务，而且批量化、流水化的作业使得交易成本大幅下降。

每天海量的交易和数据在阿里平台上运转，阿里通过对商户最近 100 天的数据进行分析，就能知道哪些商户可能存在资金问题，此时的阿里贷款平台就有可能出马，与潜在的贷款对象进行沟通。

（资料来源：http://bbs.pinggu.org/jg/shuju_ shujuziyuan_ 4474706_ 1.html）

案例解析：正如淘宝信用贷款所体现的那样，这种新型微贷技术不依赖抵押、担保，而是看重企业的信用，同时通过数据的运算来评核企业的信用，这不仅降低了申请贷款的门槛，也极大地简化了申请贷款的流程，使其有了完全在互联网上作业的可能性。

【自主思考】
1. 结合实际，谈谈大数据金融的内涵和特点。
2. 通过大数据与金融结合的模式，谈谈对大数据金融未来发展的看法。

任务二　大数据金融的运营模式

根据企业处于大数据金融服务中的环节及价值的差异，可将大数据金融分为平台金融和供应链金融、大数据征信三大模式。在平台金融模式中，平台企业对其长期以来累积的大数据通过互联网、云计算等信息化方式进行专业化的挖掘和分析，通过研究并与传统金融服务相结合，创新性地为平台服务企业开展相关资金融通工作。在供应链金融模式中，核心龙头企业依托自身的产业优势地位，通过其对上下游企业现金流、合同订单等信息的掌控，依托自己的资金平台或合作金融机构为上下游企业提供金融服务。

任务描述

学生对大数据金融运营模式的相关理论知识进行学习和理解。

任务分析

进行相关知识的讲解学习和课堂互动。教师运用多媒体对大数据金融运营模式的相关知识进行讲解，学生听课、讨论和思考。

相关知识

一、平台金融模式

平台金融模式是指企业利用互联网电子商务平台，凝聚资金流、物流、信息流，通过互联网平台多年运营所积累的大量数据，向平台上的商户或个人提供金融服务的方式。其中重要的一项是，平台金融模式通过云计算对用户交易行为和交易信息进行实时分析处理，从而形成用户在该电商平台上的信用积累，并以此为依据来提供信用贷款或其他金融服务，这与传统金融依靠抵押或担保的模式不同，具有更高的可靠性和效率。

在采用平台模式的企业平台上聚集了大大小小的商户，企业凭借平台多年的交易数据积累，利用互联网技术，借助于平台向企业或个人提供快速便捷的金融服务。平台模式的优势在于，它建立在庞大的数据流量系统的基础上，对申请金融服务的企业或个人情况十分熟悉，相当于拥有一个相近的征信系统数据库，能够在很大程度上解决风险控制的问题，降低企业的坏账率；依托于企业的交易系统，具有稳定、持续的客户源，平台模式有效解决了信息不对称的问题，在高效的 IT 系统上，将贷款流程流水线化。平台模式的特点在于，企业以交易数据为基础对客户的资金状况进行分析，贷款客户多为个人以及难以从银行得到贷款支持的小微企业，贷款不需要抵押和担保，能够快速发放贷款，多为短期贷款。同时，这也使平台模式具有寡头经济的特点，平台模式中的企业必须在前期进行长时间的交易数据的积累，在交易数据的积累过程中完善交易设备和电子设备，以及进行数据分析所需的基础设施积累和人才积累。

作为"中小企业金融服务商"的华夏银行，积极推进互联网和金融深入融合，在同业首创平台金融业务模式。2012 年，华夏银行与 114 个平台客户对接，服务平台体系内小企业近 2 000 家，实现了平台金融从理念到实践探索的飞跃。2012 年，激烈的电商大战给人留下深刻印象，"双 11""双 12"，这些"人造节日"吸引无数网民竞相"秒杀"，不断刷新的交易记录昭示着一个全新的时代来临。目前，市场上已经形成了两类交易平台：一类是以第三方为主体，例如第三方支付平台、电商平台等；另一类是以生产制造商自身为主体，如企业 ERP 等销售管理平台、产品交易平台、缴费管理平台（水、电、话费）等。

平台经济对于本身就具有一定 IT 属性的银行业而言，无疑是挑战与机遇并存的双刃剑。目前，银行业已经开始寻求与电子商务模式的契合点，尝试"触电"。不同于现有的银行做电商，华夏银行将电子商务作为平台模式之一，立足更为广阔的平台经济，推出平台金融业务模式，借助于互联网技术最大限度地发挥银行传统优势和平台经济高效、便捷、覆盖广等优势，为客户提供更全面、更优质的金融服务。

华夏银行小企业服务团队潜心三年自主研发出资金支付管理系统（CPM），该系统集信用中介、支付中介、信用创造、金融服务四大银行基础职能于一身，具有在线融资、现金管理、跨行支付、资金结算、资金监管五大功能。资金支付管理系统通过对接供应链核心企业、大宗商品（要素市场）和市场商圈管理方等平台客户的财务或销售管理系统，整合资金流、信息流和物流，将金融服务嵌入企业日常经营全过程，实现企业经营信息、交易信息、结算资金、信贷资金的整合与交互，这就是平台金融服务模式。

> **延伸阅读**
>
> ### 阿里小贷模式
>
> 当大数据开启一个时代时，拥有海量交易数据的阿里巴巴，已经认识到这是一座富矿，并开始摸着石头过河。阿里巴巴最初成立小贷公司可追溯到 2010 年，如今主要通过阿里巴巴、淘宝（含天猫）和速卖通三个平台开展信用贷款。目前阿里小贷和淘宝贷款是纯信用贷款，不需要任何抵押或担保，授信完全是靠大数据自动审批。
>
> 阿里小贷利用其阿里巴巴、淘宝、支付宝等电子商务平台上积累的客户信用数据及行为数据，引入网络数据模型和在线资信调查模式，将客户在电子商务网络平台上的行为数据映射为企业和个人的信用评价。其中，小微企业大量数据的运算依赖互联网云计算技术，判断买家和卖家之间是否有关联、是否炒作信用、风险概率的大小、交易集中度等，从而把握贷款的安全性。
>
> 阿里风控使用的模型多达几百种，包括防欺诈、市场分析、信用体系、创新研究等多种用途。这里介绍两个风控使用的探索类模型，即滴灌模型和水文模型。
>
> 滴灌模型基于卖家成长概率模型和卖家生存概率模型，通过这两个模型的结果交叉对比，对每家店铺作出一个长期生存和短期发展的综合评价。水文模型是阿里小贷从 2012 年开始使用的风控模型，通过预判店铺未来经营情况来对客户的资金需求进行判断。
>
> （资料来源：https://loan.mybank.cn/）

二、供应链金融模式

供应链金融模式是指供应链中的核心企业利用其所持产业链的上下游资源优势，充分整合供应链资源和客户资源而为整个供应链上的其他各个参与方提供融资渠道的金融模式。

供应链金融模式的本质是信用导向的金融创新使不流动的资产流动起来，并可以用它来支付新的贷款，达到增加中小企业贷款的目的。供应链金融的发展伴随着供应链管理重心的变化以及信息技术的发展。供应链管理重心的延伸，使人们从关注物流到关注财务层面，从关注货物本身到关注货物的财务属性变化对资金流的影响，而其与信息技术的融合，最明显的表现就是从传统的线下操作转为线上操作、与 B2B 平台和 ERP 系统的整合、与银行的数据交换以及大数据技术的应用。

以京东为代表的供应链金融模式是以电商或行业龙头企业为主导的模式，是在海量的交易数据基础上，作为核心企业，或以信息提供方的身份，或以担保的方式，通过和银行等机构合作，对产业链条中的上下游进行融资的模式。在此合作模式中，京东等龙头企业起到的是对信息进行确认、审核、担保或提供信息的作用，并没有从实质上对用户提供资金的融通，这一职责仍旧由银行或别的资金供给方担任。

供应链金融的具体产品，包括第三方金融机构对供应商的信贷产品和对购买商的信贷产品。供应链金融作为一种创新产品，有极大的社会经济价值，一方面，可以满足企业的短期资金需要，促进整条产业链的协调发展；另一方面，通过引入核心企业能够对资金需求企业以及产业链进行风险评估,可以扩大市场服务范围。

21世纪电子商务的崛起使传统的供应链金融能够依托互联网的新平台得到新的发展,解决之前发展中存在的包括供求关系预测不确定性、上下游企业合作协调能力差、动态供应链变化难以得到实体体现等问题,使上下游资源能够真正整合,有效地降低沟通协调成本,加快资金融通使用效率。表2-7为供应链金融与传统融资方式的对比。

表2-7 供应链金融与传统融资方式对比

对比项目	供应链金融	传统融资方式
授信主体	单个或多个企业群体	单个企业
评级方式	主体评级或债项评级	主体评级
评级范围	企业及整个供应链	企业本身
授信条件	创新的数据信用	固定资产抵押、有效第三方担保人
银行参与	动态跟踪企业经营过程	静态关注企业本身
银行承担风险	较小	较大
服务品种	品种多样	品种较少
服务效率	及时解决企业短期资金周转	手续烦琐、效率低下
服务内容	为单个企业或供应链提供持续的信贷支持	解决单个企业一时的融资需求

延伸阅读 **京东供应链金融:"秒级"融资背后的大数据武器**

对许多电商企业来说,供应链金融或许还是新鲜事,但对京东来说却不一样。"一分钱难倒大网店"的事情并非孤例。向工厂下单需要定金,日常运营需要费用,遇到像"双11"这样的大型促销活动,商家更要提前大量备货,靠自己的营运资金短期内根本不够应对。京东为了缓解自身平台上电商企业的这一困境,早在2012年就开始做供应链金融业务。

"京保贝1.0"

2012年年底,京东开始做供应链金融服务,当时的做法与很多有应收账款的企业一样,主要是和银行合作。具体来说,就是京东把供应商的应收账款按单笔的融资推给银行,但这种做法效率比较低,一般需要2~5天才能放款,而且事后也比较难监管,整个操作过程的局限性很大。2013年7月,在整理和分析整个京东平台数据后,京东发现,其实可以通过数据整合的方式,把一些金融风控点放到数据层面,这样就可以利用数据系统自动地去判断风险,因此京东就把这些数据集成了一个庞大的数据池。同时,也把应收账款的各种进项和负项放进去,这样就形成了京东供应链金融最初的授信和风险管理系统。供应商通过这个系统就会自动生成一个授信额度,只要在这个额度内,申请任何一笔融资,京东都可以以"秒级"速度放贷,而且是动态调整的,这就是京东最初的"京保贝1.0"时代。

"京小贷"

2014年10月28日,京东第二条产品线上线,这就是"京小贷"。"京小贷"是一款强调以信用为基础的金融产品,利用大数据实现自动授信和准入,并有多个数据模型控制贷款流程及贷后监控,具有操作简便、无须抵押、自主利率、循环额度、1分钟融资到位、全线上审批、随借随还等优势。根据大数据信用基础,京东就可以对线上供应商提供无抵押、额度最高达 200 万元的小额信贷。商家通过商家账户登录京东金融平台，即可在线查看贷款资格并申请贷款，成功贷款后，资金将会即时到商家所绑定的网银钱包账户，并与商户在京东的支付、结算等流程无缝连接。正是基于京东商城对商家的准入门槛较高、对销售正品行货的监管严格而积累的一大批诚信经营商家，"京小贷"设计了线上自主申请、系统自动审批的贷款流程，并支持最长 12 个月的贷款期限。平台商家的贷款年化利率为 14% ~ 24%，低于同业水平。

在风控上，"京小贷"其实还是延续了原来的"京保贝"的一些理念，而且是业内不多的基于交易数据的风控技术之一。基于京东高质量的大数据优势，"京小贷"在风控体系上创新出了"天平模型""浮标模型"等用于商家评价和风控的辅助手段。融资需求方只要轻点鼠标申请此项业务，自动化风控系统就高效运转，两秒钟之后就可以计算出这一贷款申请是否可以放款，客户体验相当好。

（资料来源：http://jr.jd.com/? from = jrad_ 1830098&loc = 2）

案例解析：可以看出，"京保贝""京小贷"这两项京东金融产品，都是在京东大数据、实时数据基础上，通过京东金融团队强大的数据分析能力探索出来的。这两项金融产品，就是为服务京东生态体系而开发的，加速了京东的整个生态体系的高效运转，为京东生态圈做出了巨大贡献。首先，"京保贝"解决了供应商快速回款的问题，这样对京东体系来说，减少了对供应商的资金占有额。

三、大数据征信模式

（一）大数据征信的概念

传统征信是由专业机构通过固定的模型定向采集财务和金融交易信息并对信息进行加工、处理、报告的专业化信用管理服务。传统征信兴起于国外，在美国以 1933 年成立的邓白氏公司为代表，在我国主要是以中国人民银行征信系统为代表，是目前我国乃至全球范围内普遍存在的征信业态。我国征信机构的设立和征信业务的开展受《征信业管理条例》的约束，并且需要申请相应的牌照。

大数据征信是指通过对海量的、多样化的、实时的、有价值的数据进行采集、整理、分析和挖掘，并运用大数据技术重新设计征信评价模型算法，多维度刻画信用主体的"画像"，向信息使用者呈现信用主体的违约率和信用状况。

大数据征信活动在《征信业管理条例》所界定的征信业务范围内，其本质仍是对信用主体信息的收集、整理、保存、加工和公布，但与传统征信相比，突出了大数据技术在征信活动中的应用，强调数据量大、刻画维度广、信用状况动态交互等特点，可作为征信体系的补充。

（二）大数据征信的创新特点

和传统征信相比，大数据征信似乎只是数据的获取渠道不同，前者主要来自互联网，后者主要来自传统线下渠道，但是二者存在较大的差异。大数据征信创新主要表现在覆盖人群广泛、信息维度多元、应用场景丰富及信用评估全面四个方面，由此带来征信成本的降低和征信效率的提高。

首先，覆盖人群广泛。传统征信主要覆盖在持牌金融机构有信用记录的人群。大数据征信通过大数据技术捕获传统征信没有覆盖的人群，利用互联网留痕协助对信用的判断，满足P2P 网络借贷、第三方支付及互联网保险等互联网金融新业态身份识别、反欺诈、信用评估等多方面的征信需求。

其次,信息维度多元。在互联网时代,大数据征信的信息数据来源更广泛,种类更多样。大数据征信数据不再局限于金融机构、政府机构以及电信提供的个人基本信息、账单信息、信贷记录、逾期记录等,还引入互联网行为轨迹记录、社交和客户评价等数据。这些数据在一定程度上可以反映信息主体的行为习惯、消费偏好以及社会关系,有利于全面评估信息主体的信用风险。

再次,应用场景丰富。大数据征信将不再单纯地用于经济金融活动,还可将应用场景从经济金融领域扩大到日常生活的方方面面,如租房租车、预订酒店、签证、婚恋、求职、保险办理等各种需要信用履约的生活场景,在市场营销支持、反欺诈、贷后风险监测与预警和账款催收等方面具有良好的应用表现。

最后,信用评估全面。大数据征信的信用评估模型关注信用主体历史信息的深度挖掘,注重信用主体实时、动态、交互的信息,以信用主体行为轨迹的研究为基础,可以精准预测其履约意愿、履约能力和履约稳定性。此外,大数据征信运用大数据技术,在综合传统建模技术的基础上采用机器学习建模技术,从多个评估维度评价信用主体的信用状况。

(三) 大数据征信存在的问题

大数据征信借助于大数据技术能够更全面地了解授信对象,减少信息不对称,增加反欺诈能力,同时更精准地进行风险定价,从数据维度和分析角度提升传统征信水平,可以让征信更加科学严谨,是一个必要的补充。但从数据范畴和内涵的效用性、征信机构独立性及隐私保护等方面看,大数据征信仍存在诸多问题,需加以重视。

第一,数据范畴和内涵突破"金融属性",效用性尚待验证。传统征信的数据主要来源于金融机构和公共部门构成的数据循环,以银行信贷信息为核心,包括社保、公积金、环保、欠税、民事裁决与执行等公共信息,数据相对完整且权威性高。大数据征信采集数据的范畴突破"金融属性",数据主要来源于电商类平台、社交类平台以及生活服务类平台等,涵盖网上交易数据、社交数据及互联网服务过程中生成的行为数据,这些数据多与借贷行为关系不大,权威性较弱,且各平台的数据完整性各有不同,因而能否作为判断信用主体信用状况的主要指标,尚待市场验证。

第二,数据采集和使用未遵循"独立第三方"的征信基本原则。传统征信坚持"独立第三方"征信原则,征信机构是"市场中立"的——既不与信息提供者也不与信息使用者有直接的商业竞争关系,既不介入或影响信息提供者也不介入或影响信息使用者在各自细分市场的竞争。而大数据征信突破了"独立第三方"的边界,征信机构数据的采集和使用多源于并应用于自身开展的业务,这样征信报告的有效性得不到保障,公信力备受质疑。而且如果信息提供者或信息使用者控制征信机构,也很难约束其不滥用征信数据,或者损害个人征信权益。另外,征信机构无形当中会获取一定的市场影响力,可能扭曲信息提供者和信息使用者的行为,并对收费有操控力。因此,大数据征信的发展应坚持"独立第三方"的征信基本原则,保持"市场中立"。

第三,隐私保护形势日趋严峻。大数据时代,数据挖掘和抓取技术被广泛应用,信用主体全方位信息数据得以被全盘收录,海量信息数据的收集给信用主体的隐私保护带来巨大挑战,隐私保护变得更加困难。比如用于特定场合的信息数据被用于其他商业用途,不同机构之间信息数据的交叉验证,使隐私侵犯的风险大大增加。

（四）我国的大数据征信

从1992—2006年，在央行的主导下，我国逐渐建立起了全国统一的企业和个人征信系统。它基本覆盖了所有征信机构及每一个有信用活动的企业和个人。目前，这个征信系统已经成为我国重要的金融基础设施。2013年，国务院发布了《征信业管理条例》（以下简称《条例》），为中国征信业的发展奠定了法治的基础。《条例》对从事个人征信业务的征信机构和企业征信业务的机构规定了不同的设立条件，前者采用审批制，后者采用备案制。

央行个人征信中心在数据的覆盖面上也有不足之处。目前个人征信中心的数据主要是房贷数据，对于那些没有贷款记录的人，征信中心并没有数据，从这个角度上说，很多互联网征信机构都将自己定位为央行征信中心的有益补充。新技术给了新兴民营征信机构新的发展契机。目前，大数据和云计算已被广泛应用在包括征信在内的各个金融领域，这有望给征信业带来新的变化。从更大的背景来看，一个以数据驱动经济的时代正在悄然到来。未来，各家征信机构的数据来源都将更加丰富，特别是一些线下采集的、来自政府等机构的数据将陆续接入。

数据之上还要有算法。面对如此庞大的数据，如果没有算法，数据就可能是废料。对于征信机构来说，传统和主流的算法是逻辑回归，而前沿的方法则包括决策树、随机森林、神经网络等。运行算法要有强大的数据处理和计算能力作为保证。很多的数据交叉比对，就是靠机器和数据跑出来的。比如，要考察一个有家庭责任感，同时又有爱心经常进行捐助的人的信用水平，就要靠这两个因子进行组合验证运算，而在更多的情况下，变量不止两两组合，这就要求更复杂的运算。但征信的过程还不止于此。对于众多的大数据征信机构来说，在此基础上，还要经历一个与各个合作伙伴一起的数据共创，只有这样，才能更好地运用数据，并从数据中获得知识、寻找行业规律。

一般来说，目前我国的征信系统数据主要以各种金融机构和公共机构的数据为判断。而大数据征信是什么呢？与阿里小贷和京东金融作为放贷机构运用内部大数据信息进行风险管理不同的是，大数据金融征信机构之"征信"，是为放贷机构的风险管理提供外部信息支持的活动，包括来自征信系统的通用化征信报告和来自资信调查机构的定制化资信调查报告两大类。技术的加速发展，使得征信从原放贷机构之间信息报送和共享的范畴中跳了出来，一跃而至五彩斑斓的生活场景。在当今中国市场，即将发放的个人征信牌照，加速了这个趋势的到来。有互联网公司背景的征信机构更是将大数据征信作为抓手，希望利用电商、社交、金融交易等广泛的数据来源，开启大数据征信的崭新时代。

大数据金融征信系统以放贷人之间的信息共享机制，为放贷人提供了仅以自身永远无法获得的信息，服务放贷活动和信贷市场。征信系统一般坚持两大原则：一是互惠原则，只有首先报数据才能查数据；二是全面共享原则，同质信息的共享是全面对等的。

2015年1月5日，央行下发了《关于做好个人征信业务准备工作的通知》，芝麻信用管理有限公司（芝麻信用）、腾讯征信有限公司（腾讯征信）、深圳前海征信中心股份有限公司（前海征信）、鹏元征信有限公司（鹏元征信）、中诚信征信有限公司（中诚信征信）、中智诚征信有限公司（中智诚征信）、拉卡拉信用管理有限公司（考拉征信）、北京华道征信有限公司（华道征信）八家民营征信机构成为首批获得央行个人征信发牌准备的机构。在这八家中，芝麻信用、腾讯征信、考拉征信、前海征信定位于"互联网+大数据"的征信公司；中诚信征信和鹏元征信的大股东是以企业信用评级业务起家，这两家主要面向机构提供服务;中智诚征信和华道征信则以反欺诈业务见长。其中,最受市场关注的无疑是芝麻信用和腾讯征信两家。

腾讯征信是首批经中国人民银行批准开展征信业务的机构之一,专注于身份识别、反欺诈、信用评估服务,帮助企业控制风险、远离欺诈、挖掘客户,切实推动普惠金融的发展。腾讯信用评分及报告则来自腾讯社交大数据优势,全面覆盖腾讯生态圈8亿活跃用户,通过先进的大数据分析技术,准确量化信用风险,有效提供预测准确、性能稳定的信用评分体系及评估报告。个人用户不但可以通过该体系查询个人信用报告,还可提高和完善自身信用,形成良性循环;对于银行等商业机构,该信用评分体系可以与自有体系形成交叉比对,帮助机构更准确地对用户个人信用作出判别,挖掘更多价值用户。通过多家金融机构实用验证证明,腾讯信用评分体系预测效果适用于银行且评分性能稳定。

延伸阅读

芝麻信用

芝麻信用是蚂蚁金服旗下独立的第三方征信机构,其通过云计算、机器学习等技术客观呈现个人的信用状况,已经在信用卡、消费金融、融资租赁、酒店住宿、租房、出行、婚恋、分类信息、学生服务、公共事业服务等上百个场景为用户、商户提供信用服务。

芝麻信用是依据方方面面的数据设计的信用体系,它推出了中国公民个人首个信用评分"芝麻信用分"。芝麻信用分是芝麻信用对海量信息数据的综合处理和评估,主要包含用户信用历史、行为偏好、履约能力、身份特质、人脉关系五个维度,分值范围350~950。持续的数据跟踪表明,芝麻信用分越高代表信用水平越高,在金融借贷、生活服务等场景中都表现出了越低的违约概率,较高的芝麻信用分可帮助个人获得更高效、更优质的服务(见表2-8)。

表2-8 芝麻信用分的用途

芝麻信用分	有机会做的事				
高于600分且无不良记录	免押金租用永安城市自行车	阿里旅行多家酒店享受信用住宿	阿里旅行深圳华侨城先旅游后付费	公寓租房减免押金	享受花呗额度
高于650分且无不良记录	神州租车、一嗨租车免押金租车	用来分期申请线上极速贷款			
高于700分且无不良记录	方便申请新加坡签证				

芝麻信用基于阿里巴巴的电商交易数据和蚂蚁金服的互联网金融数据,并与公安网等公共机构以及合作伙伴进行数据合作,与传统征信数据不同,芝麻信用数据涵盖了信用卡还款,网购、转账、理财、水、电、天然气缴费、租房信息、住址搬迁历史、社交关系等。通过分析大量的网络交易及行为数据,可对用户进行信用评估,这些信用评估可以帮助互联网金融机构对用户的还款意愿及还款能力作出结论,继而为用户提供快速授信及现金分期服务。

不管是机构还是个人,要查看芝麻信用分,都必须获得用户本人的授权,加上信用评估是直接以分值的形式呈现,可以保护个人的具体信用信息和隐私。芝麻信用不会采集用户聊天、短信、通话等个人信息,也不会采集、追踪用户在社交媒体上的言论。即使经过用户授权,也只采集必要的、有效的与经济信用评价相关的各维度数据。除法律法规另有规定的情形外,用户信息的收集、整理、加工、输出,无论是芝麻信用还是第三方合作机构,都要获得用户的授权。没有用户的授权,无论是芝麻信用还是各合作伙伴,都不能调用用户的数据。所有数据都通过科学的评分模型运营计算,没有人工接触。系统还会通过运算规则自动将敏感数据进行脱敏处理。

(资料来源:https://b.zmxy.com.cn/index.html)

【自主思考】
1. 大数据金融的运营模式都有哪些?
2. 大数据金融两种运营模式的区别和联系有哪些?

任务三 大数据金融对金融业发展的影响

正在来临的大数据时代,金融机构之间的竞争将在网络信息平台上全面展开,说到底就是"数据为王",谁掌握了数据,谁就拥有风险定价能力,谁就可以获得高额的风险收益,最终赢得竞争优势。大数据金融的发展给传统金融业带了挑战的同时,也带来了许多机遇。

任务描述

学生对大数据金融对金融业的发展影响的相关知识进行学习和思考。

任务分析

进行相关知识的讲解学习和课堂互动。教师运用多媒体对大数据金融对金融业发展的影响的相关理论知识进行讲解,学生听课、讨论和思考。

相关知识

一、大数据金融带来的挑战

金融机构在与大数据技术融合的过程中面临诸多挑战和风险。
(一)大数据技术应用可能导致金融业竞争版图重构

信息技术的进步、金融业的对外开放和监管政策的变化,客观上降低了行业准入门槛,使非金融机构更多地削减金融服务链,并利用自身的技术优势和监管盲区获取竞争优势。传统金融机构局限于原有的组织结构和管理模式,不能充分发挥自己的潜力,在竞争中处于劣势。线上互联网企业由于占据极大的平台优势,垄断从交易发生到交易结算的各个环节以及这其中产生的各项数据信息,使传统金融机构想要介入十分困难。要想在实际过程中重新组建自己的数据平台,从时间方面来看,已经处于劣势,因此,传统金融机构与数据服务商开展战略合作是比较现实的选择。

（二）大数据的基础设施和安全管理亟待加强

在大数据时代，除了传统的会计报表，金融机构也增加了图片、音频和其他非结构化数据，传统的方法已经不能满足数据管理的需求，软件和硬件基础设施建设亟待加强。大数据的主要作用之一就是能够缓解信息不对称问题，为金融机构的风险管理提供更有效的手段。但如果管理不善，大数据也可能在发展中产生大的风险。大数据应用改变了数据安全风险的特征，它不仅需要新的管理方法，还必须纳入全面风险管理体系中，进行统一监控和治理。为了确保大数据的安全，金融机构必须抓住三个关键环节：一是协调大数据链条中的所有机构，共同推动数据安全标准，加强产业的自我监督和技术分享；二是加强与监管机构的交流合作，借助于监管服务的力量，提升自身的大数据安全水准；三是主动加强客户在数据安全和数据使用方面的沟通，提升客户的数据安全意识，形成大数据风险管理的合力效应。

（三）大数据的技术选择存在决策风险

当前，大数据还处于运行模式的探索和成长期，分析型数据库相对于传统的事务型数据库尚不成熟，对于大数据的分析处理仍缺乏高延展性支持，而且它主要仍是面向结构化数据，缺乏对非结构化数据的处理能力。在这种情况下，金融机构相关的技术决策有选择错误的风险。

对于我们最熟悉的金融机构银行来说，在通往大数据时代的道路上，同样面临三大挑战，具体如图 2-15 所示。

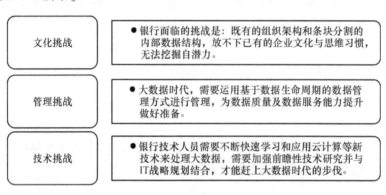

图 2-15　大数据时代银行业面临的挑战

（四）需进一步加强大数据的核心处理能力

这不仅包括金融业内部的数据整合，更重要的是与大数据链条上其他外部数据的整合。目前，来自各行业、各渠道的数据标准存在差异，要尽快统一标准与格式，以便进行规范化的数据融合，形成完整的客户视图。同时，针对大数据所带来的海量数据的要求，还要对传统的数据仓库技术特别是数据传输方式 ETL（提取、转换和加载）进行流程再造。要加强对大数据分析结论的解读和提高其应用能力，关键是要打造一支复合型的大数据专业团队。他们不仅要掌握数理建模和数据挖掘技术，还要具备良好的业务理解能力，并能与内部业务条线进行充分的沟通合作。还要加大金融创新力度，建立专业的大数据实验中心，对大数据方案进行统一的制定、实验、评价、推广和升级。

（五）金融服务与社交网络必须进一步融合

金融业的数据来源要脱离早期呆板滞后的提交、审批、尽职调查等方式，就必须借助于社交网络。要使金融信息的获取渠道能够直接深入金融服务本身,就要利用互联网、社交媒体等新的数据来源,从多渠道获取实时客户信息和市场信息,充分了解目标客户的需求和资质情况,建立更高效的客户关系与更完整的客户视图,并利用社交网络对忠实客户和潜在客户进行精准营销和定制化金融服务。

二、大数据金融带来的机遇

总体来看,正在兴起的大数据技术将与金融业务呈现快速融合的趋势,给未来金融业的发展带来重要机遇。

(一) 推动金融机构的战略转型

在宏观经济结构调整和利率逐步市场化的大环境下,国内金融机构受金融"脱媒"影响日趋明显,表现为核心负债流失、赢利空间收窄、业务定位亟待调整。企业转型的关键在于创新,但目前国内金融机构的创新往往是减少监管套利,而不能基于挖掘客户的内在需求,提供更有价值的服务,而大数据技术正是挖掘现有数据的金融机构、找准市场定位、摆脱资源配置方向、促进企业创新的重要工具。自 2012 年开始,多家银行,如建行、交行、工行等都积极部署自己的电商平台,期待在留住客户及发展客户数量数据的同时,使客户数据立体化,并利用立体化数据进行差异化服务,了解客户消费习惯,预测客户行为,进行管理交易、信贷风险和合规方面的风险控制,如表 2-9 所示。

表 2-9 银行在电商领域的布局情况

分 类	银行名称	事 件
推出网上商城	建设银行	2012 年,推出名为"善融商务"的网上商城,提供可大额分期付款的综合网上购物及租买房中介信息
	交通银行	2012 年,推出名为"交博汇"的网上商城,提供可大额分期付款的综合网上购物及租买房中介信息
	中国银行	2013 年推出名为"银通商城"的网上商城,提供可大额分期付款的综合网上购物及租买房中介信息
在已有电商平台上推出银行旗舰店	交通银行	2012 年,与阿里巴巴共同推出"交通银行淘宝旗舰店",定位于一个没有实体店的大型综合性银行网点,由专业银行客户经理为客户提供一揽子金融服务
推出基于电商的银行卡	中国银行	2013 年,与京东商城合作推出中银京东商城信用卡,除人民币结算、存款有息、存贷一体等一般银行卡业务之外,客户申请即可成为京东金牌会员

(二) 降低金融机构的管理和运行成本

通过大数据的应用和分析,金融机构能够准确找到内部管理的缺陷,制定改进措施,实施结合自身特点的管理模式,从而降低运营管理成本。此外,大数据也提供了一个新的传播渠道和营销工具,可以更好地了解客户的消费习惯和行为特征,即时准确地把握市场的动态。

(三) 有助于增强风险控制能力

金融机构可以摒弃原来过度依靠客户提供财务报表获取信息的业务方式，转而对其资产价格、账务流水、相关业务活动等流动性数据进行动态和全程的监控分析，从而有效提升客户信息透明度。目前，花旗、富国等银行已经能够基于大数据，整合客户的资产负债、交易支付、流动性状况、纳税和信用记录等，对客户进行360度评价，计算动态违约概率和损失率，提高贷款决策的可靠性。

(四) 创新产品和模式，辅助金融决策

信用是抽象的，但大数据可以建立信用体系，让个人的信用或者群体的信用变得具体。个人的信用评估不是静态的，而是一个动态连续的行为特征的长期体现，通过大数据的整合，可以很好地采集大量的个体或者群体的信用行为，进行存储、整理、分析，只要把海量数据糅合在一起，就会显示客观规律，使人的信用不再模糊，变得鲜明、生动、立体化，从而能很好地把握个体或群体的信用状况。

(五) 大数据使金融服务多样化、专业化

大数据金融从电商平台发展出来以后，不断地整合发展传统产业，从零售的日用百货发展到电子产品，再到汽车，甚至是大宗商品交易，未来也会发展到房地产、医疗等方面，日常的金融服务也将不断扩展，实现综合化、社会化、日常化。

随着涉足领域越来越广泛，大数据金融必将产生专业化趋势，产生更明确的产业链分工，根据不同的环节或者是不同的行业，其服务内容都将产生一系列的变化。同时随着发展水平的提高，必定会有高要求的定制化服务、个性化服务需求，未来的大数据金融机构必将以客户为中心，高度精准地定位客户需求来制定专业的个性化服务。

延伸阅读 **大数据在互联网金融领域的四大应用案例**

国外的大摩根、小摩根和高盛共同组建了大数据金融公司，在国内，国务院印发了《促进大数据发展行动纲要》，一时间，大数据成为互联网金融行业发展的重点方向。目前我国在大数据发展和应用方面已具备一定基础，拥有市场优势和发展潜力，在互联网金融领域也已经有了大数据应用的典型案例。但同时，大数据行业也存在政府数据开放共享不足、产业基础薄弱、创新应用领域不广等问题。

数据中找到新业务

2015年8月下旬，网商银行宣布与全球最大的中文网站流量统计机构CNZZ合作，面向中小规模的创业型网站推出一款信贷产品——流量贷，帮助中小网站解决创业过程中融资难、融资贵的问题。申贷者登录CNZZ网站，就可以看到自己网站的初始授信额度，登录支付宝实名认证账户发起申请即可，无须提交其他的额外资料。网商银行将基于大数据风控模型对申贷者进行身份、信用、流量以及经营状况等要素审核，审批过程最快能在1分钟之内完成。而在审核通过后，最快3分钟款项就能打入申贷者的支付宝账号内。

数据里看到投资机会

2015年已经先后有4只大数据基金成立，算上之前成立的2只，市场上大数据基金已有6只。随着市场对于大数据这一新工具给予的高度关注，大数据基金正在稳步扩容。证监

会最新公布的基金募集申请情况显示,第 7 只大数据基金已获得注册核准,此外嘉实基金、银华基金和东证资管也提交了大数据基金的募集申请,若进展顺利,大数据基金阵容将扩至 10 只。

数据维护金融安全

除了能够从中挖掘出各种商机外,大数据在反洗钱领域的能力也开始崭露头角。蚂蚁金服就已经在利用大数据找出藏匿于网络空间的洗钱黑手,建立起智能的反洗钱体系。仅 2015 年上半年,蚂蚁金服的反洗钱团队就向反洗钱监测分析中心报送了 300 多份可疑交易报告,其中多份已移送公安机关。因为掌握了大数据,蚂蚁金服在反洗钱工作中采取了先利用数据进行智能化排查,待发现可疑交易后再进行人工甄别,从而大大提高了效率,也减小了误报率。

数据辅助征信

中国互联网用户将近 7 亿,有一半左右的人在央行征信系统没有信用记录。P2P 网贷蓬勃发展至今,曾盛行一时的抵押类业务逐渐遭遇瓶颈。另一方面,信用贷款已有苗头会成为 P2P 的发展方向。P2P 平台对征信的需求显得尤为迫切。将 P2P "去中心化"理念引入征信行业的蜜蜂数据,是国内首个脱离中央数据库的分布式征信系统。蜜蜂数据实行用户自行管理自有数据,系统仅负责通信、对接,不存储任何数据。它作为互联网金融外围生态圈中的征信项目,依托网贷行业数据资源,整合优质行业征信数据,充分发挥征信信息在 P2P 平台风险管理中的作用。

(资料来源:http://blog.sina.cn/dpool/blog/s/blog_b84cad4d0102vkbw.html)

【自主思考】
1. 如何认识大数据金融给传统金融行业带来的挑战?
2. 结合银行、证券公司和保险公司的业务实际,谈谈大数据金融给传统金融行业带来了哪些机遇。

任务四 大数据金融的风险分析及防范

大数据对于很多企业来说,并不都意味着机遇或者商业上的无限潜力,在其未能很好地了解大数据、管理大数据之前,大数据意味着巨大的风险存在。对于像阿里这样已经在大数据服务平台操作上有了成功实践的企业,也必须关注大数据的风险,否则极有可能将得到的市场份额拱手让人。

任务描述

学生对大数据金融风险及防范的相关知识进行学习和思考。

任务分析

进行相关知识的讲解学习和课堂互动。教师运用多媒体对大数据金融风险及防范的相关知识进行讲解,学生听课、讨论和思考。

相关知识

一、大数据金融的风险分析

（一）技术风险

尽管大数据的产生多半是因为企业发展及数据产生种类多元化所致，但是这些快速增长的大数据所暴露出来的问题还是让企业管理者们不安，到底如何管理这些大数据？如何进行安全有效的防护？出现问题时怎样进行恢复？这些都是企业需要解决的管理难题。

一个企业的数据信息决定着企业的生死存亡，但是今天，数据量的持续增长增加了备份和恢复的时间，企业面临着严重的合规和宕机风险，数据备份越来越困难。用户数据量越来越大，备份时间窗口那么小，设备是有限的，怎样快速把大数据中的核心数据抽取出来，保障企业数据信息能够适时进行恢复，已经成为企业管理大数据中必须考虑的问题。同时，在数据管理时如何能够更加节省空间、人力、电力也是必须考虑的问题。近几年企业在采购存储设备时，会发现存储硬件的成本在逐年下降。但是，对于很多企业来说，整体的存储成本却不降反升，这主要由于企业数据量猛增需要大量的人力、物力进行维护，数据存储的管理成本逐年上升。

（二）操作性风险

1. 信息安全风险

随着虚拟网络的迅速发展，在线交易、在线对话、在线互动越来越多，社交网络、智能终端已经是人们生活中不可或缺的一部分。数据量的激增以及社会各个领域对大数据重要性的认知提升，使数据安全问题成为我们不得不关注的重要议题。

与以往一次性数据泄露或者黑客攻击事件相比，现在数据一旦泄露，对整个企业来说，不仅会导致声誉受损和重大的经济损失，严重的还要承担法律责任。从数据的存储装备来说，数据搜集、存储、访问、传输必不可少地需要借助于移动设备，所以大数据时代的来临也带动了移动设备的猛增。随之而来的是越来越多的员工用自己的移动设备进行办公。虽然这的确为人们的工作和生活带来了便利，降低了企业的办公成本，但也给企业带来了更大的安全隐患。

大数据的信息安全问题也是数据的拥有者、使用者之间的平衡关系，以及数据的所有权和使用权之间的平衡关系问题。大数据时代强调全社会信息资源的开放分享和开发利用，而个人信息涉及个人隐私，但又具有社会经济价值，其信息保护的界限将面临调整。所以当前的核心问题是，大数据时代的个人数据信息应当属于谁？谁有权利用这些数据进行分析？个人是否可以对信息开发利用的程度予以选择？这些问题的答案都将对个人信息安全保护的主体、范围及手段等产生重大影响。在大数据时代，我们应当建立一个不同于以往的信息保护模式。这种模式应当着重于数据的使用者为其行为承担相应的责任，而不是将重点放在数据最初的获得以及征求个人同意上。未来的隐私保护应当区别用途，在保证不损害个人正当权益的前提下正当、合理地使用相关信息。

2. 数据分析风险

大数据平台的模式是依托从前在交易中积累的海量数据进行的对用户的行为习惯、思维方式的总结，进而对其可能发生的行为的一个判断。也就是说，大数据分析方法依赖大数据"过去决定未来"的特点，这一前提在大部分情况下都是成立的，但如果遇到需要突破性创新的情况就会暴露出弱点。企业通过分析客户的数据进行战略布局，金融机构通过分析数据进行风险防范，一旦没能抓住转折点，将造成很大的经济损失。

而造成这种情况的原因不仅仅是数据依托过去的分析基础，还在于数据封闭的问题。大数据分析是希望通过网络中虚拟的信息将个人实体化，对每个人的职业、喜好、人脉等方面进行全方位的解读。

(三) 法律风险

在大数据金融服务平台中，会涉及数据的采集、处理以及应用，也会涉及拥有大数据的企业做跨界金融与金融监管的问题。在这些过程中，向客户提供金融服务的商业企业积累了大量客户的个人信息，隐藏的商业价值也被逐渐发现和利用。在利益的驱使下，越来越多的机构或个人采取种种手段获取他人信息，加之部分企业保护意识和保护能力不强，导致近年来对个人信息的侵权行为时有发生，已引起社会的广泛关注。造成此种侵权行为发生的一个重要原因是目前我国尚无一部专门的法律对个人信息数据，特别是个人金融信息的收集、使用、披露等行为进行规范。

二、大数据金融风险防范建议

(一) 加快立法进程，加强行业自律

目前我国对个人信息安全保护的监管由公安部、工业与信息化部等部门管理，多头监管难免会导致监管不严或监管漏洞。对此，我们应明确监管机构与各部门的职责，只有权力分界清晰，才能保证监管没有漏洞。从加强行业自律来看，要认识到行业自律机制是个人信息安全保护制度中不可缺少的一个环节。

(二) 实现用户数据隐私保护和数据商业应用之间的平衡

实现用户数据隐私保护与数据商业应用之间的平衡，从监管主体来说，必须制定专门应用于大数据用户隐私方面的法规，体现出监管主体对其的重视和操作的规范性。从监管的客体来说，大数据企业对数据的商业应用，必须以保护用户隐私为基础。

(三) 数据资源的整合和分工专业化

将不同行业的数据整合起来，提供全方位立体的数据绘图，可以从系统的角度了解并重塑用户需求，但由于交叉行业数据共享需要平衡太多的企业利益关系，如果没有中立的第三方机构出面，来协调所有参与企业之间的关系，建立数据共享及应用的规则，将大大限制大数据的用武之地。

(四) 强化数据挖掘

数据挖掘是一种新的商业信息处理技术，主要特点是对大量数据提进行抽取、转换、分析和模型化处理，从中提取出有助于商业决策的关键性数据。数据挖掘在风险管理和客户管理方面都有重要应用。在风险管理方面，可通过构建信用评级模型评估贷款人或信用卡申请人的风险。

延伸阅读 **光大银行利用大数据技术建立客户风险预警，防范信用风险**

　　随着银行客户下沉的战略调整，伴随而来的是数量庞大的授信客户群，而银行人员编制有限，不可能无限扩张来满足大量风险管理工作。在大数据时代，利用行内积累的大量数据和互联网的海量信息，为银行建立预警机制，用自动化的预警系统替代大量人工成为可能。

　　光大银行客户风险预警系统以预警事件驱动的方式触发贷后管理，形成"以客户为中心"的风险预警信息全视角展现，全面建立预警传导的工作机制，消除信息分散、不及时、不对称以及信息量过大无法及时处理的担忧，提高"单兵作战"能力，提升风险揭示能力、管理力度和管控能力。

　　该系统利用互联网和监管机构的信息发布作为拓展信息源，结合本行积累的大量数据，采用数据挖掘技术，发掘与客户信用相关的预警信息，形成预警信号并向相关风险管理系统主动推送，进而跟踪预警信号处置流程，直至形成最终结论或风险管控方案，形成一个风险预警、通知、处置和关闭的闭环处理流程。

　　该系统以包含公司和小微客户在内的单一客户为观察核心，通过搜索其管理层个人（股东、法人代表等）、关联客户（担保关系、集团关系等）、所处商圈或供应链的其他客户等，形成一个关联的客户群体，针对其中的每个成员以及客户群整体开展数据收集、分析和挖掘。

　　目前实现八类风险分析和预警：账户风险和财务风险，主要依据行内业务流水和业务过程中采集的客户财务报告进行分析预警；关联风险，主要依据行内记录和监管发布的客户关联关系进行分析预警；声誉风险、公司治理、经营管理、信用风险、缓释风险等，主要依据互联网获取的网络舆情和监管发布的信息，进行信息的甄别、筛选和预警。

　　整个客户风险预警体系由两个主要部分组成：一是网络信息获取平台：利用网络爬虫技术从外网、内网获取关注客户的相关信息；二是客户风险预警系统：基于互联网数据和行内大量业务系统提供的源数据，利用大数据分析挖掘技术进行信息处理，形成和推送预警信号，开展关联传导分析。

　　我们在预警分析中特别引入了规则引擎专用工具，通过规则库进行预警模型部署，开展定性、定量预警运算，使得预警模型的管理更加灵活、运算更为高效。预警信号形成后，经过一定的甄别和分级处理，其中部分被主动推送到信贷风险管理系统（法人信贷业务）、个贷系统，融入贷后管理工作进行跟踪，也有部分被推送到行内风险论坛，引发相关业务条线的讨论和关注。

　　客户风险预警系统具有四个主要特点。一是网络信息获取：面向互联网，以采集知名网站以及环保、工商、税务等政府部门网站公告所出现的客户负面舆情为主。二是账户动态模型：可根据行内账务数据每日变化，分析客户账户动态是否有违规或风险嫌疑。三是关联预警：一个客户发生的风险情况可能会传导到与之关联的各方，因此需要对此种情况进行预警，引起业务管理人员关注，及时采取防范措施。四是事件驱动：预警信息（即事件）在预警系统产生后，根据初步甄别条件进行判断，部分警示明确的信号被自动推送到相关业务系统的贷后处理岗位或风险论坛。

客户风险预警系统充分利用网络信息,在全面风险预警的识别、传导、跟踪处理等方面发挥了重要作用,主要体现在四个方面。一是展现全面风险预警视图:将核心客户与其相关客户的风险状况在同一视图进行展示,重点突出且避免遗漏。二是建立风险关联传导的预警机制:从关注单一客户风险扩展到关注利益群体内的风险传递,真正做到全方位防范风险。三是充分利用网络舆情:有效利用海量的外部信息,提取客户组织、经营、管理、财务等各方面的舆情信息,除生成预警信息推送给相关业务系统外,还建立起一个内部风险预警网站,提供相关预警的详细信息和网络链接以便进一步跟踪查看。四是建立了行内风险预警体系:形成了包含定性和定量模型在内的一整套预警模型,并将在"建立、验证、应用、处置、反馈、校准"的闭环中不断改进和完善。

(资料来源: http://finance. ce. cn/rolling/201505/21/t20150521_ 5427211. shtml)

【自主思考】
1. 大数据金融的风险来源有哪些?
2. 谈谈你对管控大数据金融风险的方法措施的看法。

立体化阅读

大数据时代的金融风险管理
美国 ZestFinance: 用大数据作金融风险管控

项目小结

大数据金融指的是将巨量非结构化数据通过互联网和云计算等方式进行挖掘和处理后与传统金融服务相结合的一种新兴的金融模式。广义的大数据金融包括整个互联网金融在内的所有需要依靠挖掘和处理海量信息的线上金融服务;狭义的大数据金融指的是依靠对商家和企业在网络上的历史数据的分析,对其进行线上资金融通和信用评估的行为。大数据金融具有产品展示渠道网络化、风险管理数据化、信息不对称性低、效率高、金融服务边界扩大、产品实用性和可被接受程度高等特点。基于这些特点,大数据金融的运营模式目前主要有以阿里小贷为代表的平台金融模式、以京东金融为代表的供应链金融模式,以及以芝麻信用、腾讯征信等为代表的大数据征信模式三种,未来仍会出现不少新的模式。出于互联网企业自身转型及实体产业需要大数据金融支持的需求,未来大数据金融在推进金融服务与社交网络的进一步融合、与数据服务商的竞合关系处理、大数据核心处理能力的提高、大数据风控安全等方面面临着挑战。

> **课后思考题**

1. 如何理解大数据与大数据金融的内涵？
2. 大数据金融的产生背景及其与传统金融的差异是什么？
3. 举例说明大数据金融的主要运营模式。
4. 未来大数据金融发展面临的挑战是什么？
5. 大数据金融对传统金融的影响都有哪些？

项目五

互联网金融销售模式

项目介绍

随着互联网金融时代的到来,一方面P2P网贷、股权众筹等融资创新模式不断发展;另一方面,为应对互联网金融新业态的挑战,原本只在线下交易的传统金融业务也逐渐走上了互联网化的道路,依托大数据、云计算等新技术,基金公司、保险公司、证券公司、信托公司等纷纷推出了互联网基金、互联网证券、互联网保险、互联网信托、智能理财等新业务。本项目将带领大家分别学习上述金融业务的互联网化创新模式,了解这些业务的实际应用。

知识目标

1. 掌握互联网基金的概念、特点、主体架构及业务流程;
2. 理解互联网保险的概念、特点、发展缘由、基本业务与运营模式,了解互联网保险的监管;
3. 掌握互联网证券的概念与风险、传统券商的互联网化转型路径;
4. 理解智能理财的概念,了解其产生的背景、智能理财的优势和智能理财的发展现状。

技能目标

1. 能够运用所学知识,独立完成互联网基金、互联网保险、互联网证券和智能理财等业务的实际操作。
2. 能够进行互联网基金、互联网保险的购买与分析,能够进行互联网证券开户。
3. 能够探索区块链等新技术在传统金融业务的互联网化转型中的应用。

案例导入

2013年6月17日,阿里巴巴旗下的支付宝创造性地推出了第一款互联网系"宝宝类"产品——余额宝,提出了一个响亮的口号——"余额宝,会赚钱的支付宝"。这样引人注目的特点描述，自然在国内货币市场和金融业界激起千层浪。支付宝用户们或本着尝鲜与学习的目的，或本着赚取利润的目的，纷纷向余额宝迈出了试探性的一步。上线短短六天内，余额宝就收获了超过100万个用户。"2012年，10万元活期储蓄利息350元，如通过余额宝收益能超过4 000元""余额宝累计收益率（年化）4.87%，是活期存款的近14倍""随时转入转出看收益，更有全额赔付"……网络上、生活中，余额宝的宣传广告声势浩大，其宣传重点都在于"高收益、低风险，甚至无风险"。而事实上余额宝到底是怎样的一种理财产品呢？阿里巴巴与公募基金天弘基金联手打造了余额宝，这种合作不是简单地利用阿里巴巴的平台销售或发行天弘基金的产品，为其募集资金，而是建立在其原有的支付结算体系基础上，利用互联网的聚合作用将大量闲散资金汇聚成巨大的资金量，由持有金融牌照的天弘基金用于投资银行的协议存款，从而获取比零散资金活期利息高得多的利息，取得多赢的效果。其交易结构的本质是天弘基金利用阿里巴巴的互联网渠道优势发行了货币基金，该货币基金主要用于投资银行的货币市场。

余额宝产品使得天弘基金一跃成为国内最大的公募基金，阿里巴巴的作用在于聚合，借用天弘基金的牌照和渠道，使众多分散的小额资金享受到了大额协议存款的高利息，这显然是"互联网＋基金"的融合，二者的融合是一种渠道的创新，具有金融创新的鲜明特征。（资料来源：根据网上相关报道整理）

图2-16所示为天弘基金产品。

图2-16 天弘基金产品

【自主思考】
查看余额宝近三年的收益率变化，并思考造成这种变化的原因。

任务一 互联网基金

基金是指为了某种目的而设立的具有一定数量的资金。主要包括信托投资基金、公积金、保险基金、退休基金、各种基金会的基金。基金与网络的结合涉及的仅是其销售平台或模式的变化。

任务描述

本任务旨在掌握互联网基金的基本概念，学生在学习之后能够进行互联网基金的购买，并掌握互联网基金的业务流程。

任务分析

本任务通过对互联网基金的概念及其分类、流程的阐述，加深学生对互联网基金基础知识的理解。

相关知识

一、互联网基金的概念及分类

互联网基金是指借助于互联网媒介实现投资客户与第三方理财机构的直接交流，从而绕开银行的理财模式，是对传统金融理财服务的延伸和补充。在这种金融"脱媒"的理财模式下，银行在客户和第三方理财机构之间不再起有偿连接作用，弱化了银行的金融中介地位，大大提高了理财效率并降低了理财成本。

互联网基金销售是指基金销售机构与其他机构通过互联网合作或自行销售基金的理财产品的行为。与传统的基金销售相比，该模式充分利用了互联网的便捷性。传统的基金销售是基金管理机构自行销售或委托第三方渠道进行代销理财产品的模式，主要利用门店及渠道来推广销售。这些销售方式具有明显的地域性及时间性，受制于物理网点的时间与空间，营业网点的关门停业及位置均影响基金产品的销售。而互联网大大拓宽了时空维度，不受物理网点时间与空间的限制，大大提高了交易的效率，降低了销售的成本与费用。互联网基金销售平台是指以互联网和电子商务技术为工具开展理财产品业务的媒介或渠道，这个平台在实践中有四类情形：第一类是包括基金管理公司在内的财富管理公司自己为开展理财业务而利用互联网技术搭建的平台，其实质是"理财产品+互联网"；第二类是财富管理公司借助于第三方互联网平台开展理财产品销售业务，主要是大型的电子商务平台或互联网比价平台等；第三类是大型的互联网公司开展理财产品销售业务；第四类是独立的第三方机构运用互联网开展理财产品销售业务。

在实践中，互联网基金一般指的是货币基金通过互联网化渠道创新开发的"宝宝"类理财产品，具体分为互联网系、基金公司系以及银行系"宝宝"三大类。

（一）互联网系"宝宝"产品

2013年6月17日，阿里巴巴旗下支付宝创造性地推出了第一款互联网系"宝宝"类产品——余额宝。

（二）基金系"宝宝"产品

基金系"宝宝"产品是基金公司、证券公司等传统金融机构为了应对互联网系"宝宝"的竞争而推出的互联网基金产品。

（三）银行系"宝宝"产品

以余额宝为代表的互联网理财的迅速崛起，在短时间内吸引了大量资金，不仅抢走了曾经忠实的银行理财客户,还引发了存款"搬家"现象。为此,各家银行纷纷反击,民生银行"如意宝"、平安银行"平安盈"、兴业银行"掌柜钱包"和"兴业宝"、工行"薪金宝"、中行"汇聚宝"等陆续出炉。

二、互联网基金的特点及风险

(一) 互联网基金的特点

基金与网络的结合这样一个小小的创新,使得互联网基金理财除了具备传统基金理财的高流动性、高安全性和较高收益性的特点外,又具有区别于传统基金理财模式的特点。

首先,互联网基金依靠大数据、社交网络、移动支付等现代信息技术,实现了交易场所的虚拟化。相比于传统基金理财模式,不但便利了基金的业务操作,降低了运营成本,而且大大提高了业务效率。

其次,可以实现基金产品和客户投资需求的高效匹配。在互联网基金理财模式下,投资者可以通过网络平台掌握更多有利于自身投资的信息并能轻松完成对各种基金产品的比对,从而筛选出适合自己的优质投资标的。更为重要的是,互联网基金理财作为互联网金融模式的重要内容,使绝大多数人(尤其是低收入阶层)都能够参与到这种金融创新活动中来,有效地缓解了金融排斥,很好地诠释了普惠金融的内涵。

(二) 互联网基金的风险

互联网基金是对传统金融理财服务的延伸和补充,因此,不可避免地带有传统金融理财的各种风险,同时又具有不同于传统金融理财风险的新特性。

首先,这种风险的特性来源于网络的公共性和开发性。互联网基金理财得益于网络技术的发展,同时,也使其面临来自网络技术安全的风险。由于互联网基金交易场所的虚拟化,任何交易都在互联网平台进行,网络系统更新不及时、系统安全防范不严或是网络系统设计和建设不规范等问题,很可能造成黑客、病毒入侵或是理财机构内部人员有目的地非法窃取客户资料而导致客户信息数据的泄露,给客户带来资金损失。

其次,相比于传统的金融理财,互联网基金更易于发生信誉风险,这种倾向性主要来自互联网本身。在某些互联网基金出现亏损,或是客户资金遭到来自不安全网络的威胁时,投资者就会丧失对互联网企业、第三方理财机构甚至是银行的交易信心。而且,在网络信息传播如此迅速的今天,任何有关投资者切身利益的信息(甚至包括谣言)都会很快地在网上传播。一旦某一机构的不利消息在网络蔓延,不仅仅造成该机构发生挤兑、客户流失等情况,还可能导致整个互联网基金理财出现信誉危机。

最后,由于互联网基金在我国仍处于萌芽阶段,原来的有关传统金融理财的法规和监管措施在很多方面已不能适应目前的情况,而关于互联网基金理财方面的各种法律法规还不完善,存在很多法律约束的空白区。在这种不完善的法律环境下,互联网基金会产生多种形式的法律风险。

虽然,现代网络信息技术使金融理财服务变得更加便捷、高效和人性化,但是也加速了风险的积聚过程。一旦某种潜在风险爆发,即便是很小的问题都很可能通过网络迅速扩散而传递到互联网金融的方方面面,从而引发连锁效应,很可能未来得及采取补救措施就已经导致一连串的损失。因而,在风险发生可能性和作用范围上产生了扩大效应。

三、互联网基金的主体架构和业务流程

（一）互联网基金的主体架构

互联网基金涉及三个直接主体：互联网平台公司、基金公司和互联网客户。互联网平台公司是掌握一定互联网入口的第三方机构，是为其互联网客户提供基金购买的平台和接口；基金公司是基金的发行和销售者；互联网客户是互联网平台公司的注册客户，是基金的购买者。

以余额宝为例，余额宝在运营过程中涉及三个直接主体：支付宝公司、天弘基金公司和支付宝客户（见图 2-17）。

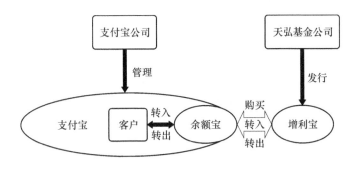

图 2-17 余额宝的主体架构

（二）互联网基金的业务流程

互联网基金业务流程完全通过互联网平台操作实现，主要包括用户注册申请（对于非互联网平台公司的注册客户）、利用银行卡进行实名认证、绑定银行卡、用户申购、申购确定和用户赎回。在余额宝的业务流程中，余额宝为支付宝客户搭建了一条便捷、标准化的互联网理财流水线。其业务流程又包括实名认证、转入、转出三个环节。

(1) 实名认证。支付宝是一个第三方电子商务销售基金的平台，根据监管规定，第三方电子商务平台经营者应当对基金投资人账户进行实名制管理。因此，未实名认证的支付宝客户必须通过银行卡认证才能使用余额宝。

(2) 转入。转入是指支付宝客户把支付宝账户内的备付金余额转入余额宝。转入单笔金额最低为 1 元，最高没有限额，为正整数即可。在工作日（T）15:00 之前转入余额宝的资金将在第二个工作日（T+1）由基金公司进行份额确认；在工作日（T）15:00 后转入的资金将会顺延 1 个工作日（T+2）确认。余额宝对已确认的份额开始计算收益，所得收益每日计入客户的余额宝总资金。

(3) 转出。余额宝总资金可以随时转出或用于淘宝网购支付，转出金额实时到达支付宝账户，单日/单笔最高限额为 5 万元。如果用快捷支付转出到储蓄卡，单日/单笔/单月最高金额可达 10 万元，实时转出金额（包括网购支付）不享受当天的收益。

四、互联网基金的影响

(1) 对投资者的影响。节省了投资者前往银行的时间、交通成本，使投资者能享受更

方便、快捷的服务，而且投资者利用互联网获取信息的成本也大大降低；可以保证投资者在任何时间、任何地点进行投资，投资者的行为不再受时空和最低资金要求的限制，提高了投资者的自由度，金融理财投资更加趋于民主化和大众化。

(2) 对商业银行的影响。互联网提供个人理财服务，减少了信息不对称程度和交易成本，在一定程度上争夺了银行原有的客户。一方面，购买这类网上基金产品的资金积累得越多，给银行带来的协议存款成本就越大。另一方面，在互联网基金产品没有出现之前，客户投资基金产品的渠道大多是通过商业银行的代销。商业银行代理基金业务的收入也随着互联网基金的盛行而大幅缩水。以上两个方面都对商业银行的赢利能力带来了不小的冲击，在一定程度上损害了银行的利益，但是，从打破银行业的垄断地位、倒逼商业银行应对挑战改革经营模式的层面来讲是具有积极意义的。

五、互联网基金的监管

《关于促进互联网金融健康发展的指导意见》明确指出：基金销售机构与其他机构通过互联网合作销售基金等理财产品的，要切实履行风险披露义务，不得通过违规承诺收益的方式吸引客户；基金管理人应当采取有效措施防范资产配置中的期限错配和流动性风险；基金销售机构及其合作机构通过其他活动为投资人提供收益的，应当对收益构成、先决条件、适用情形等进行全面、真实、准确的表述和列示，不得与基金产品收益混同。第三方支付机构在开展基金互联网销售支付服务过程中，应当遵守中国人民银行、证监会关于客户备付金及基金销售结算资金的相关监管要求。第三方支付机构的客户备付金只能用于办理客户委托的支付业务，不得用于垫付基金和其他理财产品的资金赎回。互联网基金销售业务由证监会负责监管。

证监会强调，基金销售业务监管坚持确保投资者资金安全、销售适用性等原则。证监会已先后制定完善了《证券投资基金销售管理办法》《证券投资基金销售结算资金管理暂行规定》等法规。而对互联网基金销售业务，还有《证券投资基金销售机构通过第三方电子商务平台开展业务管理暂行规定》和《网上基金销售信息系统技术指引》等规范。从整体上看，基金销售业务监管的相关法律法规和机制已基本建立健全。互联网基金销售属于基金销售业务的一种业态类型，理应遵循现有基金销售业务规范。

此外，证监会再次重申了对基金销售业务的基本监管原则：一是要确保投资人资金安全，防止投资人资金被挪用或者被侵占；二是要防止欺诈、误导投资人行为的发生；三是要严格落实销售适用性原则，充分关注投资人风险承受能力与基金产品风险收益特征的匹配。

> **延伸阅读** **半年创收 230 亿元　天弘基金客户数突破 3.75 亿**

8月28日，天弘基金旗下53只公募产品中报集体亮相。据中报统计，截至2017年6月30日，该公司公募基金持有人已增至3.75亿。其中，余额宝用户数接近3.69亿，较去年底增加13.53%；19只系列指数基金的用户数突破300万。

据天相投顾统计，2017年上半年，天弘基金共为投资者赚取收益230.22亿元，居行业第一；截至2017年6月30日，公司成立以来累计为公募客户创收超过900亿元。在赚钱效应驱动下，越来越多的用户加入天弘基金持有人的行列。据中报数据，截至2017年6月底，天弘基金旗下公募产品持有人已达3.75亿户，较2016年年底增加12.95%；旗下53只公募产品中有13只用户数在10万以上，其中天弘余额宝、天弘沪深300、天弘安康养老持有人数量均在百万级别。

值得注意的是，天弘系列指数基金继续受到广大散户青睐，总用户数接近310万。其中，天弘沪深300用户数最多，截至2017年年中，用户数接近172万，其中散户持有份额达97.25%。天弘创业板、天弘中证500、天弘中证医药、天弘上证50、天弘中证食品饮料用户数均在10万以上。

据了解，天弘系列指数基金2015年推向市场，囊括19只发起式指数基金，覆盖宽基指数、各类主题、行业、策略等，具有"覆盖广""费率较低"的独特优势，主要面向互联网客户。根据Wind数据统计，天弘系列指数基金管理费、托管费分别为5‰、1‰，处于同类较低水平。

在保持和拓展现金管理业务优势的同时，天弘基金致力于打造更加完善的产品线，不断提升债券和权益资产管理能力，积极布局养老、大数据应用、股权投资等业务。此外，天弘基金也在抢占智能投顾风口。目前天弘基金已经与蚂蚁聚宝、天天基金、雪球、盈米财富、积木盒子等众多第三方机构进行了开放性联动合作，也推出了基于自身策略的智能投顾产品——理财篮子。（资料来源：《金融投资报》，2017-08-29）

【自主思考】

支付宝与余额宝是蚂蚁金服的核心业务。截至2016年3月底，支付宝实名用户数已经超过4.5亿，作为"宝宝"类互联网基金开创者的余额宝背后的天弘基金所管理的资产规模超过1万亿元，成为国内基金业历史上首个破万亿的基金公司。请结合本项目所学知识，通过互联网检索，探讨以下问题：

1. 蚂蚁金服是如何将支付宝的庞大客户基础进行有效转化并与其消费金融等创新业务相结合的？

2. 余额宝的主体架构是什么？有哪些创新点？

3. 余额宝的年化收益已从推出之初的7%跌到4%以下，请通过互联网检索余额宝的收益率曲线，分析其变化的原因，并为余额宝应对P2P活期理财产品的竞争提出建议。

任务二　互联网保险

2000年9月，泰康人寿保险公司在北京宣布：泰康在线开通，可以实现从保单设计、投保、核保、交费到后续服务全过程的网络化。与此同时，由网络公司、代理人和从业人员建立的保险网站也不断涌现，如保险界等。当前，互联网保险有新的趋势出现，出现了市场细分。另外，还有专门销售个人人寿保险的网站等。有些网站还获得了风险投资，在风险投资的推动下，互联网保险将取得更大更快的发展，竞争也必然加剧。一场互联网保险的市场争夺战在全国范围打响。

任务描述

本任务旨在掌握互联网保险的基本概念，学生在学习之后能够进行互联网保险的购买，并对网络上的保险产品进行选择和分类。

任务分析

本任务通过对互联网保险概念及其运营的阐述，使学生更好地掌握互联网保险业务流程的网络化。

相关知识

根据中国保险行业协会的统计数字，截至 2015 年年底，共有 61 家公司开展互联网人身险业务，全年新增 9 家；在 71 家财产险会员公司中，共有 49 家公司开展互联网财产险业务，占比 69%。与此同时，大型保险集团纷纷成立独立的电子商务公司，探索专业化经营之路。2015 年，互联网保险保费规模实现跨越式发展，全年互联网人身险同比增长 3.15 倍；全年互联网财产险累计保费 1 465.60 亿元，同比增长 51.94%。其中，包括万能险、投连险费收入 768.36 亿元，在互联网人身险累计保费收入中占比达 83.2%；车险在互联网财产险累计保费收入中占比则仍高达 93.20%。由此可见，互联网保险已不再是"星星之火"，已成"燎原之势"。就目前互联网保险品种来看，现阶段占比高的为理财型业务和车险。但从近阶段互联网保险的业务开展情况来看，目前的这些险种与渠道并非互联网保险真正的突破点，也不能将其视为未来互联网保险的发展方向，而在互联网生态链上的保险、技术驱动保险及空白领域的保险等或许是下一步的主流。而从风险管理的角度，互联网保险应该从目前简单的风险转移、转嫁功能向风险降低过渡，这是保险本质的真正体现。

一、互联网保险发展的缘由

中国保险行业协会发布的《互联网保险行业发展报告》称，中国保险行业的现实需求为互联网保险的发展提供了内生动力。虽然互联网保险的发展还不如互联网在银行业、消费金融及理财上的发展，但相比于信托、证券、基金及期货，互联网保险已经站在了互联网金融发展的潮头。借助于互联网，一场保险业销售渠道的革命正悄然而来。

（1）传统销售体系遭遇成本较高而利润较低的发展瓶颈。现阶段，保险公司面临销售渠道受限的困境。一方面，代理人渠道问题重重；另一方面，面对垄断保险产品代销的银行渠道，保险公司逐渐丧失了议价能力和话语权，随着佣金费率的水涨船高，保险公司从银保渠道获取的利润越来越薄。互联网保险为保险行业带来的渠道创新机遇将成为公司关注利润增长的重点。

（2）保险行业整体形象亟待改变。长期以来，保险行业社会口碑较差、形象欠佳，被诟病的主要问题包括销售环节误导严重、理赔难问题突出和从业人员素质偏低。而互联网线上交易的模式避免了传统保险业务员推销骚扰的弊病，加强了公司对整个业务流程的监控，通过改变销售模式和重构行业价值体系，实现扭转负面形象的自我革新。

（3）保险行业产品和服务创新需求强烈。传统保险行业存在产品单一化、服务配套不足等创新缺失问题，在一定程度上偏离了以消费真实需求为中心的要求。与互联网交易特点相结合的保险产品服务设计将颠覆传统保险的设计思路，与大众生活结合得更为紧密。

（4）中小型保险公司寻求市场突破。通过部署在线投保渠道，中小型保险公司有机会从互联网保险金融的发展潮流中争取更多的市场份额，实现渠道的差异化竞争。

（5）保险消费群体的市场需求需要满足。20～35岁的人群是网络消费群体的主体，呈现出高知、高收入和年轻化的群体特征，互联网有助于提升保险公司对这部分消费群体的客源捕捉能力。

二、互联网保险的特征

互联网保险是新兴的一种以计算机互联网为媒介的保险营销模式，有别于传统的保险代理人营销模式。互联网保险是指保险公司或新型第三方保险网以互联网和电子商务技术为工具来支持保险销售的经营管理活动的经济行为。

与传统保险相比，互联网保险具有如下五大特征和优势：

（1）时效性。保险公司可以通过互联网实现全天候随时随地的服务，同时免去了代理人和经纪人等中介环节，大大缩短了投保、承保、保费支付和保险金支付等进程的时间，提高了销售、管理和理赔的效率，使得规模经济更加突出，有利于保持保险企业的经营稳定性。

（2）经济性。互联网将帮助整个保险价值链降低成本60%以上。通过互联网销售保单，保险公司开业免去机构网点的运营费用和支付代理人或经纪人的佣金，大幅节约了公司的经营成本。保险公司同样能从互联网保险中获益多多：通过网络可以推进传统保险业的加速发展，使险种的选择、保险计划的设计和销售等方面的费用减少，有利于提高保险公司的经营效益。据有关数据统计，通过互联网向客户出售保单或提供服务要比传统营销方式节省58%～71%的费用。

（3）交互化。互联网保险拉近了保险公司与客户之间的距离，增强了双方的交互式信息交流。客户可以方便快捷地从保险服务系统获得公司背景和具体险种的详细情况，还可以自由选择、对比保险公司产品，全程参与到保单服务中来。相比传统保险推销的方式，互联网保险的客户能自主选择产品，客户可以在线比较多家保险公司的产品，保费透明，保障权益也清晰明了，这种方式可让传统保险销售的退保率大大降低。

（4）灵活性。互联网保险的出现在一定程度上缓解了传统保险市场存在的一些问题，有助于实现风险识别控制、产品种类定价和获客渠道模式方面的创新，最大限度地激发市场的活力，使市场在资源配置中更好地发挥决定性作用。

（5）服务方面的便捷性。在线产品咨询、电子保单发送到邮箱等都可以通过轻点鼠标来完成。互联网让投保更简单、信息流通更快，也让客户理赔不再像以前那样困难，使保险服务更便捷、及时与迅速。

三、互联网保险平台简介及运营模式

互联网保险平台是指以互联网和电子商务技术为工具开展保险业务的媒介或渠道，在实践中有以下四种情形：

（1）保险公司直销官网。保险公司自建B2C电子商务网站，以保险客户为对象，将本机构设计的保险产品直接在线销售给有保险需求的客户。

(2) 互联网企业电商网站。该模式指除保险公司自营网络平台外，以电商企业自身的互联网渠道、场景为资源，为保险消费者和保险机构提供支持辅助销售的网络渠道式平台。互联网企业、电商网站参与互联网保险主要有两种方式，一是以门户、行业分类信息网站为主的基础引流渠道，保险公司利用互联网企业频道资源进行产品宣传展示，将用户引流至自平台交易，如和迅保险；二是以 B2C、O2O 电商平台为主的场景嵌入式渠道，借用互联网交易场景关联保险产品销售，如淘宝保险。

(3) 互联网保险公司。互联网保险公司是指经保监会批准设立，依托互联网和移动通信等互联网线上技术，保险业务全程在线，完全通过互联网线上进行承保和理赔服务的保险从业公司。当前获得牌照的互联网保险公司包括众安保险、泰康在线、百安保险、易安保险、安心保险等。

(4) 专业第三方互联网保险平台。此类平台属于互联网金融信息门户，是保险类网络平台，以独立第三方的角色为保险消费者和保险企业提供产品销售和专业服务，能够起到中间制衡作用。平台聚合资源能力强大，具备专业服务优势，主要包括 O2O 模式、B2C 模式以及 O2O 和 B2C 相结合模式三种。

截至 2016 年，国内各类互联网保险平台开展的财产保险业务的情况如下：从渠道结构来看，2016 年，财产险公司通过第三方网站合作的业务保费规模累计 63.50 亿元，占比 8.26%。其中，双方合作的主要保险产品为车险、旅游险、意外险、家财险、电子商务交易险等。财产险公司合作的第三方网站主要分为综合类电商及门户平台，如阿里巴巴合作保费为 27.59 亿元，占第三方合作保费的 43.44%；网易合作保费为 6.96 亿元，占第三方合作保费的 10.96%。垂直类网站，如旅游类，包括去哪儿网、携程网、同程网等；携程网合作保费为 6.99 亿元，占第三方合作保费的 11.00%；去哪儿网合作保费为 6.47 亿元，占第三方合作保费的 10.18%。航空类网站包括亚航官网、深圳航空等。汽车类网站包括风行汽车网。游戏类网站包括 5173 网站。单独的第三方平台主要包括保险 360、E 家保险、大家保网、江泰保险经纪、百川保险经纪、中民网、慧择网等。此外，财产险公司通过移动终端（APP、WAP 和微信等方式）实现保费 74.83 亿元，占比 9.74%。其中，国寿财险、平安财险、大地财险、永诚财险、人保财险等 24 家财产险公司通过微信平台实现保费 22.18 亿元；平安财险、人保财险、中华联合财险、天安财险、太平洋财险等 10 家财产险公司通过 APP、WAP 实现保费 52.65 亿元。

四、互联网保险的法律监管

2013 年被称为"互联网金融元年"，互联网金融发展至今已经数年，网络贷款、网络理财、股权众筹、消费金融、互联网保险、互联网证券等多种互联网金融形态已经呈现百花齐放的状态，尤其是 P2P 网贷模式更是显现出一片繁荣而混乱的景象。虽然在 P2P 网贷领域出现了大量的问题，但监管层却给予了极大的宽容与耐心，并没有因噎废食而采取"一刀切"的做法，而是采取了极其客观、谨慎的监管态度。所以，截至目前，互联网金融相关业态的法律法规尚未完全出台。但互联网保险是一个例外，在互联网保险刚出现不久，中国保监会便出台了《互联网保险业务监管暂行办法》，应该说这个办法是继 2010 年中国人民银行出台《非金融机构支付服务管理办法》之后第二部专门针对互联网金融的监管法规。其比火热的 P2P 网贷及股权众筹等互联网模式的监管法规的出台更迅速更及时。《互联网保险业务监管暂行办法》主要体现为以下八个方面：

（1）关于经营主体。本办法所称保险机构是指经保险监督管理机构批准设立，并依法登记注册的保险公司和保险专业中介机构。保险专业中介机构是指经营区域不限于注册地所在省、自治区、直辖市的保险专业代理公司、保险经纪公司和保险公估机构。

（2）关于经营方式。互联网保险业务应由保险机构总公司建立统一集中的业务平台和处理流程，实行集中运营、统一管理。除本办法规定的保险公司和保险专业中介机构外，其他机构或个人不得经营互联网保险业务。保险机构的从业人员不得以个人名义开展互联网保险业务。

（3）关于自营网络平台条件。具有支持互联网保险业务运营的信息管理系统，实现与保险机构核心业务系统的无缝实时对接，并确保与保险机构内部其他应用系统的有效隔离，避免信息安全风险在保险机构内外部传递与蔓延。

（4）关于第三方网络平台条件。具有安全可靠的互联网运营系统和信息安全管理体系，实现与保险机构应用系统的有效隔离，避免信息安全风险在保险机构内外部传递与蔓延；能够完整、准确、及时地向保险机构提供开展保险业务所需的投保人、被保险人、受益人的个人身份信息、联系信息、账户信息以及投保操作轨迹等信息；最近两年未受到互联网行业主管部门、工商行政管理部门等政府部门的重大行政处罚，未被中国保监会列入保险行业禁止合作清单。

（5）关于经营险种。人身意外伤害保险、定期寿险和普通型终身寿险；投保人或被保险人为个人的家庭财产保险、责任保险、信用保险和保证保险；能够独立、完整地通过互联网实现销售、承保和理赔全流程服务的其他财产保险业务。

（6）关于信息披露。销售人身保险新型产品的，应按照《人身保险新型产品信息披露管理办法》的有关要求进行信息披露和利益演示，严禁片面使用"预期收益率"等描述产品利益的宣传语句。保险产品为分红险、投连险、万能险等新型产品的，须以不小于产品名称字号的黑体字标注收益不确定性，以及保险产品销售区域范围。

（7）关于经营规则。投保人交付的保险费应直接转账支付至保险机构的保费收入专用账户，第三方网络平台不得代收保险费并进行转账支付。保费收入专用账户包括保险机构依法在第三方支付平台开设的专用账户。保险机构应完整记录和保存互联网保险业务的交易信息，确保能够完整、准确地还原相关交易流程和细节。交易信息应至少包括：产品宣传和销售文本、销售和服务日志、投保人操作轨迹等。第三方网络平台应协助和支持保险机构依法取得上述信息。保险机构应防范假冒网站、APP应用等针对互联网保险的违法犯罪活动，检查网页上对外链接的可靠性，开辟专门渠道接受公众举报，发现问题后应立即采取防范措施，并及时向保监会报告。中国保险行业协会依据法律法规及中国保监会的有关规定，对互联网保险业务进行自律管理。

（8）关于自律组织。中国保险行业协会应在官方网站建立互联网保险信息披露专栏，对开展互联网保险业务的保险机构及其合作的第三方网络平台等信息进行披露，便于社会公众查询和监督。中国保监会官方网站同时对相关信息进行披露。

除了中国保监会发布的上述"暂行办法"之外，中国人民银行、证监会等10个部门于2015年7月18日联合发布了《指导意见》，表示支持有条件的保险公司建设创新型互联网平台并开展网络保险销售等业务，鼓励保险公司与互联网金融公司合作，提升互联网金融公司风险抵御能力。此外，《指导意见》也明确指出：保险公司开展互联网保险业务应遵循安全性、保密性和稳定性原则，加强风险管理，完善内控系统，确保交易安全、信息安全和资金安全。专业互联网保险公司应当坚持服务互联网经济活动的基本定位，提供有针对性的保险服务。保险公司应建立对所属电子商务公司等非保险类子公司的管理制度，建立必要的防火墙。保险公司通过互联网销售保险产品，不得进行不实陈述、片面或夸大宣传过往业绩、违规承诺收益或者承担损失等误导性描述。互联网保险业务由保监会负责监管。

延伸阅读　2017年上半年互联网签单业务新增46亿件

2017年8月3日保监会召开新闻发布会，发布了2017年上半年保险业市场运行情况：上半年，全保险行业原保费收入2.314万亿元，同比增长23%。在所有保险业务中，增速最大的是互联网保险业务，2017年上半年，互联网保险创新业务签单件数46.66亿件，同比增长123.55%。其中，退货运费险27.35亿件，同比增长53.01%；责任险4.19亿件，同比增长17.36倍；保证险6.98亿件，同比增长13.27倍；意外险3.36亿件，同比增长1.45倍。

对于互联网保险的快速发展，互联网科技平台量子保相关负责人表示："围绕网络消费场景的互联网保险产品正在兴起，如何在满足企业和消费者保障需求的同时提高效率，是更大的课题。"

在互联网保险的前沿科技领域，保监会统计信息部巡视员、副主任王蔚表示，在共享经济方面，保险业积极参与绿色智能交通，保障安全出行，针对共享单车推出专门保险产品，为共享经济发展提供风险保障。在人工智能方面，保险业逐渐将人工智能技术应用于各业务流程和服务环节，实现承保、核保、定损、理赔和客服等功能智能化，有力提升运营效率和服务水平。在区块链方面，保险业加快研究和推动区块链技术应用，不断突破传统模式，成功将区块链技术与农业产业相结合，有效探索精准扶贫新路子。

与传统寿险公司不同的是，一些中小互联网保险平台自成立以来，就定位于通过互联网模式，致力于实现线上线下的融合，为客户选择合适的保险产品和便捷的理赔服务。例如，互联网科技平台量子保与绿橙教育达成合作，为绿橙教育独家定制开发保险服务，学生家长通过H5页面就可以随时投保，解决了校方、家长的诸多投保理赔痛点。而一般情况下，儿童入学家长都会给孩子购买一份人身意外险，这一服务通常由学校去筛选保险公司和产品，然后提供给家长。但由于保险产品不易理解，学校往往不知如何选择。

(资料来源：http://insurance.eastmoney.com/news/1214，20170810764807458.html)

【自主思考】
请根据以上材料，说说是什么引起了互联网保险极速发展。

任务三　互联网证券

2016年是我国互联网证券飞速发展的一年，互联网证券正处于3.0到4.0的过渡时期，证券移动互联网发展也相当迅猛，越来越多的证券客户直接通过手机进行开户、交易、查行情、看资讯等操作，移动端已成为最主要的发展方向。

任务描述

本任务旨在使学生掌握互联网证券的基本概念，学生在学习之后能够进行互联网证券的简单交易。

任务分析

本任务通过对互联网证券概念的理解及互联网证券与传统证券的对比，更好地学习掌握互联网证券的基础知识。

相关知识

一、互联网证券概述

（一）互联网证券的概念

互联网证券是电子商务条件下的证券业务的创新，互联网证券服务是证券业以互联网为媒介，为客户提供的一种全新商业服务。互联网证券包括有偿证券投资资讯（国内外经济信息、政府政策、证券行情）、互联网证券投资顾问、股票网上发行、买卖与推广等多种投资理财服务。

互联网证券交易是投资者利用互联网资源，包括公用互联网、局域网、专用网、无线互联网等各种手段，传送交易信息和数据资料并进行与证券交易相关的活动。其中包括获取国内外各交易所的实时报价，查找与证券交易相关的财经信息，分析证券市场行情，进行网上的委托下单等。

（二）互联网证券交易的风险

网上证券交易除具有一般证券交易所具有的风险外，还具有以下风险：

（1）因在互联网上传输，交易指令可能会出现中断、停顿、延迟、数据错误等情况，使投资者不能正常进行委托的风险。

（2）由于电脑病毒、黑客侵入、硬件设备故障的影响，可能导致行情和委托指令出现中断、停顿、延迟和错误，使投资者不能及时进行网上证券委托或发生错误交易的风险。

（3）在互联网上进行证券委托，存在机构或投资者的身份被仿冒的风险。

（4）由于投资者不慎将股东账号、交易密码或身份识别（CA）证书文件遗失，存在发生违背投资者意愿委托的风险。

（5）由于投资者委托他人进行网上证券委托，存在被委托人违背投资者意愿买卖证券或提取资金的风险。

（6）互联网发布的证券行情信息及其他证券信息由于传输速度的原因可能滞后或可能出现错误或误导，投资者据此操作造成损失的风险。

（7）互联网发布的金融证券信息，仅代表个别人士或机构的意见，仅供参考，据此操作可能造成投资损失的风险。

（8）互联网上的数据传输可能因通信繁忙出现延迟，或因其他不可抗拒的原因出现中断、停顿或数据不完全、数据错误等情况，从而使得网上证券委托出现延迟、停顿或中断，造成网上证券委托的用户无法及时进入交易系统、无法查看行情而影响交易造成损失的风险。

（9）由于相关政策变化，网上证券委托规则、委托软件和委托办法发生变化导致的风险。

（10）由于不可抗力，投资者不能及时进行委托或发生错误交易的风险。

（三）互联网证券的现状

1. 政治环境

（1）2012年，《证券账户非现场开户实施暂行办法》发布，明确证券公司可通过见证在网上为客户开户。

（2）2014年，证监会批准中信证券、国泰君安证券、银河证券、长城证券、平安证券、华创证券六家券商成为首批互联网券商业务试点。

（3）2015年，中国证券登记结算公司决定：一人一户制度取消，投资者可直接通过开多个券商账户来实现更换券商服务。

2. 经济环境

（1）行业佣金率不断下滑，部分中小券商已逼近万分之二的成本线，行业竞争加剧，互联网技术能够降低经营成本，聚集大量投资用户。

（2）股市低迷，投资人交易量较少，导致经纪业务营收不明朗，券商开源节流。

（3）国内券商纷纷推出APP、建立商城、与互联网公司合作，促使传统券商行业整体互联网化。

3. 社会环境

（1）2012年，在券商经纪业务中，网上交易占交易量比重为83%，营业部现场交易仅为13%，社会投资人对互联网线上服务接受度较高。

（2）具有互联网使用习惯的"80后""85后"逐步成为社会中坚，其财富投资倾向将由银行存款、银行理财、网络借贷转向股票市场。

（3）个人投资者是国内证券主要参与者，便于互联网证券展业。

4. 技术环境

（1）智能投顾与量化投资初步尝试，利用技术手段降低投资顾问费用，让投资理财在成本上平民化、大众化。

（2）由于移动互联网及智能手机的成熟、普及，社会大众能够实时获取行情资讯，并据此作出交易决策。

（3）恒生电子homes系统上线。

二、互联网证券的主要模式

互联网证券交易是投资者利用互联网资源，获取证券的及时报价、分析市场行情，并通过互联网委托下单，实现实时交易。如果纯粹从交易过程来看，互联网证券交易与传统证券交易方法的不同主要是交易信息在客户与证券营业部之间的传递方式上。传统的证券交易方法包括投资者通过证券营业部柜台下单或通过电话委托等方式进行交易，其特点是：投资者的交易指令或是直接传递给证券营业部的营业员，或是通过封闭的电话专线传递，因此信息传递的安全性与投资者发出的指令的到达可靠性都有保证。互联网证券交易与传统证券交易方法的最大区别就是：它是通过公共网络即互联网传输的，大大提高了业务处理的便捷性，但其安全性是依靠加密技术、区块链、分布式处理等信息安全技术加以保障的。

目前，我国互联网证券的主要经营模式大致可分为证券公司主导模式、IT 公司参与发起模式、券商与银行合作模式以及银行+证券商+证券网合作模式。

（一）证券公司主导模式

证券公司主导模式即证券公司自己建立广域网站点，营业部直接和互联网连接起来，形成"投资者计算机——营业部网站——营业部交易服务器——证券交易所信息系统"的交易通道。

（二）IT 公司参与发起模式

网上证券交易在国内开始是由券商全权委托 IT 公司负责的，即 IT 公司（包括网上服务公司、资讯公司或软件系统开发商）负责开设网络站点，为客户提供投资资讯，而券商则以营业部为主在后台为客户提供网上证券交易的渠道，最初开展网上证券交易的券商基本采用了此种模式。

证券公司主导模式与 IT 公司参与发起模式的区别如表 2-10 所示。

表 2-10　证券公司主导模式与 IT 公司参与发起模式的比较

项　目	证券公司主导模式	IT 公司参与发起模式
网络技术的基础和积累	新兴的业务，网络技术人才引进	网络人才集聚，技术成熟适用
电子化网上证券交易	经纪业务的主动性"坐商"	电子个性化被动性"行商"
发展和应变的能力	原创性的研究成果和"绝密"信息的吸引力强	海量信息和智能选股模型的多样化
平台建设和营销的成本	先期投入成本大，后期维护成本低	前期已经投入，但对租用平台无自主权，客户维护成本高
交易区域性的局限	各地电信、移动、银行等一系列的合作协议	网上证券交易平台，有 ISP 的优势

（三）券商与银行合作模式

这种模式是在券商与银行之间建立专线，在银行设立转账服务器，可用于互联网证券交易资金查询，资金账户与储蓄账户合二为一，实现银行账户与证券保证金之间的及时划转。采用这种方式，投资者只要持有关证件到银行就可办理开户手续，通过银行柜台、电话银行、网络银行等方式进行交易。

（四）银行+证券商+证券网合作模式

这种模式是投资者一次交易由三方合作完成：银行负责与资金相关的事务；券商负责互联网证券交易的委托交易、信息服务等与股票有关的事务；证券网负责信息传递和交易服务等事务。这种模式下形成了三个独立系统：资金在银行系统流动、股票在券商那里流动、信息在证券网站上流动。

无论以哪一种模式开展互联网证券业务，以客户为中心，加强客户关系管理，满足客户不断变化的需求，使服务更加专业化，都应是其核心内容。

四、传统券商的互联网化转型

基于对互联网金融发展的前瞻性认识和向财富管理转型的战略目标，传统券商的互联网化转型，一般包括三个方面：一是标准化业务向互联网平台集中；二是大力发展"轻型营业部"，使高端客户和个性化服务向线下平台集中；三是以国际化带动互联网化布局与发展。

（一）积极开展互联网金融产品、服务和交易方式创新

在线上方面，各传统券商持续推进以移动互联网平台为核心的互联网发展战略，打造智能化的移动互联网终端APP，实现通过互联网平台低成本、高效率地为客户提供标准化服务的目标。例如，华泰证券打造的移动互联网终端"涨乐财富通"成为公司大规模吸引客户、高效率服务客户、多元化沉淀客户的重要依托。2016年2月，"涨乐财富通"集智能新股申购提醒、一键打新、新股中签提醒等为一体的智能打新功能的推出为用户提供了全新的新股申购体验；升级的智能推送功能基于大数据分析和自建的个体特征服务系统，能为客户提供相应的个性化服务，推送更适合的产品和服务；全新上线的智能客服，运用智能语言技术和自然语言为用户提供7×24小时"3A"实时交互服务。

（二）适应互联网证券发展趋势，升级传统营业网点功能，大力发展"轻型营业部"

目前，几乎各大券商的官网、手机端都开设了网上营业厅，网上开户是基本功能，除此之外还有创业板转签、港股通、债券质押式逆回购、OTC业务等。在线下方面，营业部逐步转变为高端客户综合服务平台、产品综合配置平台、互联网落地平台、区域资源整合平台，在提供标准化服务的基础上，集中网点资源重点针对高净值客户、机构客户及企业客户提供个性化的综合金融服务，而传统营业部的现场交易功能逐渐被互联网证券交易所取代。中国证券业协会在2012年12月发布的《证券公司证券营业部信息技术指引》，将券商营业部分为A、B、C三种类型。其中，A型营业部为一般传统营业部，提供现场交易服务；B型营业部提供部分现场交易服务；C型营业部既不提供现场交易服务，也不需要配备相应的机房设备，即"轻型营业部"。由此可见，与A型营业部动辄上百万的设立成本相比，C型营业部成本低，更像是社区营业部，适合券商快速布点并就近提供增值服务。互联网证券的便捷性和灵活性，正好为大力发展"轻型营业部"创造了条件。

延伸阅读　　　　　　　　**我国互联网证券案例**

中泰证券

2013年中泰证券谋求移动端转型，2015年年初推出APP齐富通。中泰证券诵讨业务、模式、组织三方面创新支持券商互联网化，2016年齐富通被新浪财经评为十佳券商APP。据易观千帆监测数据显示：中泰证券转型效果明显，APP齐富通运营效果较好，活跃用户数量增长快速（见图2-18）。

齐富通APP是中泰证券互联网主打产品，其借鉴滴滴模式，率先推出抢单问答功能"齐富通答"及投顾微店服务，解决信息不对称，提供一对一"人+社交"式服务体验，结

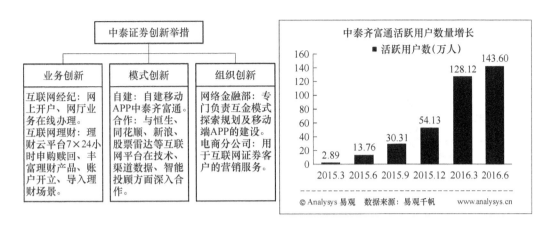

图 2-18 中泰证券创新举措

合线下营业厅实现 O2O 服务，同时创新推出券商 ICC 功能，保障用户能够实时在线得到服务，提高体验感（见图 2-19）。

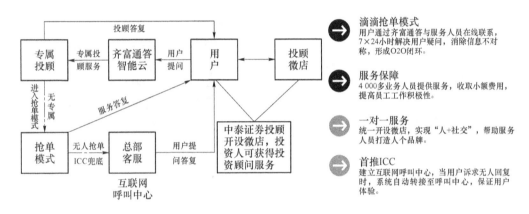

图 2-19 齐富通 APP 主要服务功能

平安证券

平安证券成立于 1995 年，目前隶属于平安集团资产管理，为 443 万用户提供证券期货经纪、投行、资管、财务顾问等服务。截至 2015 年年底，平安证券营收约为 76 亿元，净利润 24.78 亿元，现资产管理规模达 2 370 亿元。借助于集团优势，2015 年共有 83 万平安互联网公司用户迁入平安证券。平安证券加速互联网转型，推进"互联网经济""投行 1+N"等战略（见图 2-20）。

长江证券

长江证券成立于 1991 年，2015 年全年营收约为 75 亿元，目前获得 43 个业务领域的业务资格，截至 2016 年 6 月底，长江证券共设置 27 家分公司，169 家证券营业部，业务范围覆盖全国 29 个省、自治区、直辖市。长江证券通过五大举措推动培育高增长业务，其中长江 e 号是重点项目，2016 年 9 月，长江 e 号月活跃人数约为 227 万人，远超平均水平（见图 2-21）。

图 2-20　平安证券加速互联网转型

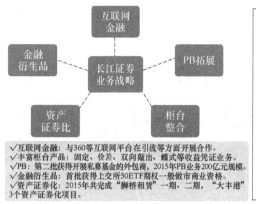
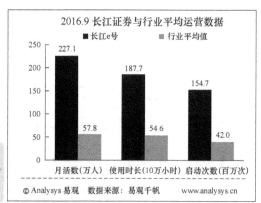

图 2-21　长江证券业务战略

（资料来源：https://www.zhihu.com/question/30519556/answer/135823994）

【自主思考】
　　请结合互联网证券存在的风险，分析这些风险该如何防范。

任务四　智能理财

　　中国互联网络信息中心（CNNIC）2016 年在京发布第 38 次《中国互联网络发展状况统计报告》显示，截至 2016 年 6 月，我国网民规模达到 7.10 亿人。其中，手机网民规模达 6.56 亿人。在网民上网设备中，手机占据主导地位。同时，仅通过手机上网的网民达到 1.73 亿人，占网民规模的 24.5%。

任务描述

　　本任务旨在让学生掌握智能理财的基本概念，学生在学习之后能够对智能理财有深刻的了解并对智能理财未来的发展有自己的见解。

任务分析

本任务通过对智能理财概念、优势及产生背景和发展现状的阐述,使学生了解其存在的意义。

相关知识

一、智能理财的概念及优势

(一)智能理财的概念

智能理财,又称智能投顾(Robo – Advisor),和大多数金融产品、服务、理念类似,智能理财也是源于美国,美国起步是在 2008 年前后。

智能理财的原理出自马柯维茨(Markowitz)的"投资组合理论"(Portfolio Theory),该理论于 1952 年提出,并获得了 1990 年诺贝尔经济学奖。

智能理财,简单来说就是通过计算机、互联网、大数据技术,基于现代投资组合理论构建模型和算法,结合个人投资者的具体主观风险偏好和客观风险承受能力及理财目标,通过后台算法给客户进行资产配置优化。更简单的描述是:计算机 + 大数据 + 互联网 + 资产组合理论。和智能理财相对应的是人工理财,指的是通过投资顾问(理财师)做投资规划;自己为自己做投资规划也算是人工理财。人工理财依靠的是人的力量,主要是投资顾问凭借丰富的经历,掌握的经济、金融、财务、法律知识,以及对各个资产类别、理财产品的熟知而为投资者提供服务。而这些在智能理财中,是数据库里面的资料。

(二)智能理财的优势

(1)客观。智能理财相对于投资顾问来说不会有"私心",不受个人情绪影响,战胜了人性。

(2)专业。国内的投资顾问水平参差不齐,不少人缺乏专业训练和相关知识。智能理财的背后却是由专业的经济、资产配置专家搭建的模型。

(3)效率高。从理论上说,一个投资顾问在正常的知识储备、研究精力的情况下,擅长的投资组合可能是几十到几百个,而全球市场的投资组合几乎是以万亿计的,人工智能的超级运算能力是完全可以胜任的。

(4)收费低。智能理财比人工理财收费低,人工理财收费是 1% ~ 3%,智能理财是 0.25% ~ 0.75%。

(5)便捷。人工理财基本上做不到随时随地服务,但是智能理财可以不受地域、天气、时间影响,做到全天候 7×24 小时服务。随着移动互联网技术的发展,还将更加便捷和友好。

二、智能理财产生的背景

在美国,智能理财被认为是解决"10 万美元困境"问题的有效方式。什么是"10 万美元困境"呢?主要是指中产阶级在财富管理上遇到的问题,手握 10 万美元可投资资产的"中产"们,往往在财富管理上属于"初入门"阶段,而大多数财富管理机构的目标人群都是 100 万美元以上的客户。10 万美元的客户虽然很需要专业的资产配置建议,但却无法承担相对较高的人工服务成本。未来最贵的是人工,而每一位理财师背后,都是一个庞大的团队在支撑，不是单个人。因此，智能理财是最适合"中产"的资产配置服务模式。

智能理财用个通俗的比喻来说，有点类似商业银行的私人银行线上化，只不过没有了一对一服务，没有了人工推荐，将资产组合通过模型算法得出。但是国内的智能理财仍处于初级阶段，目前所呈现的还只是基金、各种"宝"、保险以及 P2P 这类简单的资产投资，而一些复杂的海外资产投资尚未进入国内智能理财的"篮子"里。

先是阿里巴巴旗下的蚂蚁金服表示，刚刚上线的蚂蚁聚宝 APP 未来将包括智能理财等业务。而京东金融也上线了智能理财平台"智投"的 PC 端。此外，还有不少 P2P 平台推出了相应的智能理财 APP，投资者用手机 APP 就可以按照自己的喜好进行所谓的"资产配置"。

据了解，目前这类智能理财平台，主要是基于用户个人投资需求和风险偏好，通过用户画像，帮助用户快速找到最适合自己的投资方式。

如此一来，带有资产配置性质的智能理财已经不再仅是高端客户使用的理财方法，普通的投资者都可以使用。据公开资料显示，我国是储蓄大国，市场上有大量闲散资金，但合适的理财投资产品有限。

国内的智能理财平台主要从两类机构发展而来，一类是互联网平台，一类是财富管理机构。

三、智能理财在国内外的发展现状

世界知名咨询公司 A. T. Kearney 预测，美国智能理财行业的资产管理规模 2016 年为 3 000 亿美元，到 2020 年将增长至 2.2 万亿美元，年均复合增长率将达到 68%。

在美国，推智能理财的可以分为两个阵营，一个是传统的金融机构，一个是新兴的理财平台。先说传统的金融机构，比如高盛，高盛很早就开始关注智能理财领域，但是传统金融机构一般相对保守，只有对市场有比较大的把握和信心了才会出手。另一个是一些新兴的平台，这些平台包括 Wealthfront、Motif Investing、Personal Capital、Betterment、LearnVest、SigFig、FutureAdvisor 等，既有纯技术平台，也有人机结合的平台。从国内来看，相对来说情况复杂，传统金融滞后，新兴的金融服务大多也在摸索，缺乏监管措施和行业标准。

在国内，基本上可以分为两大类：第一类也是传统的金融机构，比如银行、券商、基金公司等。对于传统金融机构来说，其服务内容链条较长、智能机器人的应用也并不局限于投资顾问的角色，甚至还在提供一些其他的金融服务。第二类是非传统金融机构，如京东的智投、百度的理财智能机器人、宜信财富的投米 RA 等，以及一些创新平台，如蓝海财富、理财魔方。这类公司相对于传统的金融机构来说，功能更加集中，主要是在资产配置上，所以这一类机构推出的智能理财服务应该说更专注一些。

延伸阅读

Personal Capital 创始人 Bill Harris 曾经是全球最大的第三方支付平台 PayPal 和多款知名会计软件开发公司 Intuit 的 CEO，也是多家科技金融和数据安全服务公司的发起者，并曾在 RSASecurity、Macromedia、SuccessFactors、GoDaddy 和 EarthLink 等网络数据安全服务公司担任要职。此外，Bill Harris 还为其他一些成功企业提供咨询顾问服务。

这家公司刚开始的口号是用机器人理财取代传统理财师。后来发现，没有办法取代传统理财师，部分原因在于标准资产和非标准资产的差异、个人金融行为和数据的差异、人的独特情感、购买商品的情感利益等。

于是，这家公司开始和一些理财师合作，将客户的基本问题让客户自己决定，复杂的问题转交给理财师，在线下处理。但是，这样的效果依然不好，原因在于合作的理财师在技术水平方面由于没有进行统一化的教育和学习，也不能完全解决更复杂的问题。

最后，这家公司开始重视对理财师的培训，现在，它变成了一个拥有 700 多位专业理财师，并有强大技术支撑的、高度人机结合的理财公司。

海外智能理财模式如图 2-22 所示。

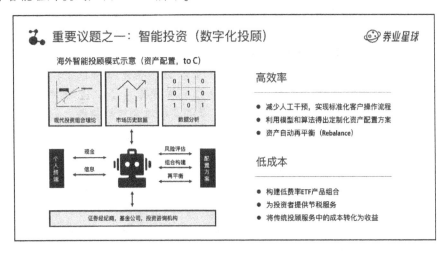

图 2-22　海外智能理财模式

（资料来源：http://www.010lm.com/redian/2016/0430/1820089.html）

【自主思考】
根据以上材料，请你思考智能理财是否会在将来代替人工理财，并说明原因。

任务五　典型案例分析与实操体验

任务描述

本任务旨在通过对典型案例的分析及实际操作，从实践上加深整个项目的学习，做到实践理论一体化。

任务分析

本任务主要内容为分析余额宝案例与互联网证券的开户。

典型案例分析

余额宝又将有大调整：最高额度限定为 10 万元

2017 年 8 月 11 日，天弘基金发布公告称，自 8 月 14 日零点起，个人持有余额宝的最高额度调整为 10 万元。天弘基金表示，此次调整是为了保证余额宝稳健运行，维护投资者的根本利益，更好地服务大众投资者。

余额宝一直定位为小额现金管理工具，人均持有金额只有几千元，预计这一调整对余额宝绝大部分用户没有影响。同时，此前在余额宝内放置的资金超过10万的用户，这次调整之后也无须取出，可以继续享受收益。

绝大部分用户不受任何影响

简单来说，调整后，如果用户在余额宝里的钱低于10万元，可以继续转入资金；如果达到或超过10万，则无法转入更多资金。8月14日之前，余额宝里的钱已经超过10万元的，无须转出，可继续享受收益。同时，余额宝转出、消费以及收益结算等均不受任何影响。至于未来是否会继续下调个人最高持有额度，余额宝方面表示，没有继续下调额度的计划。

专家分析：自我约束有利于余额宝稳健

2017年以来，因为市场资金面偏紧、货币基金收益率整体维持在了较高水准，余额宝收益率从5月开始，连续三个月在4%以上，这让其规模保持了较快的增长。公开数据显示，至2017年6月底，余额宝规模增长至1.43万亿，成为全球规模最大的货币基金。不过余额宝的收益率在近两周也出现了下滑，目前又重新回到了4%以下。

中央财经大学金融学院教授郭田勇表示，对于余额宝来说，目前已经没必要过于追求规模快速增长了，保障整个基金的健康稳健发展才是最重要的。此次调低个人最高持有额度后，预计余额宝的增速会适当放缓，这有利于其保持"小额、分散"的定位，达到更稳健运行的效果，也有利于天弘基金的投资管理。

中金所研究院首席经济学家赵庆明认为，在基金行业，基金公司主动调整申购额度是例行做法。余额宝此次主动放缓增速，进行自我约束，小步慢跑，主要是为了"稳上加稳"，体现其稳健谨慎的管理方式，这对于余额宝的长期稳健是有益处的。

（资料来源：http://zj.zjol.com.cn/news/723838.html）

【自主思考】
根据以上材料，如何看待余额宝额度调整？

1. 监管环境，严控风险

自互联网金融概念兴起，金融监管日渐严格，各家券商、大型基金公司都在喜迎检查。货币基金最怕流动性风险。巨额赎回，可能导致货币基金负偏离，导致亏损。货币基金的净值是1，用的是摊余成本法，和其他类型基金产品不一样；而且政策规定，当货币基金的负偏离达到一定程度的时候就要公告。所以，余额宝作为一只有庞大存量的货币基金，监管机构担心其出现流动性风险。2016年年底，某些货币基金出现了机构客户的集中赎回，造成了流动性压力。监管机构注意到了，所以要严控风险，控制余额宝的规模，严控风险是这次限额的主要原因。

2. 方便基金经理投资，提高产品收益率

很多基金现在都限购了，例如，招行手机银行卖的"招招盈"，是招商基金的一款货币基金产品，现在限存量规模。曾经"招招盈"的入口十分明显，打开招行手机银行就能看到，现在几乎难以找到。

货币基金限购，有利于基金经理投资，有利于提高产品收益。这条措施主要是防止机构大额资金的频繁进出，影响货币基金收益，很多收益好的货币基金都开始限购。

3. 在货币基金收益和现在持平的情况下，对余额宝的规模不会有很大影响

余额宝还是以零售客户为主，机构客户较少。例如理财通是没有基金销售牌照的，只有基金支付牌照，监管机构从 2016 年年底建议理财通拿代销牌照，以便于监管。所以说，余额宝限额主要是为了防范可能出现的风险。

实操体验一

互联网证券手机开户操作。

实操目的

证券登记开户是证券交易的第一步，手机远程开户是目前互联网证券最主要的开户方式，已经逐渐取代了传统的交易柜台开户。手机远程开户又可以细分为 APP 端开户、个人展业平台开户和交易软件开户等，本实训要求学生在了解互联网证券概念及特点的基础上，通过模拟演练理解互联网证券的基本模式。

实操内容

通过浙商证券手机客户端进行开户演练。

开户前请准备好身份证、银行卡、3G 或 4G 网络手机。

（1）扫描手机开户二维码，下载浙商证券掌上开户客户端。长按以下二维码图片，在跳出的菜单中选择"识别图中二维码"。识别图中二维码后将开始下载掌上开户客户端，下载完成后安装（见图 2-23）。

图 2-23　浙商证券掌上开户端二维码

（2）打开客户端，新入市的还没有股东账户的投资者选择"新开户"；已经在其他证券公司开过户，并且没有销户的，一人多户，也选择"新开户"；已经在别的证券公司开过户，但已经销户的，点击"转户"。如图 2-24 所示。

（3）输入手机号，您将收到一条带有验证码的短信，将验证码输入，点击"验证并登录"。

（4）将身份证正反面平放在桌面后，横向拍摄身份证正反面照片，图像必须完整清晰，否则系统无法正确读取证件信息。证件照片完整上传后点击"下一步"。如图 2-25 所示。

（5）此时您可以看到您的身份证信息已被系统识别，且证件号码及证件上的地址已经被自动录入。联系地址可以与身份证地址相同，也可以不同。如果要重新输入联系地址，地址格式必须完整,按照"(××省)××市××区××路(××弄)××号××室"录入。接下来要手动选择职业信息和学历信息。

图2-24 新开户操作

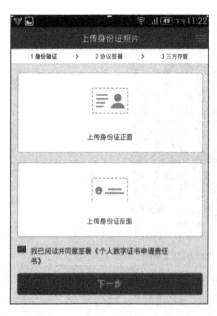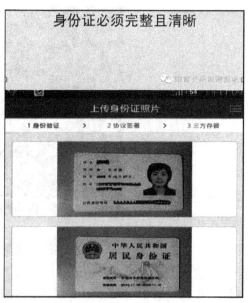

图2-25 上传身份证照片

(6) 填入开户介绍人姓名,即您的客户经理姓名(可略过这一步骤)。如图2-26所示。

(7) 视频验证。一般在人数较多的情况下,至多10分钟会接通,请耐心等待视频验证工作人员与您视频通话。通话过程中请回答"接受""了解""明白"。

模块二 项目五 互联网金融销售模式

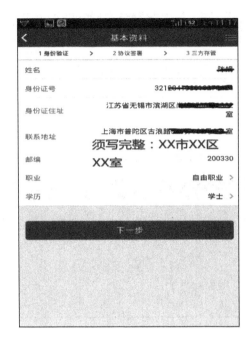

图 2-26 输入联系地址、开户介绍人姓名

（8）协议签署。"股票账户""基金账户"已默认勾选，手动勾选"我已阅读并同意签署以上协议"，点击"下一步"。如图 2-27 所示。

图 2-27 视频验证及签署协议

（9）设置密码。

（10）开通三方存管。选择银行并输入卡号，手动勾选"我已阅读并同意签署《×行存管三方协议》"，点击"开通三方存管"。如图 2-28 所示。

（11）风险测评。如图 2-29 所示。

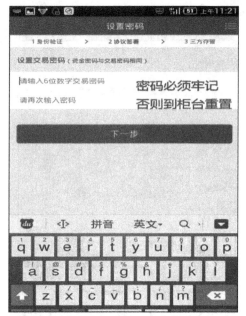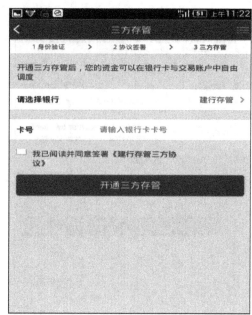

图 2-28　设置密码及开通三方存管

图 2-29　风险测评

（12）问卷回访。除了第 4 项选择"否"以外，其他请选"是"。点击"提交"。
（13）提交完成。

实操体验二

探索区块链技术在互联网保险中的应用。

实操目的

区块链（Blockchain）是指通过去中心化的方式集体维护一个可靠数据库的技术方案。区块链技术最初的、最成熟的应用就是数字虚拟货币，在保险业、证券业、银行业等传统行业具有广泛的应用前景。本实训要求学生在了解区块链技术概念与特点的基础上，通过模拟演练理解区块链技术应用模式，并结合所学知识和实际操作，探索区块链技术在数字货币、互联网保险、互联网证券等领域的实际应用。

实操内容

探索区块链技术在互联网保险中的应用。

在前期课程中我们已经了解了区块链的相关知识，那么如何让区块链技术应用到互联网保险中来呢？假设投保人拥有一个安全的、全球可用的区块链个人存储区域，那么被保险人的健康记录和驾车记录对于保险人来说会变得透明可靠，从而投保人能获得费率更公正的寿险或车险。不仅如此，区块链技术使得部分风险群体构建自身的风险池成为可能，从而促进了互联网保险的流程优化与产品创新。请通过比较传统保险与互联网保险业务流程，探究区块链技术在互联网保险的哪些环节具有应用前景。

传统保险业务和互联网保险业务的基本流程分别见图 2-30、图 2-31。

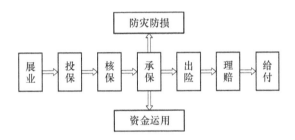

图 2-30 传统保险业务的基本流程

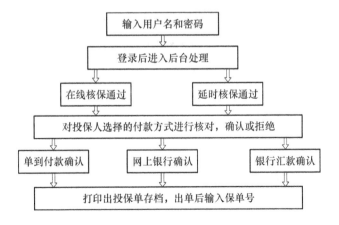

图 2-31 互联网保险业务的基本流程

立体化阅读

互联网证券年度盘点
2017 中国互联网证券年度报告

项目小结

目前金融证券行业总体的电子商务化程度普遍较高，比如网上银行、网上证券等，在网络广告投放上，银行、保险等大型金融机构一般会投放网络品牌广告，而支付类企业在网络营销上的力度比较大。在最近两年中，金融行业出现了不少网络营销解决方案，从初步的新闻传播，到网络活动营销、搜索营销、网络事件营销、微博营销、网络视频营销，一个全新的泛金融行业网络整合营销体系已经建立起来。本项目主要学习了互联网基金、互联网保险、互联网证券以及智能理财的内容，对不同种类营销内容的内涵、特点以及风险有了进一步认识，在了解其产生背景的基础上，深入了解了不同销售方式的实际操作流程。

课后思考题

一、单项选择题

1. 某互联网金融 APP 推出了免费的"失眠险""雾霾险"等互联网保险新产品，主要目的是为了（　　）。
   A. 跨界经营　　　　　　　　B. 社会效益
   C. 基础引流　　　　　　　　D. 上层变现

2. 某券商采用"投资者计算机——营业部网站——营业部交易服务器——证券交易所信息系统"的交易通道，该券商的互联网证券经营模式为（　　）。
   A. 证券公司主导模式
   B. IT 公司参与发起模式
   C. 券商与银行合作模式
   D. 三方合作模式

3. 当前最主要的互联网证券业务是以下哪一项？（　　）
   A. 互联网证券交易
   B. 在线投资顾问
   C. 综合财富管理
   D. 在线证券信息服务

4. 下列关于互联网基金的说法，不正确的一项是（　　）。

　　A. "宝宝"类互联网基金投资管理的核心是流动性管理。

　　B. 互联网基金具有操作便捷、信息对称的特点。

　　C. 互联网基金的发展会取代货币基金银行销售渠道。

　　D. 通过支付宝平台，余额宝给客户提供了集现金管理、理财增值、购物消费、提现、转账功能于一身的电子商务流动资金管理需求一揽子解决方案。

二、简答题

1. 比较人工理财与智能理财的不同。
2. 简述互联网证券交易存在的风险。

项目六

互联网货币

项目介绍

本项目首先介绍了互联网货币(又称虚拟货币)的产生背景以及种类和特点、发展趋势等基础知识,要求学生熟悉和了解互联网货币的基本概况。其次,介绍了互联网货币的两种运营模式。再次,介绍了互联网货币的风险分析方法及风险防范措施。最后,通过典型案例的分析及实操,深化学生对互联网货币知识的理解,并掌握其核心本质及用途,体会互联网货币对金融体系的影响。

知识目标

1. 了解互联网货币的产生背景及发展阶段;
2. 了解互联网货币的发展趋势;
3. 掌握互联网货币的运营模式;
4. 掌握互联网货币的风险分析方法及风险防范措施。

技能目标

1. 实际认知几种常见的互联网货币的特性及用途;
2. 学会用发散、创新性思维思考和分析问题。

案例导入

比特币的发展

2013年年底全球最大的金融机构之一美银美林宣布正式将比特币纳入研究范围。美银美林货币分析师David Woo为比特币估值1 300美元,他认为"比特币能够成为电子商务的一种主要支付方式,并且成为传统货币交易的有力竞争者"。

2013年11月,一系列利好因素出现,比特币的币值也一路攀升,在比特币如此疯涨的同时，其他互联网货币的交易价格也在猛涨。比如莱特币也在当月上涨了400%。CoinMarketcap网站专门介绍目前具有市值的互联网货币的走势图，其中共收录了651种互联网货币，根据该网站的数据，2013年11月市值排名第三的Peercoin在一天内上涨了22%，排名第四的Namecoin上涨了70%等。

与此同时，位于中国著名的创业基地"车库咖啡"的赵乐天以300万元的价格卖掉了他唯一的住房，他用这300万元中的100万元投资了10个项目，100万元做自己的项目，剩余的100万元买了2 000个比特币，由于互联网货币市场大好，这些比特币所带来的收益已经把房子的钱全部赚回来了。从赵乐天的例子可以看出大家对互联网货币的追宠程度。

比特币在2014年期间下跌超过56%，成为2014年所有法定货币和互联网货币中表现最糟糕的货币，甚至超过了俄罗斯的卢布和乌克兰的格里夫纳。有人认为，比特币的下跌甚至比原油和卢布的下跌更为惨重，到2015年年初，财经界已经对比特币失去了信心，很多专家都认为比特币危在旦夕。

而在此背景下，2015年4月，高盛集团仍然向新兴的比特币公司Circle Internet Financial投资了5 000万美元。同年6月，另外一家新兴的比特币公司Xapo宣称三位金融领域的佼佼者已经与其签约成为顾问委员会成员，他们分别是美国前财长拉里·萨默斯、花旗银行前首席执行官约翰·里德和维萨创始人迪伊·霍克。这则消息表明华尔街很重视比特币，这可能会让那些认为互联网货币在衰退的人大吃一惊。

目前世界上一些最有权势的机构都热衷于这类互联网货币，也许它们对互联网货币的兴趣会帮助其生存和蓬勃发展。（资料来源：根据网上有关报道整理）

【自主思考】
通过分析比特币的特点及其发展现状，思考比特币能否成为像股票一样热门的投资工具。

任务一　互联网货币概况

世界上最早的互联网货币是由Beez.com推出的一种叫"网豆"的货币，网络用户可以在Beez.com上免费申请账户，然后得到一定数量的"网豆"，经过几十年的发展，出现了多种在互联网上流通的货币，互联网货币市场已经初具规模，成长为重要的支付方式。在我国，互联网货币已经形成每年几十亿元的规模，并且仍以每年20%以上的速度快速增长。2012年以来，支付服务已经成金融领域创新最重要的部分之一，而互联网货币是其中最为显著的部分之一，互联网金融的支付方式革命也大量地体现在互联网货币方面。

任务描述

学生对互联网货币的产生背景、种类和特点等相关理论知识进行学习和思考。

任务分析

进行相关知识的讲解学习和课堂互动。教师运用多媒体对互联网货币相关理论知识进行讲解，学生听课、讨论和思考。

相关知识

一、互联网货币产生的背景

互联网货币是伴随着互联网的网络增值产品和服务的产生和发展而出现的。互联网货币又称为虚拟货币，是一种以交易媒介的方式存在，在互联网中以比特流这种数字形式存储于物理介质中，并且在网络这个虚拟空间中消费虚拟产品和增值服务的货币。

互联网货币的产生有如下背景：

（一）虚拟市场和电子金融的出现

互联网为消费者提供了大量的交流与沟通的场所，同时也为企业提供了经营市场。互联网技术以及电子商务的快速发展引致一个新的市场出现——基于网络空间的虚拟市场。伴随着虚拟市场的出现，虚拟经济被提了出来。虚拟经济是指以信息技术为工具所进行的经济活动，而互联网货币是虚拟经济的具体表现形式，是构建与现实经济相平行的互联网虚拟经济的价值交换基础。

除了虚拟经济所产生的促进力量，互联网货币的出现也离不开互联网技术在金融领域引起的发展变革。全球经济一体化、网络化的潮流对传统金融产生了重要影响，与此同时，电子商务借助于互联网技术的快速发展，也提出了对电子金融的需要。

电子金融是以网络技术为支撑的在全球范围内的所有金融活动的总称，除了金融业务的电子化，还包括网络金融安全、网络金融监管等诸多方面。电子金融是存在于电子空间的金融活动，其存在形态是虚拟化的，运行方式是网络化的，是适应电子商务发展需要而产生的网络时代的金融运行模式。

虚拟经济和电子金融为互联网货币这样的虚拟交易媒介的出现奠定了基础，而同时期网络游戏的快速发展，使得互联网货币找到了第一个让它大放异彩的舞台。2013年9月美国数字游戏销售额达9.7亿美元，比2012年同期增长了6%。网络游戏本质上是数字化的服务，面向的用户100%为网络用户，所以其消费全部是在互联网中完成的。互联网货币将用户的娱乐体验及其消费支付都集成在网络游戏平台中，在网络游戏中的支付过程如图2-32所示。用户在体验前通过各种渠道对其互联网货币账户进行充值，在体验过程中用户则可以根据需要随时支付，随时获得相应的服务，这给网络用户带来了极大便利。

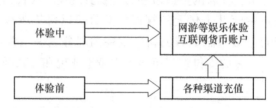

图2-32 互联网货币在网络游戏平台的使用过程

（二）从法定货币到互联网货币

法定货币是指不代表实质的商品或物品，发行者亦没有将货币兑现为实物的义务，只依靠政府的法令使其合法通行的货币。法定货币的价值来自其购买力，货币本身并无内在价值。

一般来说货币具有三种基本功能：计价单位、交换媒介和价值存储。随着全球经济一体化以及互联网的快速普及，法定货币自身的局限性逐渐体现出来。首先，由于政府为了刺激经济的增长而选择不断地增发货币，这便导致了货币的贬值。其次，法定货币存在的价值是依靠政府的信用，当政府的信用垮台时，政府发行的法定货币就不再具有上述三种功能。所以对于没有发行机构的互联网货币来说，并不存在增发问题，互联网货币的来源是全世界所有能接受这种形式的货币的人。如果接受互联网货币的人足够多，它的信用价值甚至会比法定货币更可靠。

二、互联网货币的种类和特点

（一）互联网货币的种类

根据互联网货币的发展进程和属性来看，主要可分为两类：

1. 特定平台上封闭运行的互联网货币

特定平台主要是指网游平台、虚拟社区、电商网站等可进行交换和交易的互联网平台。这些平台上封闭运行的货币主要包括：Q币、百度币、亚马逊的Amazon币等。这类货币只能用于其所属平台，可用于买卖虚拟物品，也有一定的积分和促销功能。目前我国较为流行的此类互联网货币如表2-11所示。

表2-11　我国在特定平台上封闭运行的主要互联网货币

币种	发行公司	使用业务和服务	购买价格	购买方式
Q币	腾讯	QQ会员、QQ游戏等	1Q币=1元	财付通、银行卡、网络充值、手机充值卡、一卡通充值卡等
U币	新浪	新浪邮箱续费、网游点卡购买、单机游戏下载等	1U币=1元	固定电话、手机、网银等
百度币	百度	影视、网络游戏等	1百度币=1元	银行卡、神州行卡、联通充值卡、网银等
狐币	搜狐	付费增值产品及服务	1狐币=1元	银行卡、电话银行、邮局汇款等

2. 具有传统货币属性的互联网货币

还有一类互联网货币具有更多传统货币属性，更接近传统货币的虚拟货币如表2-12所示，包括Bitcoin（比特币）、Dogecoin（狗币）、Ripples（瑞波币）、Litecoin（莱特币）等。此类互联网货币借助于互联网技术和电子商务的推动，已经延伸到传统货币体系以及实体经济领域。

表2-12　全球具有传统货币属性的主要互联网货币

币种	发行时间	产生原理	发行数量	特点
比特币	2009年	基于数学和密码学	总数量将被永久限制在2 100万个	去中心化、全球流通、专属所有权、低交易费用、无隐藏成本、跨平台挖掘
狗币	2013年	基于Scrypt算法	1 000亿个全挖出后，每年挖50亿个	小费文化背景、慈善人文背景

续表

币种	发行时间	产生原理	发行数量	特　点
瑞波币	2011年	基于数学和密码学	1 000亿个	Ripple系统中唯一的通用货币，没有网关的限制
莱特币	2011年	基于比特币协议，使用了Scrypt加密算法	发行数量每四年减少一半，最终达到总量8 400万个	去中心化、平均2.5分钟的交易确认，挖掘更容易

（二）互联网货币的特点

相对于传统货币，互联网货币最明显的特征是虚拟化，如同其定义所述，以比特流这种数字形式存储。从功能作用来看，互联网货币还有一些更加重要的特点。

1. 去中心化

Uber的出现使得人们出行更加便利和环保，同时可以节约成本；众筹网的出现使得小微企业以及个人的创业梦想能够更快地得到更多人的资金支持；通过MindMixer可以让政府在一个更加公开透明的环境下搜集公众的意见。与此同时，互联网货币同样面临着不可阻挡的"去中心化"大趋势。对于互联网货币而言，去中心化就是指不依靠任何特定的货币机构发行，人人都可以成为货币的发行者，没有中央银行的监管，并且可以使用遍布整个网络节点的分布式数据库记录交易。

2. 更便捷的交易

互联网货币在交易，特别是在跨国交易方面具有很大的优势，它们能够实现多种货币的快速收付，并且在交易过程中免除了银行传统兑汇业务中的各种手续和等待时间，进而使得互联网可以提高资金的流通效率，并推动跨国贸易中的小额交易。互联网货币对传统货币使用的各个环节进行了"简易集成"，如开户、购物、支付、电子发票等。在这些环节中，用户不需要再次输入自己的个人信息，几秒钟内就能完成交易。此外，由于互联网货币是一种数字化的货币，也在一定程度上增加了交易的便利性。

3. 更低的费率

原有银行体系下的高额交易手续费促进了完全的数字化传输，并且促进了不需要第三方参与的互联网货币的快速发展。相比于传统交易方式，互联网更低费率的特点对于那些净利润率较低的企业来说具有很大吸引力，比如电商公司等，而这些企业也是当前商业领域中最具有创新力和活力的主体之一。另外，互联网货币也被用于交易成本过高的业务，比如跨境支付和小额支付业务等。

4. 无"假币"风险

法定货币虽然由特定金融机构发行、政府监管，但是假币现象仍层出不穷，与传统的法定货币不同，互联网货币是一种以比特流形式存在于网络中的虚拟货币，并且使用了密码学设计，可以产生多达数百位的密钥，以此确保了互联网货币在流通过程中各个环节的安全性。

5. 无通胀风险

很多互联网货币具有自己的额度上限，比如比特币最多为2 100万个，瑞波币的上限为1 000亿个，为了保持互联网货币币值的稳定，它们都有自己独特的发行方式。比如，比特币在发行过程中每四年产出减半，直到无限趋近于2 100万个。由于互联网货币没有中央银行的控制，与不断量化宽松的法定货币相比，没有通货膨胀的风险。

6. 促进多领域创新

互联网货币作为近几年来的另一项颠覆性技术，也促进了不同领域的颠覆性创新。一是通过使互联网货币参与到全球经济中来，即使没有银行卡和信用卡，人们也能很好地完成跨国小额信贷；二是利用互联网货币技术可以创造出全新的分享交换网络资源的方式；三是促进支付市场的创新，互联网货币给予人们新的支付方式；四是利用互联网货币加速货币流通速度，帮助用户更好地实现小额付款；五是互联网货币可以让互联网社区真正引入货币性激励。

三、互联网货币的发展趋势

（一）互联网货币的统一

互联网货币推出初期，各个网站都推出自己的互联网货币，都有自己的一套运行体系，网站之间互联网货币的差异会导致互联网货币的兑换变得很麻烦。此时就需要统一的互联网货币执行价值尺度和统一的流通手段的职能，比如，多家发行公司联合决定某家公司代理发行，或者成立新的发行机构发行统一的互联网货币；或者就像法定货币流通一样，通过一定的汇率，使各互联网货币之间可以互相兑换。可以预见，今后统一的互联网货币将是发展的趋势。

（二）促进电子商务的发展

互联网货币的出现从根本上解决了互联网收费与网络私密性之间的矛盾，保障了网络商品交换的完成，加快了电子商务的发展。

传统的电子商务付费方法基本采取直接交易模式，用户直接付费给服务商才能购买相应的产品和服务，此时收费和用户隐私必然构成矛盾。互联网货币作为一种新的支付媒介使得网络付费行为构成间接交易模式，用户将现实货币兑换成互联网货币，使用互联网货币消费服务商提供的网络服务，而不需要与服务商直接打交道。

（三）互联网货币交易更加发达

1. 互联网货币将进一步促进网络服务产业的发展

互联网货币作为一种快捷的支付手段，对新兴的网络信息商品和服务起着不可替代的中介作用。互联网货币的中介作用，促进了新兴的网络信息商品的制造、生产和流通，也正是基于这种中介作用，新兴的网络信息商品和服务的提供商大量涌现并提供了丰富的商品和服务，进而形成以提供多样化信息服务为主的规模产业。

2. 互联网货币促进了新型支付工具的发展

互联网货币作为商家与消费者之间一种新型支付手段，相比传统的现金和转账支付有着巨大优势，并且互联网货币本身便是在科技的推动下产生的，也将伴随科技的发展继续提升。互联网货币的出现有效地填补了我国电子支付系统的空白，而计算机技术、通信技术和网络技术三者的结合，将不断拓宽互联网货币的应用领域，推动互联网货币的进一步发展。

> 延伸阅读

比特币在我国的发展及问题

与大多数货币不同，比特币不依靠特定货币机构发行，它依据特定算法，通过大量的计算产生，并使用密码学的设计来确保货币流通各个环节的安全性。使用者可以用比特币购买虚拟物品，比如网络游戏当中的衣服、帽子、装备等，只要有人接受，也可以使用比特币购买现实生活当中的物品。

到目前为止，我国已经初步形成以交易平台为核心，从比特币的生产（挖矿）、存储（比特币钱包）、兑换（按一定汇率兑换各种法定货币或其他虚拟货币）、支付到消费较为完整的产业生态链，也已经出现了相关衍生性金融服务，主要表现在以下四个方面：

第一，截至2013年5月，挖比特币的人数已达到8.5万人，居世界第一位。

第二，比特币平台交易量激增，排名也是世界第一。在我国，从事比特币交易的主要平台有比特币中国、OKCoin、火币网等。有数据显示，比特币在中国的注册用户已经超过了3万人，而2015年5月，在全球比特币交易平台排名还只位列第五，但到11月的时候已成为全球交易量最大的交易平台，每天的交易量超过了10万比特币。

第三，接受比特币支付的商家数量也日益增多。车库咖啡是国内第一家接受比特币支付的实体店。芦山地震后，壹基金也宣布了接受比特币捐赠，共收到了233个比特币，折合人民币近22万元。到目前为止，淘宝网越来越多的网店也接受比特币支付。

第四，一部分金融机构开始提供以比特币为基础资产的金融服务。例如，光大银行福州分行为福建中金在线网络管理公司推出的"中金在线比特币私募基金"提供托管服务。比特币在快速发展的同时，也暴露出了两大风险：一是国内比特币交易的投机性非常强，二是没有涨跌幅限制，风险非常大。普通投资者盲目跟风容易遭受重大损失。如图2-33所示，截至2017年8月13日，比特币价格已经达到了2 600元。

图2-33　2017年5月26日至8月13日比特币价格走势

（资料来源：新浪财经）

【自主思考】
1. 试简述互联网货币的产生背景。
2. 结合你熟悉的互联网货币说说有什么特点。

任务二　互联网货币的运营模式

每一种互联网货币的产生、应用都离不开运营模式的设计。世界上最早出现的互联网货币"网豆"的运营模式为：发行商 Beez.com 公司将"网豆"以每个 1 美分的价格卖给网站，网站再通过活动等方式发放给互联网用户，或者让用户来赢取网豆。用户获得网豆后，可以将其当作现金在网络商店中消费，最后 Beez.com 公司会以每个 0.5 美分的价格从网站运营商处购回。这是最初阶段的互联网货币的运营模式。

任务描述

学生对互联网货币的运营模式及其运营模式对经济体系的影响等相关理论知识进行学习和思考。

任务分析

进行相关知识的讲解学习和课堂互动。教师运用多媒体对相关理论知识进行讲解，学生听课、讨论和思考。

相关知识

一、特定平台上封闭运行的互联网货币运营模式

在特定平台上封闭运行的互联网货币作为一种新的支付手段，与传统货币及其他作为支付手段的互联网货币有明显的区别。这类互联网货币的发行商主要是网络平台运营商等非金融机构，如电子商务运营商（如亚马逊）、网游运营商（如魔兽世界 WOW）以及其他网络平台（如腾讯、新浪等）。对应的互联网货币主要包括电子商务平台中的互联网货币（如亚马逊的 Amazon 币等）、网游中的互联网货币（如 WOW 的金币等）及其他互联网货币（如腾讯的 Q 币等）这三类。

图 2-34 对这三类特定平台中的互联网货币在整个运营过程中所涉及的各个参与方和活动流程进行了简单的描绘，其活动流程涉及互联网用户、电子银行交易系统、网络平台这三个主要参与方。平台发行互联网货币后，用户可以通过电子银行交易系统支付，获得互联网货币，在各类平台中利用货币从事各类活动，同时，用户也可以以一定的方式对货币进行赎回。下面将分别从互联网货币的发行、转移及其回收三个方面具体描述其运营过程。

（一）特定平台上封闭运行的互联网货币的发行

总的来看，互联网货币的发行机构众多，且基本独立，不受其他人和机构的监督与管理，它们发行的互联网货币具有非权威性、分散性和封闭性等特点。

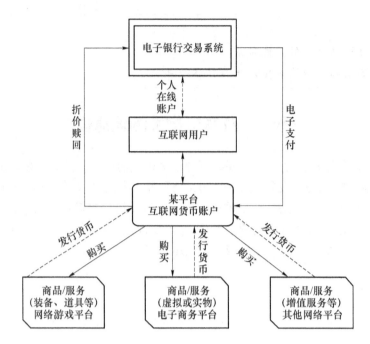

图 2-34　三类特定平台中互联网货币的运营过程及各参与方之间的关系

根据是否需要使用法定货币购买，可以把这种互联网货币的发行分成两类：

1. 使用法定货币在发行商处购买互联网货币

在这种模式中，互联网用户通常通过电子银行交易系统进行电子支付，对在互联网货币发行商处开设的账户进行预付充值从而获得游戏币。腾讯 Q 币、新浪 U 币等属于这一类互联网货币。

目前通过预付充值获得的互联网货币又可以分为两类：一类是账户余额可以从发行商处退回的法定货币，即可退回的互联网货币，如"林登币"；另一类是账户余额不能从发行商处退回的法定货币，即不可退回的互联网货币，目前我国所有需要预付充值的互联网货币都属于这一类型。

延伸阅读

2002 年，腾讯公司依托即时通讯工具 QQ 推出了 Q 币，作为购买其互联网增值服务的凭据，并采取逐级代理的模式在全国发售。用户购买 Q 币，既可以到各地的经销点（一般在网吧、电脑城）购买，也可以通过声讯电话充值或网上汇款、手机话费等其他方式购买。Q 币的面值有 1、2、5、10 四种，1Q 币的价格为 1 元人民币。根据腾讯公司 2009 年第二季度财务报表的数据，其互联网增值服务收入为 21.6 亿元人民币，占腾讯公司总收入的 74.9%，其增值服务的主要收入的交易媒介就是 Q 币。

Q 币是腾讯为其增值服务推出的，用途主要就是购买 QQ 会员服务、QQ 网络游戏中的虚拟设备、QQ 网络游戏中的游戏钱币等，是出于方便用户交易、减少成本考虑而衍生出来的。然而，由于 QQ 的庞大用户群以及 Q 币充值的便利性，Q 币很快风行于用户之间，成为流行的时尚。

（资料来源：http://www.doc88.com/p-4087983709383.html）

从上述案例的描述中我们不难发现，腾讯用户可能经常会买一些腾讯的增值服务或商品，如 QQ 会员资格、QQ 秀等，这些都只需要小额的支付即可。如果没有 Q 币这一互联网货币，腾讯用户每一次购买相关增值服务和商品都需要通过汇款、网上银行等支付方式，这样会造成较高的时间成本，使用户体验较差，无法满足用户的个性化需求，对腾讯公司来说，则很有可能失去潜在的需求和收入。而虚拟货币的出现减少了小额电子支付的麻烦并降低了银行账户泄密的风险，方便用户购买服务和商品，给企业带来利润。

2. 通过参与活动在发行商处获得互联网货币

在这种互联网货币的发行模式中，用户不需要支付法定货币，而是通过参与发行商发起的活动获得互联网货币。一般来说，用户可通过点击网站、帮助网站进行营销推广、网络消费行为及网络生产行为获得。目前最常见的为最后一种获得途径，即通过网络生产行为获得互联网货币，比如专门提供源程序代码及相关资料的"程序员联合开发网站"用户需要发布自己的代码、文献资料等来获得金币，用户可以使用金币下载自己需要的相关资料等。

（二）特定平台上封闭运行的互联网货币的转移

互联网货币在各使用方之间的转移过程主要可以分为三种形式：互联网货币作为非发行商的收费手段；互联网货币的再交易；互联网货币作为交易媒介。这三种主要的转移形式都有一个共同的特征，即在转移过程中互联网货币的数量不发生增减变化。

1. 互联网货币作为非发行商的收费手段

在这种模式中，用户使用互联网货币从非发行商处购买商品或服务，具体流程如图 2 - 35 所示。非发行商接受货币的目的是促进自己网络商品和服务的销售。他们并不能用所获得的互联网货币购买自己所需的商品和服务，而是从销售网络商品和服务的过程中赚取利润，此时互联网货币只是被这些非发行商作为销售其商品和服务的收费手段而已。

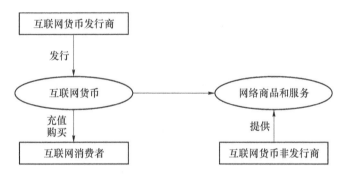

图 2 - 35　互联网货币在消费者、发行商及非发行商之间的转移

2. 互联网货币的再交易

互联网货币的再交易过程可以称为倒卖过程，是指互联网货币持有者与非发行商之间，或不同互联网货币持有者之间进行的互联网货币交易，具体流程如图 2 - 36 所示。在这种再交易过程中通常存在一个专门的交易平台，在这个平台上，互联网货币持有者交易互联网货币的目的不是向发行商兑换增值服务或商品，也不是向非发行商购买商品或服务，而是将这些互联网货币转卖给有上述两种需求的普通用户来赚取差价，在这种交易过程中，普通用户从这些转卖者或称中间商处购买互联网货币的成本比从发行商处获得互联网货币的成本要低。

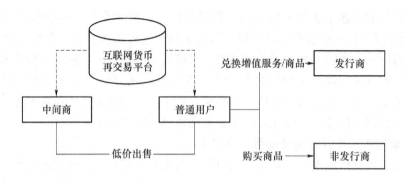

图 2-36　互联网货币在普通用户和中间商之间的再交易

3. 互联网货币作为交易媒介

互联网货币作为交易媒介的过程,是指互联网货币持有者之间,以互联网货币作为交换结算工具的交易过程,如图 2-37 所示。在这一过程中,用户并不是从发行商处获得商品或服务,而是向其他用户购买商品或服务。这种具有交易媒介特点的互联网货币也可以通过参与活动而从发行商处得到,例如"程序员联合开发网站"用户对金币的获取。这种货币的出现有力地促进了各类知识平台的发展,平台用户借由金币等互联网货币体现自己的价值收获,有更强的意愿在平台中贡献自己拥有的知识信息。

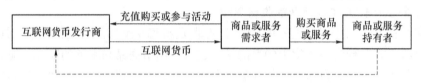

图 2-37　互联网货币作为交易媒介的过程

(三) 特定平台上封闭运行的互联网货币的回收

互联网货币的回收过程是指用户使用互联网货币从发行商处换取虚拟商品或服务、传统的实物商品甚至是人民币的过程,如图 2-38 所示。在这个过程中,用户从互联网货币发行商处获得商品或服务的同时,其互联网货币账户的余额减少。在整个过程中,互联网货币的总量在减少。

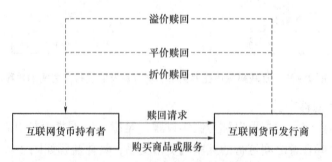

图 2-38　互联网货币的回收过程

相对前面提到的可退回的互联网货币而言,这类互联网货币可赎回为法定货币,也就是人民币。根据赎回价格与发行价格的高低,可分为三种赎回过程:溢价赎回、平价赎回以及折价赎回。目前我国的互联网货币,只存在折价赎回这一种方式。

二、具有传统货币属性的互联网货币运营模式

另外一类互联网货币,如比特币、狗币、莱特币等,具有传统货币的属性,与在特定平台上封闭运行的互联网货币相比,它们的发行、流通及回收的过程具有很大的不同,其中最为流行的互联网货币为比特币,之后出现的其他互联网货币,如莱特币、狗币、弗雷等,都是参照比特币的模式产生的,所以在此描述具有传统货币属性的互联网货币的运营模式时,都以比特币为例说明。

(一)具有传统货币属性的互联网货币的发行

延伸阅读

2008年11月1日,一个自称中本聪的人在一个隐秘的密码学评论组上贴出了一篇研讨陈述,陈述了他对互联网货币的新设想——比特币就此面世。目前比特币是当前最受关注的互联网货币之一,它是通过"挖矿"的方式来生成新的比特币,而不需要特定的金融机构或者像腾讯这样的非金融机构发行。所谓"挖矿"实质上就是指用计算机来解决一个复杂的数学问题,能够解决问题的用户便获得了比特币赏金,即"挖矿"成功。而比特币网络会自动调整数学问题的难度,以此让整个网络以约每10分钟得到一个正确答案,随后比特币网络会新生成一定量的比特币作为赏金,奖励得出正确答案的人。此外,比特币的总量是固定的,2009年比特币诞生的时候,每笔赏金为50个比特币,在诞生10分钟之后,第一批50个比特币就生成了。随后比特币就以约每10分钟50个的速度增长,当总量达到1 050万个时,赏金减半为25个,当总量达到1 575万个时,赏金再减半为12.5个。通过这样的比特币生成设计原理,比特币的总量会持续增长,一直达到最终的总量2 100万个。

为了更好地理解以比特币为代表的互联网货币,我们将其与Q币进行对比。虽然比特币和Q币都被称为互联网货币,但二者之间还是有一些不同之处,如表2-13所示。

表2-13 比特币与Q币之间的对比

项 目	比特币	Q 币
所属机构	无	腾讯公司
价格	价格不固定,由交易市场决定	1元人民币
用途	更像股票,具有投资价值	可以直接购买产品或服务
购买方式	可以自己制造比特币(俗称"挖矿")	只能用人民币购买
数据存储方式	数据存储在比特币拥有者的电脑上	数据存储在腾讯的服务器上
数量	全世界最多只有2 100万个	无限量发行
价格变化	可能会升值,也可能会贬值	不会升值,也不会贬值
是否会消失	没有发行商,不会消失	如果腾讯公司倒闭,Q币随之消失
是否可以转账	可以在全世界范围内转账	不能转账
可购买的产品或服务	可以兑换成人民币、美元,目前在国外一些地区还可以购买比萨、玩具等	只能购买腾讯公司的产品和服务

(资料来源:https://wenku.baidu.com/view/a07f232852d380eb62946d4a.html)

以比特币为代表的互联网货币不依靠特定的货币机构发行，而是基于一定的算法产生，因此，这类互联网货币本质上是一段代码，并不具备实体形式，并且这些算法并不关心市场的供求关系，与市场上的商品总值没有任何关系。

在比特币的发行环节中主要涉及以下几个参与方：一是"矿池"，矿池就是一个通过通常特定算法而设计的服务器。二是"采矿软件"，采矿软件就是用户"挖矿"的客户端。三是"采矿机"供应商，为挖矿者提供高性能的计算设备。

对于用户而言，获得比特币的方式主要有三种：一是通过交易来购买比特币，随着比特币越来越流行，出现了大量的比特币交易平台，包括国外的比特币交易平台 Mt. Gox 和国内的比特币交易平台比特儿；二是如果仅仅想获得较少的比特币作为体验和纪念，可以在比特币官网上免费获得；三是自己制造比特币（俗称"挖矿"），电脑的性能越好"挖矿"的效率也越高。

（二）具有传统货币属性的互联网货币的流通

这类货币的流通过程主要涉及三个具体的应用环境：一是用于购买商品和服务；二是用于汇兑，一般是指跨境汇款；三是互联网货币本身的流通。这三种流通都是通过互联网交易平台实现的，基于个人电脑端或移动端的相关软件可帮助用户在互联网货币流通过程中存放货币，而比特币的价格也是在流通以及交易的过程中由供求双方匹配来实现的。

（三）具有传统货币属性的互联网货币的支付和应用

这类互联网货币采用了与传统方式完全不同的支付方式。在传统的支付过程中，互联网用户在购买商品或服务时，平台需要从用户的电子银行账户中提取应收款，在这一过程中用户需要给出自己的个人信息，这对于用户来说具有一定的风险。而比特币、莱特币等互联网货币的发行机制以 P2P 网络为基础，其运算、流通、交易都具有匿名性。

（四）互联网货币与法定货币的抗衡：比特币 ATM 机的兴起

从 2014 年开始，比特币打通了发行、流通、支付、应用等环节，并拓展到了比特币 ATM 机和借贷，构建了自己的金融生态圈。专属 ATM 机的兴起是标志比特币能够与法定货币抗衡的重要事件。所谓比特币 ATM 机是指用于比特币兑换和交易的 ATM 机。2013 年 10 月，世界上第一台比特币 ATM 机安装于加拿大温哥华的波浪咖啡馆，用于办理加拿大元与比特币之间的相互兑换。2014 年 4 月 15 日，"比特币中国"交易平台在上海浦东安装了中国第一台比特币 ATM 机。

比特币的金融生态圈如图 2-39 所示。

三、互联网货币运营模式对经济体系的影响

2013 年，全世界升值最快的货币不是哪个国家的法定货币，而是比特币。2013 年 1 月 2 日，1 比特币的价值为 13.16 美元；2013 年 2 月 28 日，比特币交易价格突破 32 美元；3 月 29 日，比特币交易价格达到 92 美元；4 月 1 日，比特币的交易价格突破了 100 美元；而在同年 11 月 29 日，比特币的交易价格创下 1 242 美元的历史新高，其价格首度超过黄金。数据显示，近 5 年来，比特币已经成为增速最快的互联网货币。2010 年 4 月 25 日，比特币首次公开交易，当时每比特币的市场价仅仅是 0.03 美元，与最高价格 1 242 美元相比，其美

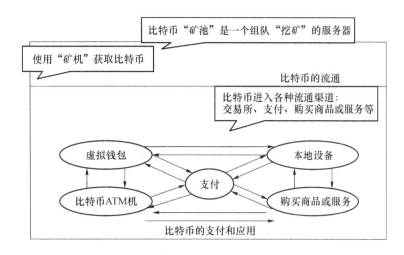

图 2-39 比特币的金融生态圈

元兑换价格增长了 4 万多倍。而其带来的负面影响也令人头疼：2014 年 2 月，24 岁的比特币支付公司的创始人和总裁 Charile Shrem 在纽约肯尼迪机场被捕。Shrem 和佛罗里达州的另一个名叫 Robert Faiella 的人，被指控参与和"丝绸之路"相关的洗钱活动，而"丝绸之路"是一个涉及 100 万美元金额的交易毒品的在线商店，比特币是该网站接受的唯一货币。比特币，一种匿名的交易方式，已经成为黑社会的首选货币，而类似于 Shrem 的比特币支付公司也成为毒贩和其他恶意企业违法活动的推动者。

（一）产生了新的市场和赢利模式

由于比特币、莱特币等互联网货币的产生催生了新的市场和赢利模式，与之相关的应用也随之出现。一般来说，互联网货币具有三个关键市场：虚拟钱包、汇兑和支付。虚拟钱包服务帮助用户持有互联网货币，汇兑服务则实现法定货币与互联网货币的相互兑换，而支付服务帮助商户在交易过程中接受比特币这样的支付手段。这三个关键市场的关系如图 2-40 所示。

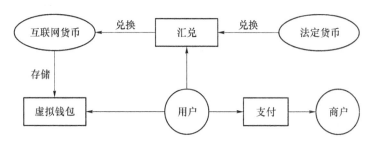

图 2-40 具有传统货币属性的互联网货币的三个关键市场之间的关系

（二）冲击了现实的货币市场

与法定货币不同的是，互联网货币在兑换过程中并不会产生任何费用，它是一种全球通用的货币，完全依靠互联网技术实现。这为跨国贸易带来了极大的方便，而且它不需要任何材料铸币，节约了很多资源。因此，互联网货币的大范围流通势必会对现实货币以及现实经济体系造成一定的影响。

（三）引发了一些非法交易

由于互联网货币具有自身不会被冻结、无法跟踪、不用纳税以及极低的交易成本等特点，因此很容易被一些不法分子利用，作为洗钱、贩毒等非法交易的工具。另外，电子化特征也增加了其被盗的风险。2014年2月28日，世界最大规模的比特币交易所运营商Mt. Gox因交易平台的85万个比特币被盗，当日公司市值损失约4.67亿美元。

> **延伸阅读**
>
> ### 比特币在现实生活中的支付
>
> BitPay公司是全球最大的比特币支付处理商，其办公地点分布广泛。该公司已获得融资3 200万美元，目标是成为互联网货币领域的PayPal。BitPay提供各种支付的后端技术支持，也提供前端的购买按钮嵌入服务。BitPay接受用户（交易中的付款方）的比特币，然后向商户（收款方）的账户里打入法定货币，所以商户并没有什么不习惯，因为他们还是像以前一样会拿到钱。区别在于，按照传统的支付方式，如果你是中国的一个小商户，要接受非洲某国商户的汇款是非常麻烦的，手续费也很高，而BitPay则可以大大降低交易成本。
>
> 2014年11月还只有1 300多家商户使用BitPay的服务，后来WordPress决定接受比特币，带动了一大批商户加入。现在BitPay已经有近2 100家客户。创始人Gallippi认为比特币会逐渐被大众接受，就像E-mail一样。E-mail最初是被企业采用的，10年后才在普通人中流行开来。他还声称信用卡从来就不是为互联网设计的产品，现在的支付正在发生变化，VISA每年在预防诈骗上要花10亿美元，而比特币会彻底消除这些花费。
>
> 从柏林的唱片店Long Player到加州圣塔莫尼卡的花店Flower Lab，更多零售商接受了比特币，因为越来越多的消费者买进这种货币，它的价值也得以提升。CoinMap（该网站展示接受比特币的实体公司和商户）上的企业数已增至3倍，超过了2 100家。
>
> 在我国，北京已有一家餐馆开启了比特币支付。这家位于朝阳大悦城的餐馆称，该店从2013年11月底开始接受比特币支付。消费者在用餐结束时把一定数量的比特币转账到该店账户即可完成支付，整个过程类似于银行转账。该餐馆曾以0.13个比特币结算了一笔650元的餐费。
>
> （资料来源：http：//www.8btc.com/bitpay）

【自主思考】
1. 请谈谈目前互联网货币的运营模式。
2. 什么是比特币？它的出现给现实经济带来了哪些影响？

任务三　互联网货币风险

伴随着中国互联网成长起来的还有大量的网络游戏商等，他们在给广大网民提供免费服务的同时，推出了收费虚拟网络服务产品以满足用户多样化需求。我国网络游戏用户规模庞大，其中付费用户比例超过85%。互联网货币作为电子商务的产物，在方便人们日常生活、刺激虚拟经济高速发展的同时，其风险也逐渐显露。

任务描述

学生对互联网货币的风险类型以及风险防范措施等相关理论知识进行学习和思考。

任务分析

进行相关知识的讲解学习和课堂互动。教师运用多媒体对相关理论知识进行讲解，学生听课、讨论和思考。

相关知识

一、互联网货币风险分析

互联网货币引发的风险有多种，从性质来看包括安全性风险、流动性风险、破产风险和信用风险等，而按照受影响的主体不同，互联网货币主要面临以下四种风险。

（一）发行人面临的风险

互联网货币目前还是一种约定性货币，如果发行人由于非主观原因不能满足消费者的赎回需要，就会形成流动风险，互联网货币的发行规模越大，这种风险发生的可能性就越大，其代表的货币量远远超过了实际的货币拥有量，这很容易引起经济泡沫。此外，一些突发事件，诸如重大的安全事故、小道传闻等也会使消费者拒绝使用互联网货币并要求赎回，从而导致流动性风险。

互联网货币发行人承担着一定的社会责任，发行人在保证商业秘密不被泄露的同时，也要保证持有人享有的对互联网货币的知情权。对互联网货币的发行人来说，安全隐患主要来自三个方面，即外部的攻击、系统本身的故障，以及内部人员的蓄意破坏。

（二）持有人面临的风险

在虚拟经济中，互联网货币持有人在开设虚拟账户或使用互联网货币的过程中会留下自己的信息，一旦账号被盗，持有人拥有的互联网货币就会丢失。同时，互联网货币的发行人在同消费者交易时会尽量多地收集消费者的信息，这在客观上为消费者的隐私权带来隐患。除此之外，由于虚拟经济的特殊性，互联网货币的发行人承受的破产风险极高，一旦互联网货币的发行人破产，其连锁反应会使得互联网货币的持有人面临无法承受的风险。

（三）对法律秩序的冲击

当前互联网货币最大的问题在于国家缺乏相关的法律法规，没有法律的界定，整个互联网货币的价值链不能建立。同时由于互联网货币的虚拟性和匿名性，加之规范网络金融行为的立法跟不上网络的发展速度，造成了对现有法律秩序的冲击，比较常见的是利用网络进行洗钱、赌博和偷税。

首先，互联网货币的特殊性为洗钱活动提供了便利，互联网货币的虚拟性也使得追查活动更加困难，难以掌握有力的证据。其次，互联网货币的跨境流动日益频繁，在方便国际支付的同时，如何防止利用互联网货币进行洗钱，成为各国共同面临的一个严峻问题。

互联网货币可能沦为赌博的工具，如在输赢游戏币的网络游戏中，游戏玩家只有购买了互联网货币才能玩游戏，因此，互联网货币的提供者就能获取更多的利润。尽管国家新闻出版总署（现国家新闻出版广电总局）曾下发过《关于禁止利用网络游戏从事赌博活动的通知》，但对于互联网货币尚且没有明确的法律界定，更无法认定输赢游戏币的游戏活动是否属于赌博活动。

互联网货币容易成为商家偷税的工具。以互联网货币为媒介的商务活动实现了无纸化操作，许多交易活动记录可以被轻易修改而不留痕迹，给稽查工作带来了难度。此外，由于网络虚拟交易的国际化发展，传统贸易方式下形成的国际税收准则和管理办法也不再适用，加大了国际税收协调的难度。

（四）对现实金融体系的冲击

1. 对传统货币的冲击

当互联网货币超出发行人所设想的体系，在网民之间流通，甚至可被用来购买实体市场上的商品或服务时，就等于增加了货币的供给量。由于互联网货币可以无限发行，作为法定货币的替代者，互联网货币成为网上交易的一般等价物，这必然会在一定程度上冲击现实的金融秩序。

互联网货币是否具有价值，是否真正代表了净财富？互联网货币可以通过在现实世界中购买或是在游戏过程中获得，当人们选择在现实世界中购买时，他们付出了金钱；当人们选择在游戏中获得时，他们付出了劳动。这说明互联网货币是有价值的，无论你通过哪一种方式获得，你都必须用等量的价值去交换。

2. 造成输入性通货膨胀

互联网货币与人民币之间的相互兑换可能会造成输入性通货膨胀。输入性通货膨胀指由于输入品价格上涨引起国内物价的普遍上涨，一般出现在世界性通货膨胀的情况下，并通过国际贸易、跨国公司、开放型经济部门等途径在国际传播。对各个国家而言，在互联网上流通的互联网货币也可以被视为一种"输入品"。通货膨胀是互联网货币最大和最难根治的问题，由于互联网货币没有统一的监管机构，每家运营商都是自由的货币发行人，只要发行货币就存在获取"铸币税"的可能。另外，目前网络安全状况堪忧，许多黑客大量复制互联网货币，常常造成急速的通货膨胀，再加上信息传播和交换的滞后性，互联网货币将不可避免地给现实世界带来输入性通货膨胀。

3. 扰乱现实经济秩序

虚拟世界的金融危机可能扰乱现实的经济秩序。虽然现在已经出现了可以相互兑换的"网络硬通货"，在虚拟的网络世界里也存在"金融危机"，而且比现实世界中的金融危机更容易爆发。但大部分互联网货币还是在本网络内部使用，这就使得互联网货币的总量相对较小，也就更容易被投机者控制，比如容易出现"网络造币"的情况等。

二、互联网货币风险防范措施

基于对互联网货币可能存在的风险的分析，我们提出以下相应的风险防范建议。

（一）加强互联网货币监管

1. 提升互联网货币监管技术

寻求技术上的突破，以弥补互联网货币的安全漏洞，是互联网货币风险防范的当务之急，具体做法有：通过加强网络技术的更新改造，提高互联网技术的安全性能；对现行的网络安全性进行分析,通过更高级的语言方式对数据库等的安全性在技术上严格把关;另外,对互联网货币实行数字签名,既能保证该互联网货币的合法性,也能保证网络用户的虚拟财产不被盗窃。

2. 政府加大监管力度

政府应当加大对互联网货币的监管力度,严格规范互联网货币的发行主体资格,对网络运营商发行的互联网货币数量实行申报制;设立准入门槛、清查发行人的资产状况;建立对互联网货币发行、流量、统计的监控体系及认证中心,对互联网货币的交易实施严格监管;打击地下造币行为,杜绝地下互联网货币交易活动,引导其正常发展。同时,限制用互联网货币购买只有用人民币才能购买的商品和服务,取消互联网货币兑换人民币的功能,制止专门从事互联网货币兑换的网站的活动和兑换行为。政府应当建立互联网货币发行制度,运用经济手段调控互联网货币流通,建立互联网货币发行准备金制度,以控制互联网货币的发行规模,打击和杜绝借用网络充值的行为。

(二) 制定互联网货币相关法规

建立一套行之有效的从互联网货币的发行到汇率的制定、再到交易平台管理的全方位的政策法规,运用法律手段监管互联网货币的流通。这些政策法规应当建立在互联网货币市场准入制度基础上,规范互联网货币发行人的发行责任、网络交易平台服务商的法律责任和互联网货币消费者客户端的风险责任。限制互联网货币交易的可行性,严禁用互联网货币兑换法定货币,以保证互联网货币流通的单向性;严厉打击"外挂"行为,确保互联网货币不在线下交易。同时,通过法律保护网络用户对其所有虚拟财产的权利。

(三) 建立完善的互联网货币制度

完善的市场制度会进一步规范互联网货币发行、流通、交易等过程,下面分别从市场准入制度及发行规模、流通及交易平台制度这四个方面简述如何建立完善的互联网货币制度,进而控制互联网货币风险。

1. 市场准入制度

(1) 互联网货币发行人必须具备良好的相关记录。

互联网货币发行人必须具备良好的资金状况和财务状况、资信条件和征信记录。由于互联网货币存在着一定的风险,只有互联网货币发行人的实有资金达到一定规模,才具有抵御风险的能力。良好的资信条件和征信记录在一定程度上可防范发行者的信用风险。

(2) 互联网货币发行人必须是专业技术人员。

由于互联网货币是信息技术发展的产物,互联网货币在发行、流通过程中可能出现各种问题,因此,互联网货币的发行人必须是精通数据库技术、网络技术和安全技术的专业人员。同时,由于互联网通常在公共网络上运行,存在着恶意攻击和病毒入侵的危胁,因此互联网货币的发行人必须采取严格的安全措施,以抵御黑客的恶意攻击和病毒入侵。

2. 发行规模

根据互联网货币发行人的资金实力状况来决定其发行规模,发行实行分批审核制度。互联网货币被用户购买之后,互联网货币发行人有对持有人进行"回兑"的义务,如果发行人不能满足持有人的"回兑"要求,可能会引发互联网货币发行人的信誉风险,进而导致发行人破产,最后造成金融危机。

对发行规模进行限制可用于应对发行人的挤兑风险、破产风险和信用风险。主要针对发行审批环节和发行报备环节，审批者借助于互联网货币数据库，发现发行人的挤兑风险、破产风险和信用风险的大小，据此控制发行人的发行总量，以便实时掌控发行人的挤兑风险、破产风险和信用风险，并尽量将这些风险的影响控制在可接受的范围之内，从而达到在一定程度上防范和化解发行人挤兑风险、破产风险和信用风险的目的。

3. 互联网货币流通制度

建立互联网货币流通制度，主要是为了限制互联网货币的流通范围。将互联网货币的流通严格限制在一定范围内，便于估计互联网货币面临的风险范围和大小，便于确定监管的重点、强度和频度。对于流通范围广、流通量大、购买客体广的互联网货币，监管部门应高强度、高频度地重点监管。同时，限制互联网货币的流通范围还可以为税务管理部门提供执法依据。

4. 互联网货币第三方交易平台制度

凡是提供各种互联网货币交易的平台，只有在获得相关部门准许之后，方可开展互联网货币交易中介服务。交易平台报批制度通过规定申请者需满足一定的信息安全要求，可在一定程度上防范交易平台的安全风险；规定交易平台相关信息数据记录必须报送监管部门，以防止不法分子利用交易平台倒卖互联网货币进行洗钱活动。

【自主思考】
1. 互联网货币存在哪些风险？
2. 当前防范互联网货币风险的措施有哪些？

任务四　典型案例分析与实操体验

任务描述

学生对互联网货币中具有代表性的几种货币进行了解，熟悉其运作规则和方式，同时，能根据个人的体验与了解，掌握几种互联网货币之间的区别与联系。

任务分析

教师对有代表性的互联网货币进行相关情况的讲解和介绍，在配备电脑的实训室让学生进行实操体验，学生根据教师引导进行练习。

典型案例分析

1. Q币

Q币是腾讯公司推出的一种虚拟货币，可以用来购买QQ会员服务、话费充值、购买QQ游戏道具等，可以通过购买QQ卡、电话充值、银行卡充值、网络充值、手机充值卡、一卡通充值等方式获得。QQ卡面值分别为10元、15元、30元、60元、100元、200元。

目前，国内发行的虚拟货币中，Q币无疑是使用最广泛的虚拟货币。其充值界面如

图 2-41 所示。

图 2-41　腾讯 Q 币充值界面

同时，Q 币和人民币之间存在着兑换关系，一般来说，1Q 币 =1 元人民币，但在某些网络平台上，1Q 币的价值低于 1 元人民币。如图 2-42 所示，使用 QQ 钱包、微信支付、财付通等快捷支付方式可以享受 95 折优惠。

图 2-42　Q 币充值优惠界面

2. 莱特币

莱特币（Litecoin，LTC，货币符号：Ł）是一种基于点对点技术的网络货币。它可以帮助用户即时付款给世界上任何一个人。

莱特币受到比特币的启发，它的创造和转让基于一种开源的加密协议，不受任何中央机构的管理。莱特币与比特币相比，具有三种显著差异：第一，莱特币网络每 2.5 分钟就可以处理一个块，因此可以提供更快的交易确认；第二，莱特币预期产出 8 400 万个，是比特币发行量的四倍之多；第三，莱特币在其工作量证明算法中使用了 scrypt 加密算法，相比于比特币，在普通计算机上进行莱特币"挖掘"更为容易。每一个莱特币被分成 100 000 000 个更小的单位，通过八位小数来界定。其官网如图 2-43 所示。

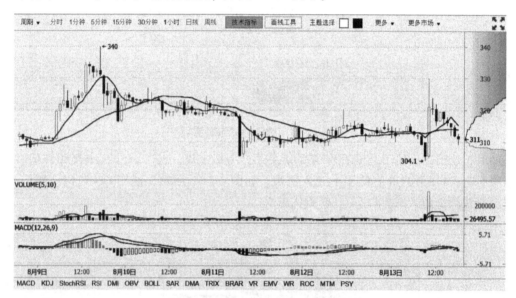

图 2-43　莱特币中国官网界面

莱特币 2017 年 8 月中旬交易情况，如图 2-44 所示。

图 2-44　莱特币交易行情界面

3. 元宝币

元宝币是类似于比特币的虚拟数字货币，是由非营利的专业团队发起产生的，本身不是一个商业项目。它具有比特币的优点：无中心，无政府控制，人人可参与，方便快捷；又没有比特币的缺点：GPU "挖矿"和 ASIC 专用 "矿机"泛滥，"矿工"不平等，交易速度慢，程序不易用等。元宝币的创始人是一群比特币的爱好者和最早的支持者，但在看到比特币的问题之后，决定尽自己的力量，用最新的技术来开发一款适合中国人使用的互联网货币。这也就是采用元宝币这样一个富有中国特色的货币名称的原因。

元宝币官网如图 2-45 所示。

元宝币 2017 年 4—8 月交易情况，如图 2-46 所示。

图2-45 元宝币官网界面

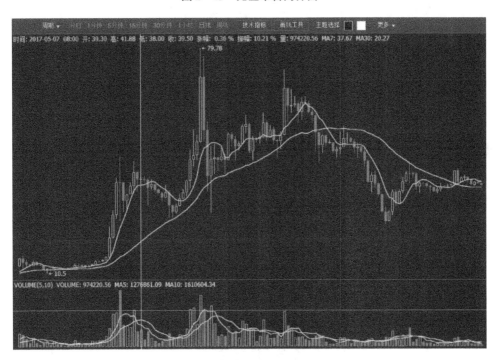

图2-46 元宝币交易行情界面

4. 狗币

狗币，诞生于2013年12月8日，基于scrypt算法，是国际上用户数仅次于比特币的第二大虚拟货币。其官网如2-47所示。

狗币系统上线后，由于Reddit的助力，流量呈现爆发式增长，不过两周的时间，狗币已经铺开了专门的博客、论坛，截至2015年6月9日，市值达到1亿美元。由于没有"预挖"，狗币分发公平，慈善、打赏文化深得人心，用户发展速度惊人。2015年6月9日，狗币客户端地址数160万个，是莱特币的5倍多；客户端活跃地址数，比特币19.6万个，狗币8.3万个，莱特币1.1万个；国外Twitter关注数15万多用户，是比特币的1.7倍、莱特币的6倍；Facebook点赞数和比特币持平，远超莱特币。狗币日真实交易量长期雄踞互联网货币前三，其用户基数用了一年时间达到比特币用户的三分之一、莱特币的4倍。

图 2-47　狗币官网界面

同步测试

实操题：教师任选一种互联网货币，让学生分组进行该互联网货币的调查，了解其运营模式并观察它的价格走势及成交量。

立体化阅读

比特币 ATM
互联网与货币的结合——互联网货币

项目小结

随着虚拟市场和电子金融的出现，互联网货币逐渐受到大家的重视。目前存在两类互联网货币，一类是在特定平台上封闭运行的互联网货币，如文中提到的Q币等；另一类则是具有传统货币属性的互联网货币，如比特币等。互联网货币具有传统的法定货币所不具有的特点，如去中心化、交易便捷、费率更低、无假币风险、无通货膨胀风险以及会促进多个领域创新等。通过对互联网货币的探讨,给出了互联网货币的几大可能的发展趋势:互联网货币的统一、促进电子商务的发展、互联网货币交易更加发达等。此外,分别从发行、转移和回收三个过程,介绍了在特定平台上封闭运行的互联网货币和具有传统货币属性的互联网货币的运营模式。

互联网货币也具有一定的风险,本项目分别从发行商和持有人两类主体的角度分析了其可能面临的风险,并分析了互联网货币会对当前法律秩序以及现实的金融体系造成怎样的冲击。根据这些风险,我们提出了三大风险防范建议:加强互联网货币监管、制定互联网货币相关法规以及建立完善的互联网货币制度等。

课后思考

1. 互联网货币相对于法定货币有哪些优势?
2. 互联网货币相对于法定货币有哪些劣势?
3. 互联网货币的发行、流通、支付、回收等环节中有哪些参与方?各参与方之间的关系如何?
4. 在特定平台发行的互联网货币是否也有风险?有怎样的风险?
5. 在电子商务平台中,是否使用互联网货币有哪些差异?
6. 请利用所学知识,在表2-13中除比特币之外任意选择一种互联网货币进行了解和分析。

项目七

信息化金融机构

项目介绍

金融信息化是金融业发展趋势之一，而信息化金融机构则是金融创新的产物。目前金融行业正处于一个由金融信息化向信息化金融机构转变的阶段。信息化金融机构，是指在互联网金融时代，通过广泛运用以互联网为代表的信息技术，对传统运营流程、服务产品进行改造或重构，实现经营、管理全面信息化的银行、证券和保险等金融机构。目前在我国，银行、证券和保险业的信息化都未达到成熟阶段，因此通过对比国际案例对本项目进行学习，有助于对我国金融机构信息化的了解与把握。

知识目标

1. 互联网金融的含义、特点及表现形式；
2. 互联网银行发展现状；
3. 互联网保险发展现状；
4. 互联网证券发展状况。

能力目标

1. 了解互联网时代金融业信息化发展的历程和趋势；
2. 了解互联网对传统金融业的影响和冲击；
3. 掌握互联网金融和信息化金融机构的基本含义及表现形式；
4. 了解互联网银行、互联网证券、互联网保险的概念、特点、基本业务与运营模式，掌握互联网银行、互联网证券、互联网保险的产品创新的主要方法和重点方向。

案例导入

总理见证首家互联网银行第一笔贷款

2015年1月4日，李克强总理在深圳前海微众银行敲下电脑回车键，卡车司机徐军立刻就拿到了 3.5 万元贷款。这是深圳前海微众银行作为国内首家开业的互联网民营银行完成的第一笔放贷业务。该银行既无营业网点，也无营业柜台，更无须财产担保，而是通过人脸识别技术和大数据信用评级发放贷款。总理同时希望深圳前海微众银行在互联网金融领域闯出一条路子，给普惠金融、小贷公司、小微银行的发展提供经验，降低成本，让小微客户切实受益，倒逼传统金融加速改革。可以说，微众银行的一小步，金融改革的一大步。

互联网银行可以吸收存款，发放贷款，进行支付结算。这种模式在国外已经发展得较为成熟，而且运营良好，呈上升态势，正在蚕食传统银行的空间。包括深圳前海微众银行在内，2014 年以来中国银监会批准了 5 家试点民营银行的筹建申请。截至 2015 上半年，5 家试点民营银行已全部正式开业。5 家银行中，完全具备互联网银行性质的除腾讯系的深圳前海微众银行外，还有一家是阿里系的浙江网商银行。坐拥数亿互联网用户，中国首批互联网银行将会带来怎样的效应备受瞩目。与此同时，除了 2014 年成立的众安在线财产保险公司，中国保监会又给泰康在线、安心保险、易安保险 3 家保险公司发放了专业互联网保险牌照。在政府及监管机构的支持下，传统金融领域互联网化的步伐进一步加快。

（资料来源：http://politics.people.com.cn/n/2015/0104/c1024-26322043.html）

【自主思考】
信息化金融机构与传统金融机构相比，有哪些新特点和优势？

任务一　信息化金融机构概况

任务描述

学生对信息化金融机构的内涵、发展历程及特点等相关知识进行学习和思考。

任务分析

进行相关知识的讲解学习和课堂互动。教师运用多媒体对信息化金融机构相关知识进行讲解，学生听课、讨论和思考。

相关知识

一、信息化金融机构定义

信息化金融机构，是指在互联网金融时代，通过广泛运用以互联网为代表的信息技术，对传统运营流程、服务产品进行改造或重构，实现经营管理全面信息化的银行、证券和保险等金融机构，如互联网银行、互联网证券、互联网保险等。其通过互联网改变原来的金融服务模式，有网上银行、网上保险、网上证券和网上理财等多种模式。传统金融机构通过互联网及相关技术开展各种金融业务，大大节省了物理网点和各种资源的投入成本，提高了运行效率，创造了更多价值，提高了核心竞争力。

信息化金融机构是金融互联网化的具体表现，主要包括传统金融机构的电子化模式、基于互联网的创新型金融服务模式、金融电商模式等运作类型。

二、金融机构信息化历程

纵观我国银行信息化发展历程,从最初电子设备在银行业的使用和普及,到银行网络化的建设和应用,银行信息系统建设已经走过20多年的历程,大体经历了三个阶段:第一个阶段是20世纪70年代末到80年代末以电子银行业务为主的阶段。银行开始采用信息技术代替手工操作,实现银行后台业务和前台兑换业务处理的自动化。第二阶段是20世纪80年代末到90年代末以连接业务为代表的银行全面电子化建设阶段。银行业在全国范围内建起了一批基于计算机网络的应用系统,实现了处理过程的全过程电子化。第三个阶段是从20世纪90年代末一直持续到今天的以业务系统整合、数据集中为主要特征的金融信息化新阶段。随着计算机信息化建设的不断发展,金融机构信息科技工作由原来的以全面管理、维护和系统研发为主,逐渐转变成以贯彻落实总行及管理机构标准规范为主导,以保障本地区网络安全稳定运行为重点的工作机制。

我国保险业信息化发展历程也大体经历了三个阶段:20世纪80年代到90年代初是起步阶段,国内一些大型保险公司初步实现了办公系统信息化;20世纪90年代中后期,随着网络技术的发展,我国保险公司加快网络的应用,基本实现了保单电子化、保险业务流程信息化和网络化,所有大型保险公司开始对业务进行系统整合;2000年以后,保险业信息化有了新的飞跃,这一阶段的保险业积极开展电子化建设,不断开发保险新产品,精算的效率与保险计费的科学性不断提升。

我国证券业信息化起步较早,发展较快。证券业最早应用信息技术的是证券交易所。1990年,上海证券交易所通过计算机进行了第一笔交易。1992年,深圳证券交易所复合系统正式启用。十几年来中国证券市场快速发展,目前证券交易所信息化的主要成就包含四个方面:交易系统的信息化、信息平台系统、通信系统和监管系统。证券公司作为证券业的主体,也是证券信息化的主体。目前国内的所有证券公司都建立了网上交易系统,通过互联网实现了全公司互联和集中交易,在管理、决策和风险控制方面也基本实现了信息化,包括稽核系统、财务系统和统计分析系统等。

2013年以来,金融行业信息化进入了创新机遇期。经过了之前10余年的数据和业务的集中建设,包括银行、保险、证券等在内的金融行业信息化正在走向一个全新的阶段。基于云计算、大数据、移动与智能设备以及社交网络等第三类平台的金融服务,正在成为新的金融业务创新及增值点。

三、信息化金融机构的特点

金融信息化是金融业发展趋势之一,而信息化金融机构则是金融创新的产物。目前金融行业正处于一个由金融机构信息化向信息化金融机构转变的阶段。总的来说,相比于传统金融机构,信息化金融机构有如下几个特点。

(一)金融服务更加高效便捷

传统金融机构通过信息技术投入、硬件设施升级等基础性信息化建设,实现了工作效率的极大提升。信息化金融机构通过以互联网技术为基础的更高层次的信息化建设,对传统运营流程、服务产品进行改造或重构,更是在金融服务方面取得了质的提升,更加高效便捷的金融服务，成为信息化金融机构的一个显著特点。

从用户体验出发，通过业务流程和产品服务的改造，以及标准化的操作和在线化业务，信息化金融机构简化了很多业务流程，过去很多需要用户去金融机构网点办理的业务，可以直接简化为用户的自助行为。这种自助行为或者借助于金融机构广泛建设的智能硬件投入，或者借助于网络终端得以实现。存取款作为商业银行最重要的业务，过去人们必须携带存折去银行的实体网点办理，哪怕只是取小额的现金也得去银行。而现在通过 ATM、VTM 等设施，人们可以很方便地自助存取款，免去了到银行排队等待的过程。即使在排队等待这个细小环节，现在很多金融机构的营业网点都运用了喊号机，这种信息化设施的投入，使得金融机构的业务办理更加高效有序。通过手机银行、网上银行业务，人们只需要点击屏幕或者敲动按键就可以快捷地完成转账、投资理财等业务。对于想要进入股市投资的新股民来说，过去办理开户业务必须本人亲自到营业网点办理，而 2013 年上半年，国泰君安等券商已经率先推出了在线开户功能，只需要输入个人信息，手持身份证拍照取样就可以完成开户过程。

（二）资源整合能力更为强大

对于金融机构来说，其管理的资产比较特殊，一般是来源于负债性业务，具有高风险特性。现代金融机构的业务构成复杂，信息化建设使金融机构能够实现业务整合。同时，通过完整的 IT 建设，可以使金融机构按照一个统一的 IT 架构将机构内部各管理系统全部整合到一个系统管理平台上，实现各系统的互联互通。信息化建设集成的统一内部管理系统，使金融机构可以运作的空间更为广阔。以银行为例，现代银行业务分布非常广泛，对于一个规模较大的银行来说，其信贷业务可能遍布于某一行业的整个产业链中。在信贷链条上，可能有几百家上游企业，同时可能有几千家下游企业，它们之间是相互关联的。而上下游企业相互之间就可能有直接的业务往来，身处这一产业链中的银行完全可以把上下游结合起来，这也就是所谓的供应链金融。所以，这个方面系统的整合就是要真正实现将现代科学技术与企业或者银行的经营理念、核心业务管理方式和客户服务进行高度融合，使银行的经营更具活力。

（三）金融创新产品更加丰富

金融机构的信息化建设极大地提高了金融的创新能力，各金融行业不断推出新型的金融产品。手机银行作为银行业的创新产品，方便了人们的日常生活，无论是转账、生活缴费，还是投资理财，只要通过触摸屏幕就能够实现。理财产品的日益丰富也是金融产品创新的一个体现，更多平民理财产品的出现，改变了金融行业理财产品带给人们的高门槛的印象。金融行业线上线下业务的创新组合，也给人们的生活带来了便利，同时拓展了金融机构自身的服务空间。

<u>延伸阅读</u>　　　　　　**中国信息化金融机构发展报告**

经济 20 多年的发展，中国金融机构信息化建设从无到有、从小到大、从单项业务到综合业务，取得了令人瞩目的成绩。我国金融信息化的发展，已从根本上改变了传统金融业务处理模式，建立在计算机和通信网络基础上的电子资金清算系统、柜台业务服务系统和金融管理信息系统，表明一个多功能的、开放的金融电子化体系已初步形成。近几年，金融行业

对信息化建设的重视程度不断提高,未来对互联网信息技术的投入规模也将继续提升。如图 2-48 所示,截止到 2013 年,我国金融业投资规模已达到 505.8 亿元,预计在 2014 年达到 516.9 亿元,2017 年有望接近 600 亿元。

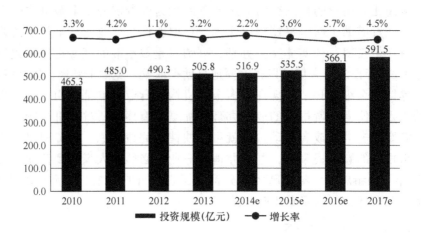

图 2-48　2010—2017 年中国金融业 IT 投资规模分布情况

(资料来源:http://doc.mbalib.com/view/30c8212c43372af7871bb8f707a041d4.html)

【自主思考】
1. 信息化金融机构的概念是什么?
2. 信息化金融机构主要有哪些发展模式?发展中面临哪些问题?

任务二　认识互联网银行

任务描述

学生对互联网银行的定义、种类、发展趋势等相关知识进行学习和思考。

任务分析

进行相关知识的讲解学习和课堂互动。教师运用多媒体对互联网银行相关知识进行讲解,学生听课、讨论和思考。

相关知识

一、互联网银行的定义

互联网银行,又称网络银行。广义的互联网银行是指一种以互联网和信息技术为依托,通过互联网平台向用户提供账户管理、支付结算、信贷融资、投资理财等各种金融服务的新型银行服务形式,是为客户提供全方位、全天候、便捷、实时的快捷金融服务的银行系统。它不受时间、空间限制,能够在任何时间(Anytime)、任何地点(Anywhere)以任何方式

（Anyway）为客户提供金融服务，因此又被称为"3A 银行"。互联网银行被认为是设在互联网上的虚拟银行柜台。

二、互联网银行的种类

（一）按照发展模式划分

综观世界各国网络银行的发展，大致有两种模式：一种是与传统银行相结合的网络银行发展模式；另一种是纯网络银行的发展模式。

与传统银行相结合的网络银行是指依托已有的银行网点通过互联网向客户提供金融服务，是目前网络银行存在的主要形式，是传统银行服务的补充和延伸。纯网络银行是狭义的互联网银行，指仅通过互联网为客户提供储蓄、查询、转账等银行服务的金融机构，此类银行最早出现在美国和欧洲。成立于1995年的世界上第一家网络银行美国第一安全银行（Security First Network Bank）就是一家典型的纯网络银行。2015年，我国首批民营银行试点中的深圳前海微众银行和浙江网商银行也是纯网络银行。

（二）按照业务形态划分

随着网络通信技术以及银行金融体系服务的提升和完善，商业银行"触网"的方式多种多样。虽然网络银行的基础都是依托现代计算机网络通信技术，但提供金融服务的具体形态仍有所不同。从网络银行现实存在的业务形态来看，主要有网上银行、电话银行、手机银行、直销银行和纯网络银行。除纯网络银行外，前几种形态均是依托已有的线下银行机构开展的网络银行服务。具体区分如下：

1. 网上银行（Online Banking）

这里讲的网上银行是指银行利用互联网平台和计算机终端，通过建立独立的银行网站而面向社会公众开展业务的网络银行。网上银行业务主要包括信息服务（如产品业务介绍、利率汇率查询等）、互动交流（如客户档案更新、业务申请、账户查询等）、账户交易（如转账汇款、支付结算、代缴费用、信贷融资、投资理财等）三大类金融服务。对于客户而言，想要登录某家银行的网上银行，首先要持有有效证件或规定的证明材料在该银行办理银行卡或开立账户以建立系统连接。为了提高安全性，当前各家银行多采取通过国家安全认证的标准数字证书体系。

2. 电话银行（Telephone Banking）

电话银行是指银行使用计算机电话集成技术，利用电话自助语音和人工服务方式，为用户提供账户信息查询、转账汇款、投资理财、缴费支付、外汇交易、异地漫游、信用卡服务等一揽子金融业务的网络银行。电话银行将自助语音服务与人工接听服务结合在一起，客户通过电话按键操作，输入提前设置的相应密码，便可享受自助语音服务和人工服务。电话银行的开通也需要客户先在该银行开立银行卡或存折账户进行系统关联。

3. 手机银行（Mobile Banking）

手机银行又称为移动银行，是银行利用移动通信网络及终端办理相关银行业务的一种网络银行形态，是网上银行业务的延伸。与电话银行基于语音的服务不同，手机银行主要依托短信开展业务。手机银行由手机、GSM 短信中心和银行系统构成。在手机银行的操作过程中，用户通过 SIM 卡上的菜单对银行发出指令后，SIM 卡根据用户指令生成规定格式的短信并加密，然后指示手机向 GSM 网络发出短信；GSM 短信系统收到短信后，按相应的应用或地址传给相应的银行系统；银行对短信进行预处理，再把指令转换成主机系统格式，银行主机处理用户的请求，并把结果返回给银行接口系统，接口系统将处理的结果转换成短信格式，短信中心将短信发给用户。与 WAP 网上银行相比，手机银行须同时经过 SIM 卡和账户双重密码确认之后方可操作，安全性较好。目前各家银行推出的手机银行功能在不断拓展，除了提供金融服务以外，还逐渐推出了生活类缴费（水、电、天然气、宽带、手机等缴费）、文化娱乐（影票、游戏、餐饮等服务）、商城商旅（如特惠特卖、机票、酒店等预订服务）等很多非金融类服务，收集的不同产品种类、应用场景在不断丰富，操作流程日益简便。

4. 直销银行（Direct Banking）

直销银行是互联网时代应运而生的一种新型银行形态，是互联网金融环境下的一种新型金融产物。直销银行不设立物理营业网点，不发放实体银行卡，主要借助于互联网、移动互联网、电话等远程渠道方式为客户提供银行产品和服务。直销银行与前述网上银行、电话银行、手机银行最大的区别，是其虽然往往由银行主导发起，但却不依托网点，全部业务流程可在线上完成，客户定位主要是增量客户群体，即银行传统网点未覆盖到的用户以及其他银行的客户。也就是说，直销银行的客户不以拥有该银行的银行卡或存折账户为前提，而是直接在互联网上进行远程开户。这种去人工化和低成本的运营模式也使得直销银行的产品和服务相对标准化，在利率和费用上更具吸引力。

5. 纯网络银行（Internet Banking）

从存在形态上来看，纯网络银行与直销银行在业务渠道、产品服务上有很多相似之处，其区别则视国内外的情况有所不同。在国外，二者的概念已无明显区分，维基百科上已将直销银行作为纯网络银行的再定义；而在国内，二者的区别主要体现在是否有独立牌照上，即当前国内的直销银行多为传统银行的下设部门，没有独立的牌照，而纯网络银行多为具有独立牌照的民营银行，例如，深圳前海微众银行和浙江网商银行。

三、互联网银行的发展趋势

20 世纪末，比尔·盖茨就曾预言："传统银行不能对电子化作出改变，将成为 21 世纪灭绝的恐龙。"在信息经济和互联网金融冲击下，以及在金融媒介多元化竞争中，商业银行也在不断进化，行将灭绝的可能只是商业银行的传统经营模式，以大数据、移动互联、专业智能、跨界经营为特点的网络银行终将成为未来银行的发展趋势。

（一）数据驱动，整合加工

随着数据库和数据挖掘技术的发展完善以及数据来源的迅速扩展，作为数据密集型行业的银行业将在更广领域和更深层次获得并使用涉及客户方方面面的、更加全面、完整、系统的数据，并通过挖掘分析得到过去不可能获得的信息和无法企及的商机。由此可见，金融数据密集但目前尚未充分开发的商业银行大有文章可做，数据和数据应用能力将逐渐成为其战略性资产和核心竞争力的重要体现，对客户营销、产品创新、绩效考核和风险管理等必将发挥日益重要的作用。商业银行经营方式也将从以产品、客户为中心过渡到以数据为中心，数据驱动将成为不可逆转的发展趋势。

1. 大幅提升客户体验

通过大数据挖掘和分析，银行将由"被动"提供产品向"主动"设计产品转变，由

"广泛撒网"营销向"精准制导"营销转变,由"经验依赖"决策向"数据依据"决策转变;银行对客户行为习惯和偏好进行分类汇总,提炼出客户需求信息,将即时或潜在需求的产品和服务有针对性地推送给客户;优化各类营销资源配置,以合适的营销渠道和促销策略对客户实施精准营销;为客户量身打造金融解决方案,推行客户自主定制服务,极大改善客户体验。

2. 引导客户及员工行为

对数据的占有整合能力意味着对未来的预测能力,数据分析可以引导客户更为理性的金融需求和行为,激发员工的服务创造力,进而促进银行发展。如通过网点、社交媒体和网络,银行有条件及时搜集来自各个渠道、各种类型的海量数据,并利用大数据技术加以整合,及时了解客户对产品、服务、定价或政策调整的反应,并及时知晓员工的真实情绪。当客户的反应对银行有利时,银行可以积极介入,实现更好的营销和服务;当客户的反应对银行不利时,银行也能及时发觉并妥善处理,对员工的动向也能及时采取相应措施加以引导。

3. 指导银行打破固有经营模式

以互联网为代表的现代信息科技发展,门户网站、社区论坛、微博、微信等新型传播方式兴起,移动支付、搜索引擎和云计算广泛应用,在为银行创造全新客户接触渠道的同时,构建起了全新的虚拟客户信息体系,打破了银行固有经营模式。层层交织的数据网络最终将客户、员工与银行串成一个完整有机体,有助于勾画出智慧银行的蓝图。当客户走进银行,轻轻点击触摸屏时,银行可以根据指纹等生物信息快速识别其身份,并通过客户交易及消费行为记录、收入情况、各种贷款及固定还款情况推测客户可能要实现的交易需求。同时将客户的基本特征与大数据分析结果比对,推测客户可能的风险承受能力平均值及倾向性理财需求,为客户提供一款适合其性格及消费习惯的个性理财产品,并配以产品服务推介,让每一位客户感觉到其享受服务的专属性,不再为每天接收大量无针对性的理财产品发售信息而备感头痛。

(二)移动互联,无缝衔接

互联网、手机、平板电脑、网络电视、物联网、社交网络等各类创新促使人们加速从"互联"世界迈向基于移动互联的"超互联"世界。随着传统金融机构、移动运营商以及第三方支付机构携手合作,移动金融领域加速崛起,银行业进入了崭新的移动互联网时代。通过各种移动设备,银行服务无时无处不在,银行不再是一个地方,而是一种行为,客户可以用最佳方式使用银行业务。移动互联网时代,银行的移动互联体现在地域、时间、渠道三个方面,未来将形成以网银支付为基础,移动支付为主力,网点、电话支付、自助终端、微信银行等多种渠道为辅助,多渠道无缝衔接的银行。与此同时,传统网点的转型更加重要,网点在服务传统客户(那些不愿意使用网络和手机银行服务的客户)外,还要更多承担宣传、提升用户线下体验的职能。银行通过各种渠道提供一致的服务,客户也在不同渠道体验到相同的服务。

(三)专业智能,跨界经营

随着全球化和信息化的推进,金融创新速度加快,金融产业链被重新分解和再造,现代金融体系功能已经被分化为多个专业化领域。从美国等成熟市场发展经历来看,只有少数银行走向"大而全",更多的银行走向了地区化或专业化。在金融创新和金融"脱媒"冲击下,面对海量存量客户和潜在客户,面对同质化竞争,未来银行将致力于提供更加专业化的服务和体验,增加客户黏性。专业化服务达到一定程度的银行必将是更加智慧和智能的银行。智慧银行指更透彻的感应度量、更全面的互联互通、更深入的洞察,它包含卓越的客户体验、高效的员工体验以及风险收益的平衡。智慧银行的构建贯穿银行前、中、后台,通过前、中、后台业务流程整合和自动化、渠道整合、客户洞察等方式实现以客户为中心的银行业务,以及以优化且高效的流程助力于更智慧的业务决策。此外,由于互联网带来的技术、业务和竞争的无边界化,无论主动还是被动,跨界经营的时代已经开始。未来银行将通过与第三方支付、旅游网站、运营商等外部合作资源对接,借助于第三方快速接入各大平台,形成银行、客户、第三方三位一体,以金融服务为核心、客户需求为导向、开源服务为支撑的新型服务模式。

(四)创新风控,强化优势

风险控制是金融业的核心,银行相对于互联网企业的最大优势就在于资金的风险控制与风险定价。随着信息技术的应用,金融机构集中处理的数据越集中,技术风险就越大,金融机构的安全性面临着新的考验。因为信息技术本身处于快速发展阶段,技术的更新换代速度很快,未来商业银行需紧跟国内外风险管理的前沿,及时掌握风险管理的先进技术,高度重视金融互联网化之后的新型风险。

对网络银行而言,最突出的风险主要是技术风险、政策风险、法律风险以及各类互联网金融业务风险。未来商业银行需进一步利用移动互联网时代的新思路、新技术,继承商业银行传统风险管理优势和精髓,从风险技术、风控目标、风控应用等方面全面整合、健全和创新风险管理体系,以适应互联网时代的风控要求。

延伸阅读　　　　"BATJ"联手四大行,各显神通

在"BATJ"(指百度、阿里巴巴、腾讯和京东四大互联网公司)4 家中,2017 年最早公布携手银行消息的是早已发起网商银行的阿里巴巴。2017 年 3 月 28 日,阿里巴巴、蚂蚁金服与中国建设银行签署了三方战略合作协议。

蚂蚁金服相关负责人接受《中国经济周刊》记者采访时表示,未来与建行的合作最主要的是基于原生信用体系的优势,"金融机构引入芝麻信用评分后,信用卡开卡的审批通过率提高了 7%,机构的整体不良率降低了 0.3%,我们会协助建行为目前征信系统无法覆盖的人群开卡提供服务"。

发起前海微众银行的腾讯则在 6 月 22 日宣布与中国银行挂牌成立"中国银行——腾讯金融科技联合实验室"。据腾讯云副总裁朱立强介绍,腾讯扮演的角色主要是为银行提供金融云服务,"比如说,金融行业的传统客服属于人力密集型重复劳动,效率低下,而基于人工智能和云计算的腾讯理财通智能客服就能实时提取分析多维度信息,在日交互数万次的基础上回答精准率达到 85%"。

"阿里巴巴和腾讯之前发起互联网银行时,其实还没有非常清晰的战略路径,当时主要是先拿银行牌照'占坑',但是网络银行本身不能设立网点,无法解决低成本资金的问题,相比现在的合作来说显得比较鸡肋。"卡尔金服创始人李鹏向《中国经济周刊》记者解释。

一位深耕新金融领域的 FA(Finance Advisor,理财顾问)则对《中国经济周刊》记者分析称,目前各互联网巨头已呈现出不尽相同的金融发展思路,"腾讯的思路是只做产品'货架',找保险公司来给产品兜底,自己不承担开发的风险,和银行的合作更偏向技术支

持；阿里巴巴则是希望围绕商业生态来做金融，建立自己统一的风控架构"。

而京东和百度同样有着强烈的金融雄心，技术起家的百度的角色更接近腾讯。6月20日，百度也宣布与中国农业银行成立"金融科技联合实验室"，着重共建金融大脑及客户画像，以及智能投顾、智能客服等方向的具体应用。

对于为何腾讯和百度都是以"实验室"的形式与银行达成合作，苏宁金融研究院高级研究员薛洪言认为，实验室的定位是局部探索，且偏技术层面，合作双方反而容易最大限度地开放，因此操作难度最低，两家公司应该是取由易到难的合作路径。

从目前披露的协议内容看，"BATJ" 4家中，6月16日，京东与中国工商银行达成的合作似乎最为全面，除了金融科技和零售银行，本身就已依托京东商城发力白条分期业务的京东，还将目光投向了消费金融、校园生态、个人联名账户等细分金融领域。

四大国有银行为何集体"低头"？

八大巨头之间两两配对的合作立刻触发了市场的兴奋点，一个重要原因在于此番携手民营互联网公司，让国有银行原先"天之骄子"的形象顿时亲和了几分。

记者注意到，其实银行与互联网巨头的零星合作早已有之，只是直到2017年才第一次上升到如此高规格的一把手对接的层面。《中国经济周刊》记者据公开资料统计，截至目前，阿里巴巴已经与11家银行开展了战略合作，腾讯和百度均携手7家银行。再以阿里巴巴为例，早在2004年12月，建行和支付宝就开展了电子支付业务的合作，2年后又联手推卡，蚂蚁金服还在近几年的"双十一"大促销期间为建行系统提供支持。

"以前其实也在谈，基本上是互联网公司一头热，说实话，银行参与的动力并不是很足。"一位不愿透露姓名的互联网金融圈内人士对记者坦言，"一方面银行受到国有企业内部体制的影响，不太愿意重塑已有的利益格局，另一方面也一直没想清楚自己究竟该怎么转型。"

但来自互联网金融的冲击却成为倒逼银行转型的巨大推力。

李鹏说："以我和许多银行零售业务的销售人员沟通的情况看，近几年银行的获客成本一直在增加，以前银行只要支起一个招牌、设个摊位，就会有很多人聚集购买，内部获客成本才二点几，躺着就能赚钱。现在各家银行专门评估资金成本和使用率的计划财务部都能感受到获客利息每年在以3%~5%的速度增加，累积5年、10年就会非常明显。"

陆金所董事长计葵生在2014年时就曾算过一笔账，通过互联网金融获客的成本可能是银行的五分之一。

在银行系统从业十几年的沈珊珊则告诉《中国经济周刊》记者，这主要是因为银行过去的思路就是投入较高成本增加物理网点、自助银行和社区银行，"但这几年购房和租赁房屋的成本、设备维护的费用、基层员工薪酬都在增加，而互联网企业在线上的活跃又让'金融业'这个概念变得模糊了，跨界经营对客户的争夺非常激烈，过去银行是唯一的综合金融服务商，所以柜台才会有保险代理、基金代理、信托代理渠道，但现在有品牌根基的互联网企业直接分流了这部分客源，所以银行'腹背受敌'"。

"互联网金融影响了银行的客户关系，银行的离柜率已经达到95%，'85后'和线下网点接触的概率几乎是0，银行如果不用互联网和客户接触，以后客户就不会再和银行联系了。同时互联网还影响了银行的渠道，现在传统银行超过10万个网点，涉及员工100多万人，未来客户不再来了，银行的渠道还有什么用？"交通银行发展研究部副总经理周昆平向记者解释道。

中国银行华东地区某分行一位行长对《中国经济周刊》记者直言："银行更大的压力来自整个赢利生态的改变，以前线下市场信息供给不充分，流动缓慢，客户转移成本高，使金融市场存在大量的套利机会，银行很多时候正是通过这种信息不对称来谋利，但是互联网正在消弭这种不对称。""以余额宝为例，它表面看起来是一种货币基金创新的销售方式，实质上是互联网聚集了一大群客户，利用短期活期存款利率和同业存款利率之间的息差，对市场资金进行了重新配置，原先银行可以在两个分割的市场获取可供放贷的低成本资金，现在这种优势就没有了，等于动摇了利润的根基，银行是有危机感的。"他进一步解释说。

而从刚刚公布的基金公司半年数据来看，天弘基金旗下的余额宝超过1.4万亿元的规模甚至超过招商银行2016年年末个人存款余额。

（资料来源：http://money.163.com/17/0717/23/CPJ8EDVR002580S6.html）

【自主思考】
1. 直销银行与纯网络银行有哪些异同点？
2. 概述银行业信息化的存在模式。

任务三　认识互联网证券

任务描述

学生对互联网证券的概念、交易流程、发展趋势等相关知识进行学习和思考。

任务分析

进行相关知识的讲解学习和课堂互动。教师运用多媒体对互联网证券的相关知识进行讲解，学生听课、讨论和思考。

相关知识

一、互联网证券的概念与影响

互联网证券（Internet Securities）通常是指通过互联网进行的证券交易等相关活动，有狭义和广义之分。从狭义上理解，互联网证券主要是指网上证券（Online Securities），它包括网上开户、网上交易、网上资金收付、网上销户四个环节。从广义上理解，互联网证券不仅包括网上证券，而且是在"电子化—互联网化—移动化"趋势下，对传统证券业务实施从销售渠道、业务功能、客户管理到平台升级的架构重塑及流程优化，架构符合互联网商业惯例和用户体验的综合金融服务体系。

互联网证券通过搭建互联网技术平台，可以为投资者提供一套贯穿研究、交易、风险控制、账户管理等投资环节的服务方案，帮助投资者提高交易频率和效率，扩大交易品种，降低进入多品种交易及策略投资的门槛，实现低成本、跨时点、跨区域投资。

互联网证券的发展对证券市场的影响主要表现在以下几个方面：

(1) 证券市场的发展速度加快。
(2) 证券业的经营理念在实践中发生变革。
(3) 互联网证券营销和开户方式不断创新。
(4) 券商经营策略转向"协作共赢"。
(5) 单一经纪业务向综合性资产管理转型。
(6) 传统证券业面临金融"脱媒"的严峻挑战。

总之，伴随着互联网金融的创新发展，互联网给证券业带来了挑战与机遇，如果能够充分利用新技术带来的积极效应，互联网证券布局将明显提速，证券行业整体实力将显著提升，基础功能将进一步完善，证券业务的国际化步伐将会加快。

二、互联网证券交易流程

互联网证券交易是指投资者通过互联网来进行证券买卖的一种方式，其为股民提供网上股票交易的实际环境，使股民通过互联网进行方便快捷的在线交易、管理及行情查询。其业务涵盖股票买卖、新股申购、银证转账、余额查询、开户销户、密码修改等方面。

如果纯粹从交易过程来看，互联网证券交易与传统证券交易方法的不同主要是交易信息在客户与证券营业部之间的传递方式上。见图2-49。

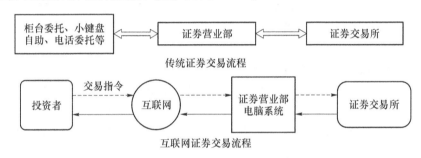

图2-49 互联网证券与传统证券交易流程比较

依照证券交易的一般流程，互联网证券交易也包括登记开户、委托交易、交易撮合和清算交割四个步骤。

（一）登记开户

与传统证券交易需要客户"面对面"登记开户不同，互联网证券支持客户在互联网上进行远程开户。目前我国的大部分券商都已经通过其官网、APP端、微信公众号等渠道提供各种远程登记开户方式。

手机远程开户又可以细分为APP端开户、微信开户、个人展业平台开户和交易软件开户等，其中最能体现移动互联网特点的是APP端开户。

（二）委托交易

目前我国投资者在互联网上进行委托交易的方式主要有两种：一种是安装并运行网上证券交易软件或APP，然后上网委托交易；另一种是直接登录证券交易网站进行委托交易。由于前者集成了较多功能，逐渐成为投资者进行互联网证券委托交易的主渠道。

（三）交易撮合

我国沪深二市均采用电脑撮合交易方式。买卖申报经交易所电脑主机接受后，按证券价格、时间排序，自股市开市时按"价格优先、时间优先"的原则撮合成交。

（四）清算交割

清算与交割都分为证券和价款两项。证券登记结算机构与证券经营机构之间的清算交割通过计算机网络进行。

三、互联网证券的发展意义和发展趋势

（一）互联网证券的发展意义

1. 互联网与券商的融合加速了证券行业的更新换代

纵观发达资本市场历史，佣金率下滑是必然趋势，这是证券行业"升级换代"的结果。在证券行业发展初期，经纪业务是证券行业赖以生存的基础，一般佣金率都受监管部门保护，但随着证券业务的发展，收入逐步多元化，价格管制也逐渐放开，经纪业务在市场竞争的情况下，佣金率必然趋于下滑。互联网证券的出现从两个层面加速了佣金率的下滑：一是互联网打破了区域之间的价格差异，短期对于佣金率较高的中西部地区的冲击较大；二是互联网模式进一步降低了经纪业务的成本，打开了价格下降的空间。

佣金率下降将是行业发展的必然趋势和要求，互联网的加入加速了经纪业务市场化的步伐，短期可能会对佣金率较高的区域型券商造成一定的冲击，但是从长远来看，互联网和券商的结合加速了证券行业的更新换代，提升了行业的创新氛围，增强了中国证券行业的国际竞争力和影响力。

2. 互联网全面拓宽了证券行业的渠道

近年来，国内证券行业的发展速度远不及银行、保险等其他金融子行业，其中一个很重要的原因是渠道明显不足，这直接导致了产品销售能力不足、客户规模不大、品牌影响力不够等诸多问题。以行业龙头作比较，银行业龙头工商银行的分支机构在2万个左右，客户4亿人以上，而证券行业龙头中信证券的网点在200个左右，客户在400万~500万人。两者规模相差100倍，由此可见证券的渠道和客户规模无法与银行同日而语。

互联网平台的加入为券商的逆袭提供了重要的机遇。首先，互联网平台提供了大容量、低成本的客户和渠道资源，提升了证券行业的销售能力，缩小了与银行、保险业的差距。以腾讯为例，其即时通客户已经达到8亿人，远超任何金融机构的客户规模，券商若能与互联网平台实现较好的客户导流，必能实现客户和规模的快速提升，并有望反超其他金融子行业。另外，互联网渠道为券商提供了一个打"翻身仗"的机会。互联网的渠道成本低于物理网点，在互联网营销时代，银行、保险业庞大的物理渠道反而造成成本端的巨大压力，证券业物理网点的不足反而成为其大举发展网络渠道的有利条件，并最终在渠道成本上更胜一等。

3. 互联网为券商更好地服务中小客户提供了重要手段

证券市场散户化一直是中国资本市场的重要特征，具体表现为两点：一是投资主体散户化，即投资者更倾向于技术分析，忽视价值投资，投资行为短期化，换手率较高（中小散户的换手率明显高于高净值客户）。在这样的资本市场生态环境下，中小散户为证券公司贡献了很大一部分收入和利润，尤其在经纪业务领域。

但与收入贡献构成鲜明对比的是证券公司对中小散户的服务同质化现象比较严重，用户体验较差。互联网的出现为券商更好地服务中小客户提供了重要手段。在服务中小客户方

面，相比传统模式，互联网模式至少在三个方面获得重大突破：一是打破时空的限制。传统模式的大部分服务时间都限定在交易时间（工作日9：30—11：30，13：00—15：00），服务地点限定在营业网点，而在互联网模式下，服务时间有望扩展到7×24小时的模式，并且任何有网络的地方，用户均可享受到互联网模式提供的服务。二是服务内容更加多样化。在传统模式下，券商为中小散户提供的服务主要是交易服务；在互联网模式下，中小投资者享受的服务将呈现多样化，包括交易、投资咨询、投资者教育、网上购买金融产品等。三是收费更加低廉。目前传统模式的交易佣金一般都在万分之五以上，而当前网上开户的交易佣金低至万分之二点五，未来随着制度的放开和互联网金融的发展，交易、信息服务等基础服务功能将趋于免费，互联网模式的价格优势将更加明显。

（二）互联网证券的发展趋势

证券行业的信息化在过去的20年间主要发生在技术创新领域，随着金融互联网化的进一步推进，未来互联网对证券行业的影响会逐渐从"技术革命"演进到"模式革命"，发展战略差异化、证券交易全面化、产品销售超市化、券商营销网络化、网络平台移动化等将成为其未来的发展趋势。

1. 战略重构，行业整合

针对互联网所具备的注重客户体验、比较适合"长尾"零售客户和简单的标准化理财产品等特征，不同的券商在金融互联网的战略布局上将呈现不同的侧重点和路径。大型券商主打综合金融服务，中型券商适度综合特色兼顾，小型券商细分市场特色发展。

中国证券业目前的发展阶段与美国20世纪70年代末类似，预计中国券商将进入全面的发展时代，未来将出现大型综合券商、互联网券商与精品券商同台共舞的行业生态。在零售经纪业务上投入过多的资源容易造成业务服务水平的下降，根据搜狐金融的研究数据分析，大型券商会将目光投向机构业务，放弃在网络零售业务上与中小型券商竞争，而中小型券商由于缺乏与大型券商相抗衡的基础，将加速拥抱互联网，强化零售业务，通过与第三方互联网企业等机构的合作，完成向互联网券商转型的过程。从美国、日本等国家的互联网经纪公司的发展历程中可以看出，并购是一个快速有效的发展手段。未来可能会有券商通过并购、控股一家支付公司，绕开第三方存管限制，实现一些理财产品的买卖，从而实现多层次的账户体系。

2. 模式重构，生态完整

证券行业的互联网化将意味着对自身商业模式的改造和重塑，传统的以线下营业部为主要渠道、以经纪业务为主要赢利模式的状态将被改变。互联网证券将以用户为中心，利用大数据深度挖掘和识别客户的需求，构建由最佳客户体验和多功能账户体系组成的完整金融生态圈，根据不同的需求来划分和管理客户群，匹配给客户完善的产品体系，提供投资、融资、理财、支付、投顾、社交等一体化服务功能。预计未来将有更多的券商依托互联网金融策略，搭建开放的互联网金融社区和综合服务平台，充分满足客户的需求，为不同类型的投资者创造价值。目前，国泰君安、平安证券、华泰证券都在尝试打造自身的金融生态圈。

3. 移动引领，抢占高点

手机等多元移动终端的广泛使用推动了移动金融的爆发式增长，移动支付渐成主流，移动银行推陈出新，移动应用日益丰富。2014年年末，国内移动网民数量已超过PC端客户数量，互联网证券的移动化也将成为未来发展趋势。目前，在移动互联网领域，市场上并没有出现垄断的移动IT系统开发商，而券商自主研发的APP市场认可度较高。有关数据显示，证券类APP人均单日有效使用时间高达6.2秒，人均单日使用次数达3.6次，客户黏性比较好。这正是券商向移动互联网升级的好时机，可以抢占移动互联网金融的制高点，推进证券行业与互联网的深度融合。

延伸阅读

互联网证券面临的机会与挑战

自2013年开始，互联网对证券业的改变逐渐显现，方正证券、华创证券、国泰君安作为第一批"吃螃蟹"的券商，纷纷开始拥抱互联网，齐鲁证券成为首家获得中国证券登记结算有限公司授权认可网上开户的证券公司。不过最吸引人眼球的当属国金证券联手腾讯推出首款互联网金融产品"佣金宝"，投资者只需通过腾讯网进行网络在线开户，即可享受万分之二的交易佣金——剔除规费后几乎相当于零佣金。"万二"开先河的做法让全行业感到"压力山大"。除"降佣"之外，券商已采用多种形式"触网"，希望能杀出一条"血路"，互联网金融、非现场开户因素导致券商开始了新一轮佣金战。纵观近2年的公开报道，证券公司在互联网证券方面的尝试大部分集中在这样几个方面：网上开户、开设网上商城售卖理财产品、与互联网公司合作导入流量，目的就是尽可能快速争抢线上客户资源。

但当前互联网证券的创新业务无论是业务量还是利润贡献，与预期都存在一定差距。几家最初在淘宝开设网店的证券公司店铺，其网店仍存在"浏览量低、产品销售量少、缺乏互动"等情况，甚至有的券商的淘宝店铺已经停止运营。另外一些中小券商自建的网络销售平台，同样也出现成交量冷清、用户不多的尴尬窘境。通过客户规模进行变现的方式有很多，如利息收入、资管业务、理财产品销售、投顾服务等，而这些最终考验的依然是券商的专业能力，互联网只是展示能力、让客户快速了解相关产品和业务的窗口。（资料来源：根据网上相关报道整理）

【自主思考】

1. 根据案例，谈谈你如何看待互联网证券目前的发展状况，以及互联网证券的发展面临哪些机会和挑战。
2. 互联网证券与传统证券相比在业务流程上有哪些优势？

任务四　认识互联网保险

任务描述

学生对互联网保险的概念、创新及发展趋势等相关知识进行学习和思考。

任务分析

进行相关知识的讲解学习和课堂互动。教师运用多媒体对互联网保险相关知识进行讲解，学生听课、讨论和思考。

相关知识

一、互联网保险的概念

随着信息技术和互联网的高速发展，全球保险行业的营销模式和保险产品发生了日新月异的变化。在这波互联网金融的热潮中，"网络保险""互联网保险"的概念应运而生。

广义的互联网保险是指保险信息咨询、保险计划书设计、投保、缴费、核保、承保、保单信息查询、保权变更、续期缴费、理赔和给付等保险业务全过程以及保险经营管理活动的网络化，它不仅包括保险公司或者其他保险中介机构利用互联网来开展保险业务的行为，甚至包括保险公司内部基于互联网的经营管理活动，以及在此基础上的保险公司之间，保险公司与股东、保险监管、税务、工商管理等机构之间的交易和信息交流活动。

狭义的互联网保险又称网上保险或网销保险，是指保险公司或保险中介机构以互联网和电子商务技术为工具来支持保险经营管理活动的经济行为，有别于传统的保险代理人的营销模式。

同互联网银行、互联网证券的界定一样，由于金融的互联网化仍处于阶段性发展过程，网络保险的外延仍处于变化之中，网络保险与互联网保险的概念及使用在业界逐渐趋于一致。其具体内容主要包括保险数据的搜集和分析、保险产品的设计和营销、保险需求的专业分析、保险产品的购买服务、在线核保和理赔服务以及在线互动交流服务等。

二、互联网保险产品创新的"四重境界"

第一重境界：渠道创新。将传统的线下销售渠道通过互联网来实现，改造传统产品或者开发适合互联网渠道销售的新产品，是互联网保险产品创新的"第一重境界"。在此基础上，互联网保险必须力求实现保险信息咨询、保险计划书设计、投保、缴费、核保、承保、保单信息查询、保单变更、续期缴费、理赔和给付等保险全过程的网络化，即包括售前、售中和售后服务的互联网化（见图2-50）。2015年7月22日保监会出台的《互联网保险业务监管暂行办法》主要从互联网销售渠道的角度，规范了互联网保险。该办法规定，互联网保险业务是指保险机构依托互联网和移动通信等技术，通过自营网络平台、第三方网络平台等订立保险合同、提供保险服务的业务。

图2-50 互联网化渠道投保流程

第二重境界：场景创新。场景化是互联网保险产品创新的重要特征之一，互联网新的生态环境为保险公司产品设计提供了新颖的场景和丰富的标的。通过场景创新推出互联网保险产品，特别适合互联网企业电商网站模式。在该模式下，以B2C、O2O电商平台为主的场景嵌入式渠道，能够借用互联网交易场景关联销售各种保险产品，实现以场景化和定制化为主要特征的互联网保险产品创新的"第二重境界"。互联网保险"场景创新"产品如表2-14所示。

表 2-14　互联网保险"场景创新"产品

项目	传统保险代销	电商平台销售	专业互联网保险平台
产品	意外险、健康险车辆险、旅游险	退运险、物流破损险、账户资金安全险	春运回家保障险、高发癌症专属保险
场景	出行、旅游、健康	电商购物、物流安全、互联网支付	特定人群特定需求

第三重境界：商业模式创新。在互联网保险商业模式下，既可以通过构建生态圈来实施跨界竞争、客户迁徙，通过基础平台推出"爆款"互联网保险产品来吸引用户流量，从而将保险客户迁徙到自身生态圈内的其他平台上实现"上层变现"，基础平台推出的保险产品可以是低价的、免费的，如失眠险、雾霾险等，"上层变现"才是实现盈利的环节，通过对基础引流压缩渠道成本带来的大量目标客户"交叉营销"其他产品来获取利润；还可以充分利用区块链等新技术改变传统定价模式，实现商业模式的升级，例如推出精确定价、动态定价的 UBI 车险。

第四重境界："云"端保险。2016 年，依托阿里云，众安保险推出了云计算保险、数据安全险；依托腾讯金融云，安心保险成为国内第一家全业务系统都在"云"上的保险公司，实现了从营销、渠道、产品乃至运营的全业务链条的互联网化。"云"端保险运用云计算、云存储、区块链、大数据等创新技术与方法，有助于解决传统保险产品风险查勘和理赔环节互联网化的难题。见表 2-15。

表 2-15　互联网保险产品创新的层次

层次	产品创新模式	主要特征	技术与方法	产品举例
1	渠道创新	售前、售中和售后的互联网化	改造或开发适合互联网销售的产品	网络直销标准化旅行险
2	场景创新	场景化、定制化、碎片化	基础引流+场景嵌入	退货运费险
3	商业模式创新	基础平台上层变现、精确动态定价	区块链、大数据个体风险定量	车联网 UBI 车险
4	"云"端保险	全线上流程闭环	云计算、云存储	云计算保险

三、互联网保险的发展趋势

与传统保险相比，互联网保险具有网络渠道流量大、客户多、产品费率低，以及能及时掌握客户需求、提供针对性产品的优势，但目前也暴露出一些风险问题。比如，互联网的虚拟性会产生各种伪数据从而引致数据安全和数据定价风险，随意利用互联网创新噱头而引致创新与声誉风险，还有信用与网络欺诈风险、信息安全和技术安全风险、操作风险等。随着各种监管规定的陆续落地，未来互联网保险将在规范中沿着"渠道创新——产品创新——模式创新"的路径持续发展，并可能呈现出以下发展趋势。

(一) 基于互联网的智能化保险交易

互联网能够支持保险公司运用各种互联网技术，在保险销售渠道等方面进行创新。现在的互联网保险交易是以互联网为工具通过保险代理人或客服向客户提供保险需求等方面的服务；而智能型互联网交易是指不需要借助于中介人，通过网络直接为客户匹配险种和提供智能的保险售后服务，相当于一个虚拟的智能保险公司。随着保险行业的市场化和技术的进步，基于互联网追求更高效率、更低成本的虚拟保险交易方式将是一种必然趋势。面对未来保险公司和互联网机构的竞争，紧紧抓住市场机遇，努力进行大胆的创新是保险公司的必然选择。从市场的长远角度看，监管机构将会更加鼓励保险营销模式的创新和保险市场的良性竞争，推动市场积极地提高交易的效率和降低成交成本，同时也会加强对这种新的交易方式下违法违规行为的监管，防范可能导致的系统风险。

(二) 基于真实需求的多元化产品创新

有关调查显示，经过广泛的"噱头"类产品创新后，真实的保险需求已成为业内外关于互联网保险产品创新的明确方向。未来的互联网保险产品创新领域将更为广泛和多元化，力求结合互联网可以设计出真正符合消费者需求的保险产品。创新方向将分为两大类：一是增量市场的产品创新，将基于更为广泛的应用场景，配合互联网、大数据等新兴科学技术设计出的互联网保险产品，有着"碎片化""高频率""场景化"等特点，比如虚拟生活与虚拟资产、简单明了的专项重疾险、适合家庭群体特征的捆绑险、赔付灵活的意外险等；二是存量市场的产品创新，在费率改革以及新的市场环境、政策环境下，传统保险产品势必在新的技术应用下，或主动或被动地向更为接近消费者需求的方向演进，甚至承担起打通保险和不同产业融合渠道的使命，如医疗、养老、环保、食品安全等。我国互联网保险可以在互联网小微企业信用和贷款保证金保险、农村小额保险、网销食品等的责任保险、物流保险等与互联网金融、互联网消费有关的领域积极发挥自身防范风险的能力，积极拓宽自己的发展空间，结合互联网优势开发出更多标准化和个性化的保险产品，促进互联网保险的发展。

(三) 基于大数据与人工智能的精算定价

作为金融机构，保险最为核心的地方就是对风险的定价。对保险业来说，如果互联网技术能够通过丰富、完善和细化定价因子深入产品定价才是最有价值的。目前保险产品的定价都是基于传统的定价理论和模型（如寿险很多产品的定价仍基于生命周期表，产险定价主要假设是事故发生率）。伴随大数据与人工智能的发展，基于"云＋端"的远程信息获取和处理，将会使保险定价出现颠覆性的变革，实现对各种风险更为精准、动态、差异化的定价。但科技的进步向来都是双刃剑，对于大数据对风险的精准定价其实保险业内存在争议。简单地说，保险是靠大数法则而生存运转的，假设未来大数据发展到极致，可以精准地定义每个个体的差异化的风险，对保险业的影响将会怎样呢？根据有关研究，就市场空间来看，精细化定价对于保费总量应该具有一定正面的刺激效果，尤其是对优质客户而言。就整体的利润率情况来看，初期面临"件均向下＋新增优质客户"，利润整体持平；后期面临"件均恢复＋客户分层显现"，利润或稳中略升。

（四）基于整合的保险生态系统

技术的进步以及消费者行为的改变正在重塑全球保险业，而邻业进入者也促使保险业将整合成为更广泛的生态系统。对保险公司而言，机遇与挑战并存。尽管目前，行业整体数字化改良与创新尺度不同，但保险公司毫无退路可言，内部中后台管理的数据化转型与变革已成必然趋势。德国安联、中国平安等保险巨头已在转型路上先行一步，而 Oscar、Bought By Many 等"小而美"的创新也让人充满想象。"网络保险""互联网保险"或许只是一个过渡性概念，不远的将来，当人们的衣食住行都离不开网络时，也就没人在意是互联网保险还是传统保险了。当互联网思维引发的全新模式早已融入保险产品设计和运用当中之时，保险的核心竞争力应该是在跨界资源整合能力、便捷服务供应的效率和反欺诈技术的成熟度方面。站在十字路口的中国保险业亟待转变观念、厘清战略、构建能力，在互联网保险重塑行业格局之际博得一席之地。

> **延伸阅读**
>
> ### 互联网保险典型公司——众安保险
>
> 众安在线财产保险股份有限公司（简称众安保险），是国内首家互联网保险公司，由蚂蚁金服、腾讯、中国平安等国内知名企业，基于保障和促进整个互联网生态发展的初衷发起设立，并于 2013 年 9 月 29 日获中国保监会同意开业批复。众安保险业务流程全程在线，不设任何分支机构，完全通过互联网进行承保和理赔服务。截至 2015 年 4 月，众安保险已累计服务客户数超过 2.5 亿，累计服务保单件数超过 16 亿。
>
> "众安要做有温度的保险和面向未来的保险。"这是 CEO 陈劲对众安保险的构想。在他看来，目前众安保险已经明确基于互联网生态、直达用户，以及开发空白领域三个发展定位，而这一切的抓手则是"大数据"。
>
> 马云曾提到，人类已经从 IT 时代走向 DT 时代，IT 时代是以自我控制、自我管理为主，而 DT（Data Technology）时代，是以服务大众、激发生产力为主。IT 与 DT 看起来似乎是一种技术的差异，但实际上是思想观念层面的差异。
>
> 在陈劲看来，众安保险属于后者。"传统的保险产品是基于经验数据，而互联网保险则是基于关联数据。其中前者是固化的，有沉淀周期，然后再建立一套模型来做精算；而互联网保险所依赖的关联数据是动态的、实时的。"
>
> "众安保险作为首家互联网保险公司，始终以服务互联网生态为定位。正如'互联网＋'的发酵一样，'众安＋'也一直在与各行各业发生化学反应。例如众安＋电商场景，我们推出了退运险、众乐宝、参聚险等服务买家卖家；再如众安＋互联网金融，我们推出了账户安全险、盗刷险、借款保证险，从而多重保障资金安全。如今，众安保险正积极投入传统产业'互联网＋'的进程中，未来我们将为更多谋求'互联网＋'的行业企业打造创新解决方案。"（资料来源：根据网上相关报道整理）

【自主思考】
1. 互联网保险有哪些发展模式？如何看待互联网保险的产品创新？
2. 概述保险业信息化的存在模式。

立体化阅读

金融信息化

项目小结

金融互联网作为互联网金融体系中不可或缺的重要组成部分,主要是指银行、证券、保险等金融机构运用计算机互联网和现代通信技术,通过将金融活动从线下向线上的转移,满足客户对金融服务的高效便捷需求的金融发展模式。互联网银行、互联网证券、互联网保险等信息化金融机构是其具体表现,主要包括传统金融机构的电子化模式、基于互联网的创新型金融服务模式、金融电商模式三种类型。

互联网银行是指以互联网和信息技术为依托,通过互联网平台向用户提供账户管理、支付结算、信贷融资、投资理财等各种金融服务的新型银行服务形式。按发展模式可分为线上线下结合和纯网络银行两种,按业务形态可分为网上银行、电话银行、手机银行、直销银行和纯网络银行。

互联网证券是指在"电子化—互联网化—移动化"趋势下,对传统证券业务实施从销售渠道、业务功能、客户管理到平台升级的架构重塑及流程优化,使其符合互联网商业惯例和用户体验的综合金融服务体系。

互联网保险是指保险信息咨询、保险计划书设计、投保、缴费、核保、承保、保单信息查询、保权变更、续期缴费、理赔和给付等保险业务全过程,以及保险经营管理活动网络化的新型保险服务方式。

课后思考题

1. 互联网银行与传统银行业相比,有哪些独特的优势?
2. 互联网证券与传统证券业相比,有哪些独特的优势?
3. 互联网保险与传统保险业相比,有哪些独特的优势?
4. 信息化金融机构给金融行业带来了哪些机遇和挑战?

模块三

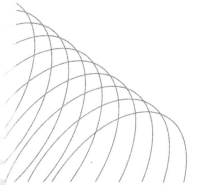

项目

互联网金融风险分析及风险管控

项目介绍

本项目介绍了国内互联网金融风险的现状、主要风险分析,以及互联网金融风险管控分析等理论知识内容,要求学生熟悉和了解国内互联网金融风险的基本概念、互联网金融风险基本类型,并能够通过对互联网金融风险相关知识的学习掌握管控互联网金融风险的基本技能,掌握其运作流程、运营规则、操作及方法技巧。

知识目标

1. 互联网金融风险的类型和特点;
2. 互联网金融风险的管控方法。

能力目标

1. 掌握互联网金融面临的基本风险类型和特点;
2. 掌握互联网金融典型风险成因;
3. 了解互联网金融不同的风险控制方法。

案例导入

e租宝案暴露出的互联网金融

e租宝的金融骗局土崩瓦解后,留下一地鸡毛,一时间成为过街老鼠人人喊打,e租宝披着互联网金融的外衣,实为诈骗,而且因为当初强力的广告宣传,导致受害者极多,牵涉面极广。

e租宝是"钰诚系"下属的金易融(北京)网络科技有限公司运营的网络平台。2014年2月,钰诚集团收购了这家公司,并对其运营的网络平台进行改造。2014年7月,钰诚集团将改造后的平台命名为"e租宝",打着"网络金融"的旗号上线运营。"钰诚系"的分支机构遍布全国，涉及投资人众多，且公司财务管理混乱，经营交易数据量庞大，仅需要清查的存储公司相关数据的服务器就有 200 余台。为了毁灭证据，犯罪嫌疑人将 1 200 余册证据材料装入 80 余个编织袋中，埋藏在安徽省合肥市郊外某处 6 米深的地下，专案组动用两台挖掘机，历时 20 余个小时才将其挖出。

从 2014 年 7 月 e 租宝上线至 2015 年 12 月被查封，"钰诚系"相关犯罪嫌疑人以高额利息为诱饵，虚构融资租赁项目，非法吸收公众资金，累计交易发生额达 700 多亿元。警方初步查明，e 租宝实际吸收资金 500 多亿元，涉及投资人约 90 万名。（资料来源：根据网上相关报道整理）

任务一 国内互联网金融风险的现状

任务描述

学生对国内互联网金融风险的现状等相关知识进行学习和理解。

任务分析

进行相关知识的讲解学习和课堂互动。教师运用多媒体对相关知识进行讲解，学生听课、讨论和思考。

相关知识

随着互联网的快速扩张，互联网金融也快速发展起来，现在互联网金融已从单纯的支付业务向转账汇款、跨境结算、小额信贷、现金管理、资产管理等传统银行业务领域渗透，已使商业银行备感压力。但由于互联网业务创新速度过快，没有现成法规可循，往往游离于银监会和央行监管之外，加上互联网的开放性，潜在风险不容忽视。互联网金融风险集聚，除了操作风险、信用风险等金融机构常有的风险外，还会出现一些新的风险。

作为互联网和金融的结合物，互联网金融同时具有二者的属性。不过互联网金融的核心及本质还是金融，互联网仅仅是手段和方法。也正是这个原因，使得互联网金融不仅面临着传统金融所具有的风险，同时也面临着基于网络技术这个平台而产生的特有风险。总的来说，其风险有如下几个显著特征。

一、金融风险的扩散速度较快

无论第三方支付还是移动支付，包括 P2P 网贷、众筹平台、大数据金融、信息化金融等在内的互联网金融，都建立在具有高科技特点的网络技术基础之上。这使得互联网金融业务能够在最短时间内得到处理，也为简单快速的金融服务提供了强大的信息技术支持。然而，任何事物的任何特点都具有两面性。从相反方向来说，高速的数据传输也意味着高速风险传输，一旦金融风险发生了，便会很快扩散开来。

二、金融风险监管比较困难

在信息高速运转的时代，大部分互联网银行或手机银行都可以在互联网或移动互联网上完成交易和支付。与传统的金融机构不同的是，互联网金融采用的是电子记账和电子化处理业务，通过电子化方式进行支付。众所周知，互联网金融活动都是在网上进行的，从而使这样的交易有了虚拟性，不仅失去了地理方面和时间方面的限制，而且整个交易过程也显得很不透明，包括交易对象都变得极其模糊，这些无疑都使得互联网金融风险的形式变得更加多样化。方式和金额的不可预料使得风险的防范和化解尤其困难，一旦某个步骤中产生交易风险，将会给客户和提供互联网金融服务的那一方造成难以想象的损失。

三、金融风险之间传染的概率较高

在传统意义上的金融活动中，当人们认为有可能发生风险时，可以采取一系列措施将那些可能导致风险的不同源头阻隔开，可以采取分业经营或者特许经营等，尽可能地减少它们之间接触的机会，也就使这些风险相互传染的概率大大降低了。这些风险都在常年的经营中得到预测和分析，并且在监管部门的量化下，可以将这些风险进行划分确定其归属，从而将其定义为某类风险并制定控制措施，以防再一次发生。而在互联网金融中，物理隔离的有效性相对减弱，当这些金融机构之间推进的网上业务之间的相关性增强时，矗立在它们中间的防火墙就要具备更强的防护能力。现阶段，整个社会的金融活动呈现出一幅穿梭往来的局面，各大金融机构之间展开了许多综合的金融业务，在现有产品体系内，它们之间的相关性日益增强。同时，机构与机构之间，乃至国家与国家之间的沟通也越来越频繁。这些改变都极有可能引发金融风险的交叉传染。

任务二 互联网金融中的主要风险分析

传统金融机构所面临的风险，比如信用风险、流动性风险、利率风险和市场风险，在互联网金融机构的经营中仍然存在，只不过在表现形式上有所变化。这里主要分析互联网金融机构存在的网络安全风险、操作风险、信用风险、金融业务风险和法律及声誉风险。

任务描述

学生对互联网金融主要风险的相关知识进行学习和理解。

任务分析

进行相关知识的讲解学习和课堂互动。教师运用多媒体对相关知识进行讲解，学生听课、讨论和思考。

相关知识

一、网络安全风险

对于互联网金融而言，网络是其存在的平台。在当前情况下，因为网络安全问题导致的互联网金融损失比比皆是。对于网络安全而言，最常见也是最重要的几种风险分别是网站被篡改、网站挂马、网络钓鱼和网站后门。

(一) 网站被篡改风险

通常来说，网站被篡改就是黑客向网站植入不易被网站管理员和用户发觉的黑链，这些黑链大多是各种商业广告的链接，广告对象可能是出售广告位，也可能是为了谋取经济利益而提供所谓的网站排名优化，也有可能是以此作为跳板来发起网络攻击。近年来，随着网络技术的日益发达，网络被篡改的风险也日益增加，给互联网金融消费者的财产安全造成重大威胁。

(二) 网站挂马风险

在网页中嵌入恶意链接或程序，一旦用户访问该页面，计算机便会迅速被植入这些恶意链接或程序。如果用户主机的某些应用软件或者相关操作系统有漏洞，在没做好安全防护的情况下，黑客安放的这些链接或程序就会由此侵入主机，在控制用户主机之后，便可以窃取用户的个人信息。

(三) 网络钓鱼风险

当前钓鱼网站比较多，通常采用的方式是通过微信、QQ 或者 MSN，也有手机短信、微博的方式，给用户发送一个链接，大多是提示中奖之类的，接到信息的人如果按照提供的链接点击进去，极有可能使机器中毒或者个人账户信息泄露。

(四) 网站后门风险

当网站服务器被黑客入侵后，他们会留下后门程序。通过网站后门，网站服务器上的文件可以被查看、修改、上传等。不仅如此，甚至连网站服务器的命令都可以被重新定义。

二、操作风险

由于不同用户使用不同终端引发的操作失误，金融服务提供商的员工操作违规，内部控制失误、不完善等操作问题而引发损失的风险，称为操作风险。在现实中，互联网金融行业尚未形成统一、规范的操作流程，行业协会还处于弱势地位，缺乏制定行业规范并推广的权威性，这使得互联网金融服务提供商所提供的业务流程必然存在差异。下面从三个方面来介绍互联网金融的操作风险。

(一) 支付方式创新带来的风险

现在支付方式渐渐地走向移动支付，不管是依托红外、蓝牙的近场支付，还是以网银、电话银行和手机支付为代表的远程支付，在给人们带来一系列便利的同时，也暗藏着技术和业务的风险。

(二) 行业间关联性风险

作为金融创新的互联网金融，它所面临的风险不仅仅来自自身，也来自与其相关的其他金融机构，甚至有可能是其他相关行业。当前，金融机构间关联业务越来越多，风险交叉感染的可能性也越来越大，需要加以更多的关注。

(三) 消费者操作风险

很多用户对互联网金融的风险认识不足，对可能诱发风险的源头也辨识不清。3G、4G 无线网络的快速普及，使越来越多的用户通过 WiFi 在一些网络终端设备上进行金融交易，而大多数消费者都对 WiFi 的安全隐患认识不足，黑客极有可能乘虚而入。比如说，当用户登录黑客设立的假冒 WiFi 站点时，银行账号和密码很有可能被套取。

三、信用风险

信用是金融产品定价的依据，对于以金融为核心的互联网金融而言，同样如此。一般来说，不同参与方确定利用互联网开展金融交易的前提是，他们对互联网所提供的金融平台及其信誉持有认同的态度。由于互联网金融平台的介入，两方交易演变成三方交易，这为交易流程带来了新的风险，虽然也在一定程度上弥补了社会信用体系的不足。

（一）内部欺诈风险

内部欺诈风险指的是企业内部员工骗取、盗用财产或违反监管规章、法律的行为带来的风险。一般分为两类：未经授权的活动和项目，以及盗取和欺诈等行为。表现形式有故意不报告交易、交易品种未经授权、假存款、勒索、挪用公款等。

（二）外部欺诈风险

外部欺诈风险指第三方骗取、盗用财产或逃避法律责任而导致损失的风险。

曾有多家 P2P 网贷企业破产、"跑路"，信用风险表现强烈。随着市场竞争的加剧，信用风险逐渐暴露，其中一个值得警惕的现象是"借款人包装"行为，即不满足条件的借款人通过虚假性或误导性资料"美化"自己的信用，制造"合格"假象。这种包装若无专业人士的"指导"，不难被识破，并不会给 P2P 网贷平台带来太大风险。但若有专业人士的"配合"，其欺骗能力则大大增强，平台将难以识别。"专业化"的借款人包装通常有两种实施形式：一种是小贷公司或 P2P 网贷平台的从业者辞职后专职或兼职从事此项业务，由于熟悉信用评估流程和审贷要求，"专业包装人"可为借款人提供大量指导意见，帮助后者"美化"其贷款申请材料；另一种是 P2P 网贷平台的在职员工与借款人相配合，除了给其"指导"之外，还利用职务之便帮助其获得贷款或提供内部消息。

对于第一种实施形式，由于"专业包装人"已经脱离了借贷机构，其身份更像是独立"贷款顾问"，只要不故意引导借款人造假，其行为有积极意义；即使存在不规范行为，在目前的环境下也没有有效的外部制约措施，主要依靠平台切实进行尽职调查、加强贷款审核。第二种实施形式则要求平台必须加强内部监督，对重点岗位予以经常性检查，设定预警条件和应急措施，在发现"骗贷"事件后进行快速响应和严肃处理。

目前，一些平台正在尝试通过行业组织建立"从业人员黑名单"机制，互相通报有不端前科的 P2P 网贷从业人员，以在更大范围内约束"专业包装"等行为。这一机制能否顺利建成并有效发挥作用，值得关注。值得注意的是，平台若判定某个从业人员行为不端，应有充分的事实依据，并给予其申诉的权利。

四、金融业务风险

互联网金融的本质还是金融，只不过是交易模式有所创新。传统金融业务所面临的业务风险，在互联网金融中同样存在，比如，流动性风险、市场风险和利率风险。

（一）流动性风险

流动性风险是指互联网金融服务商无法提供足额的资金来支持流动性而导致损失的风险。流动性风险广泛地存在于各类企业当中，是在资产和负债的差额与期限不能完全对接时所发生损失的风险。互联网金融企业的流动性不足会对企业的生产、经营等活动产生不利甚至负面的影响,进而影响其互联网金融的多种支付方式,使赢利水平有下降的可能。

在P2P中专业放款人的资金流动性风险表现突出。在债权转让模式中,专业放款人先以自有资金放贷,然后把债权打包,以理财产品的形式转让出去,利用收回的资金重新进行放贷,快速循环,支撑业务的高速扩张。

在此过程中,一般都会有一个信用评估或贷款审核公司(以下简称辅助公司)与专业放款人配合,对借款人进行审核乃至对贷款进行管理,并因此向借款人收取一定的服务费、管理费。这笔费用多由专业放款人代收,以约定的周期与辅助公司结算(例如月结或季结)。结账周期之内,这笔资金沉淀在专业放款人手中,其可以接着用于放贷。通过账期的设置,扩大专业放款人的可放贷资金,再通过快速债权转让保持资金快速流动,加速膨胀,是许多P2P网贷平台维持高速规模扩张的重要路径,也是其超高净资产收益率的来源。

这一中间账户模式给关联的辅助公司带来了资金风险。如果专业放款人使用沉淀资金放出的贷款,在结账周期之内未能及时转让债权,这笔费用将无法及时支付给辅助公司而只能延期处理。在投资人资金充裕、债权开发速度较慢的情况下,这种风险实际发生的概率较低。但是一旦投资端出现停滞,债权转让困难,辅助公司将承受越来越严重的资金压力,账期的设置预计会越来越短。

即使资金供给充足,专业放款人也需要确定合理的放贷速度,使其与债权转让速度相匹配,避免中间账号中的资金量出现大幅波动。资金量过大,将造成资金浪费,增加寻找借款人的压力;资金量过小,则难以满足借款人的需求,对平台声誉造成不利影响。在代收费用之外,有的专业放款人还采用"砍头息"的办法,预收全部或部分利息,加快资金回笼。但是根据《中华人民共和国合同法》第二百条的规定:"借款的利息不得预先在本金中扣除。利息预先在本金中扣除的,应当按照实际借款数额返还借款并计算利息。"因此,"砍头息"并不受法律保护,若借款人因此主张重新计算利息,也会影响专业放款人中间账号资金量的变化,带来流动性风险。

(二) 市场风险

互联网金融服务提供商的资产价格因包括商品价格、利率、股票价格、汇率等在内的市场价格的变动而变动,导致的可能发生损失的风险称为市场风险。

市场风险是传统金融体系固有的风险。作为互联网技术与金融领域结合的产物,互联网金融的市场风险有其独特的一面。《互联网金融蓝皮书》指出,由于便捷性和优惠性,互联网金融可以吸收更多的存款,发放更多的贷款,与更多的客户进行交易,面临着更大的利率风险;互联网金融机构往往发挥资金周转的作用,沉淀资金可能在第三方中介处滞留两天至数周不等,由于缺乏有效的担保和监管,容易造成资金挪用,如果缺乏流动性管理,一旦资金链条断裂,将引发支付危机;网络交易由于交易信息的传递、支付结算等业务活动在虚拟世界进行,交易双方互不见面,只通过互联网联系,交易者之间在身份确认、信用评价方面就会存在严重的信息不对称问题,信用风险极大。

我国的互联网金融发展程度不高,大数据资源和大数据技术都没有跟上模式创新,现有多种模式偏离互联网金融核心。社会信用体系还处于完善阶段,较难依靠外界第三方力量对交易双方的信用状况进行准确评价。

以P2P为例,P2P网贷平台一般强制要求借款人提供基础资料,自愿提供财产证明、学历证明等详细信息。一方面,此类信息极易造假,给信用评价提供错误依据,交易者也可能故意隐瞒不利于自己的信息，导致 P2P 网贷平台在选择客户时处于不利地位；另一方面，P2P 网贷平台所获取的资料存在滞后性、片面性，不构成"大数据资源"。美国有完备而透明的个人信用认证体系，个人信用记录、社会保障号、个人税号、银行账号等材料可以充分验证借款人的信用水平；有多家独立、权威的信评公司通过高技术手段提供信用评分和信用管理服务，广泛地服务个人贷款客户以及小贷公司、银行等金融机构，因而美国的 P2P 网贷平台真正属于互联网金融模式，极具发展优势。

该蓝皮书认为，我国金融业要真正迈入互联网金融时代，必须依赖数据的大量积累和大数据处理能力的不断提升，解决信息不对称和信用问题，实现交易成本的大幅下降和风险的分散，提供更有针对性的特色服务和更多样化的产品，提高金融服务覆盖面，尤其是使小微企业、个体创业者和居民等群体受益。此外，信用体系建设是互联网金融机制体制创新的重要配套措施和组成部分，应完善社会信用体系，弥补互联网金融现有大数据资源的不足。同时，互联网信用体系是我国社会信用体系的有机组成部分，也应当成为社会信用体系建设的一个不可缺少的环节。

（三）利率风险

利率市场化是中国金融改革的下一个目标，互联网金融的出现无疑撕开了利率缺口。随着互联网金融的普及率越来越高，未来市场利率的不确定性势必会给其造成较大的风险。

五、法律及声誉风险

互联网金融作为一种创新的金融模式，并没有专门针对它的监管部门和法律条规，仅仅是按照现有的相关法律法规进行监督和约束，显然这些法律不能很好地适应发展迅速且模式复杂的互联网金融。相应政策的缺乏和法律的滞后，使得无论是投资者还是金融平台都面临着不确定的风险。另外，对于央行来说，这部分资金也不在监管的范围内，极有可能面临着洗钱的风险。具体来说，有以下几个方面。

（一）法律滞后风险

鉴于互联网金融出现的时间短以及发展的速度快，我国的相关法律法规处于一种滞后的状态，不能及时有效地实施相应的监管。现实中，当互联网金融服务提供商具有一定的实力后，会向客户承诺一系列保障措施。然而，由于网络交易环境自身的特征，一旦用户发现在互联网金融服务交易发生过程中出现资金损失或遭受欺瞒、诈骗等行为时，必然会引发纠纷诉讼，还有网络交易责任承担、电子证据认定等一系列法律责任问题。因此，互联网金融在我国发展，首先要关注宏观形势及金融政策和法律制度，切实防范法律风险，避免踏到红线。

（二）主体资格风险

当前，我国并未出台与互联网金融有关的法律法规，这使得该行业一直游离于金融服务行业与网络运营行业的"灰色地段"。主要表现为：第一，互联网金融机构从事的金融业务与传统金融机构极其相似；第二，该类企业并未得到证监会的正式认同和批准。由此看来，互联网金融服务的经营主体资格是否合法仍然在法律上存在很大的争议。

（三）虚拟货币风险

现实中，一些金融服务平台提供的虚拟货币在线上交易中承担着"硬通货"的角色。支付宝的财付通下面的 Q 币，就是其中最典型的例子。以前是作为游戏币来使用，现在也可以在财付通支付平台中实现支付功能。当前，蓬勃发展的互联网金融服务平台纷纷推出其自行设计并发行的虚拟货币,伴随着日渐增多的互联网金融服务应用,这在一定程度上促使其虚拟货币具有现金替代能力及广泛的支付能力。由此,必然引发国家、金融监管机构对虚拟货币更为严格的法律监管。不管最后的结果怎样,虚拟货币风险首先是给用户造成相应的损失。由于虚拟货币与实体货币并未发生关联,它的发行主体——各类金融服务平台,也必然会如实体银行一样,存在"大众挤兑"等金融风险。由此引发的直接后果是,虚拟货币的合法性亟须得到金融监管部门乃至政府的认可。

(四)网络洗钱风险

由于互联网金融系统的不完善,尽管实施了实名制规则,一些图谋不轨的分子仍然有可能将互联网发展成洗钱的重要渠道,并会为网络赌博等违法行为提供必要的资金支持。互联网金融服务具有虚拟性特征,这一方面为不法分子通过非法手段窃取用户在互联网上的金融账户信息提供了便利;另一方面在互联网金融平台上,不法分子还可以伪装成交易中的任何一方购买或售卖商品,从而给互联网用户造成可能的损失。

由于互联网金融服务商利用各类充值卡工具,为交易双方提供虚拟账户,并让其将资金打入该账户,从而为交易完成后的支付或转账做好准备,这为不法分子提供了活动的空间。如利用该方式,将资金的源头隐匿,从而达到转移资金、洗钱的目的。政府及金融监管机构应该对在互联网金融服务中防范洗钱风险给予高度重视。

(五)声誉风险

民间舆论可能对与互联网金融机构相关联的业务、客户等方面产生不利影响,此即声誉风险。它在一定程度上影响互联网金融服务中的业务交易往来,同时存在造成存量和潜在客户的损失的风险。由于金融服务平台在互联网上建立并运行,一旦发生信用或技术等风险问题,必然会在互联网上迅速传播开来。这意味着互联网会加速并加剧声誉风险,从而对互联网金融机构造成根本性的伤害,以致破产。

任务三 互联网金融风险的管控分析

任务描述

学生对互联网金融风险管控的相关理论知识进行学习和理解。

任务分析

进行相关知识的讲解学习和课堂互动。教师运用多媒体对相关知识进行讲解,学生听课、讨论和思考。

相关知识

一、互联网金融风险的形成原因

(一)互联网金融的交易主体缺乏管理经验

当前,由于我国互联网金融公司参差不齐,交易主体缺乏管理经验,如果管理团队、从业人员以及市场交易等任何一个环节出现变数，都可能导致公司运行出现问题。在业务实际运作过程中，有的电商经营者通过运用大数据、云计算等技术，再加上拥有庞大的固定消费群体，每一个交易行为都可记录、可分析，其对风险的判断能力会更强；但还有一些互联网金融从业者缺乏从业经验，没有风险控制管理常识，缺乏风险控制能力及良好的经营团队，这就成为这类公司发生风险的潜在因素。以 P2P 网贷为例，由于行业门槛低、监管缺失，大量人员纷纷涌入，一时间网贷公司遍地开花，但实际情况如何呢？淘宝贷、优易网、安泰卓越等网贷公司先后曝出"跑路"事件，2013 年 4 月，由于整个团队经验的缺失，在开展业务时没有把控好风险，上线不足一个月的众贷便宣告破产。

（二）社会信用体系不够健全

由于与互联网金融相关的社会信用体系不健全，获取和共享企业及个人的征信信息是当前信用体系建设面临的最大难题。目前，在社会信用体系数据库建设过程中，从央行的征信中心、工商局的中小企业中心等部门获取的征信信息，难以涵盖企业、个人等主体完整、具体、有效的经营活动，其作用也非常有限，使整个互联网金融平台蕴含着大量的金融风险。在多年信用管理系统的实践中发现，互联网无法完全替代传统的信用评估、风险管理，仅凭互联网上的信息和交易是不够的。在当前互联网金融业务发展环境中，业务背景未能与实体经济对接，对个人信息未能实施有效保护，面对几千万小微企业主、贫困群体，纯粹依靠虚拟世界的信息去做风险评估不太可能。近年来，小规模的个人信息泄露违反了商业道德；如果上升到战略高度，大规模的个人信息泄露可能危及国家安全。

（三）网络系统数据的真实性、保密性、可靠性存在一定问题

互联网金融具有便捷的特征，一些从事互联网金融业务的小公司，一味贪图简单、方便，在系统技术不健全、网络技术安全存在隐患、相关数据库的可靠性无法得到有效保障的情况下跟风开展业务，加之当前监管缺位，极容易造成数据丢失、交易者个人信息泄露，甚至被出卖等风险的发生。

（四）违法违规的现象有所凸显

由于立法滞后，监管缺位，准入门槛过低，从事相关业务无须相应金融监管部门的批准，导致行业内部鱼龙混杂、机构水平参差不齐。比如，据媒体报道，某创业企业通过电子商务平台发售公司股份，存有非法集资的嫌疑；某个人通过网银、第三方支付发售彩券，抽奖，是一种事实上的博彩行为。

二、互联网金融风险防范与管控措施

互联网金融涉及的平台、用户、市场十分广泛，需要对其进行规范，防范潜在风险，促进互联网金融健康发展。

（一）加快立法进程，建立和完善相应的法律法规

应尽快出台互联网金融风险防范的法律规范，逐步形成与国际接轨、促进互联网金融发展的法律体系。一是明确商家、消费者、第三方支付系统等电子交易各方的权利与义务，确保权责对等，规范交易者之间的交易活动，加强资金管理，限制资金流向和用途，切实保障交易当事人的合法权益。二是制定数字证书、数字签名、电子证据、电子合同等电子信息管理细则，明确互联网金融机构维护电子数据，确保数据信息真实、完整的责任，并要求其对

数据信息做好备份，长期保存，严禁篡改、伪造、销毁交易记录及客户资料、系统日志等电子数据。

（二）完善社会信用体系，加快互联网金融配套征信系统的建设

要加快征信系统建设，确保系统建设进度与互联网金融发展匹配。一是以创新征信手段为契机，将互联网金融平台产生的信用信息纳入企业和个人信用数据库采集范围，为互联网金融提供服务，建立覆盖全社会的全面、真实的征信系统数据库。二是将在互联网平台从事电商经营的企业适时运营数据，个人信用卡使用、纳税、法院、公安、社保、交通违法等多方面的信息，纳入数据库管理，形成行业内部征信系统，并与整个外部征信系统进行有效对接，开放与共享相关信用数据，为客观评价企业和个人信用提供良好的数据保障。三是通过线上线下途径核实客户身份，在全面审查的基础上对借款人做出信用评价，共享存在不良信用记录的借款人信息，完善客户信用评价机制。

（三）关注消费者群体，构建互联网金融消费者保护机制

要加大互联网金融消费宣传力度，加强对金融消费者权益的保护。一是构建消费者保护协调合作机制。结合互联网金融跨行业、跨区域交易实际，加强跨行业、跨区域的协调合作，确实使互联网金融消费者权益受到保护。二是畅通互联网金融消费纠纷解决渠道。打造专门调解互联网金融纠纷的平台，降低纠纷双方的纠纷解决成本，有效畅通互联网金融纠纷解决渠道。三是积极开展互联网金融消费宣传教育。充分利用报刊、广播、电视、网络等各种媒介平台，将互联网知识和金融知识充分结合，开展全方位、多角度的金融消费者教育，提高互联网金融消费者的风险意识和自我保护能力。

（四）统一监管标准，完善互联网金融监管机制

要建立统一完善的互联网金融交易监管体系，确保充分包容创新、监管到位。一是明确互联网金融的监管职能，重新梳理各类互联网金融的业务范围，对互联网金融机构和金融业务的监管主体予以明确。二是加强互联网金融现场监管。结合互联网金融业务的特点，明确非现场监管对象，对注册资本、组织结构、人员资质等方面设置行业准入标准，完善行业运营监管办法，从业务经营的合法合规性、资本充足性、资产质量、流动性、赢利能力、管理水平和内部控制等方面，构造一个符合网络金融生存发展的金融监管检测指标体系和操作系统。三是要建立互联网金融风险监测和预警机制。加强对该行业的研究和监测，实时监控互联网金融相对密集的行业技术、众多参与人员流动及跨区域发展背景等内容，制定配套的应急处理机制，完善风险预警机制。四是要加强国际监管协调。加强国际金融监管合作，明确互联网金融对地域、准入条件、交易主体、业务范围等概念的区分，统一监管跨国性互联网金融交易行为，逐步建立统一的国际监管协调机制。五是建立合理的互联网金融市场退出机制。细化互联网金融市场退出管理标准和流程，明确交易主体在经营过程中出现重大风险、严重亏损、重大违法违规活动、被依法吊销营业执照终止运营等情况时，应当有义务采取合法有效措施继续履行交易合同，并按照市场推出原则告知客户相关事宜，切实保护交易主体的合法权益。

三、促进我国互联网金融发展的建议

（一）完善互联网金融立法，促进互联网金融发展

从西方发达国家探索出的一套经验做法看，各国普遍重视将互联网金融纳入已有的法律

框架内,并强调互联网平台必须严格遵守已有的各类法律法规。而目前的《中华人民共和国商业银行法》《中华人民共和国证券法》《中华人民共和国保险法》均无法单独对互联网金融形成约束,建议国家立法机关考虑修改上述法律,以及《中华人民共和国刑法》《中华人民共和国公司法》等法律中的部分条款,并出台有关司法解释,依法严厉打击金融违法犯罪行为,为互联网金融创造宽松的法律环境。此外,在条件成熟的情况下,可适时研究制定针对互联网金融业务的新法规,以立法的形式进一步明确互联网金融中交易双方的权利和义务,为交易纠纷仲裁提供法律依据。

(二) 强化互联网金融监管,防范互联网金融风险

要建立监管协调机制与分类监管机制相结合的监管框架,提高监管的针对性和有效性。一是建立互联网金融监督管理委员会。应考虑由央行牵头,银监会、证监会、保监会、财政部、国务院法制办、工信部等部门参与,联合组建国务院下属的全国互联网金融监督管理委员会,全面负责互联网金融行业的监管,制定互联网金融业务相关监管规定,确保监管的专业性和全面性,并且建立稳定的交流合作机制和信息共享机制,防止系统性金融风险的发生。二是充分发挥行业自律的引领作用。中国支付清算协会互联网金融专业委员会应在互联网金融发展过程中积极发挥引领作用,参与自律组织的75家机构要加强内控建设,不断提升防范风险和安全经营能力,在自律组织中明确自己的职责,以此促进行业的规范发展。三是建立分类监管机制。建议参考针对比特币的监管办法,对互联网金融涉及的其他业务采取不同的监管措施。如涉及民间借贷行为的,要求互联网企业对资金来源、资金运用、资金担保、风险处置等作明确规定;针对理财行为可按符合客户利益和风险承受能力的原则,制定《互联网理财条例》进行监管;针对P2P行业要尽快出台独立具体的监管细则,成立专门的部门或组织独立负责。四是强化属地监管。2014年3月13日,央行下发紧急文件暂停支付宝、腾讯的虚拟信用卡产品,同时暂停的还有条码(二维码)支付等面对面支付服务。线下条码(二维码)支付突破了传统终端的业务模式,其风险控制水平直接关系到客户的信息安全与资金安全。虚拟信用卡突破了现有信用卡业务模式,在落实客户身份识别义务、保障客户信息安全等方面尚待进一步研究。基于此,中国人民银行支付结算司要求中国人民银行杭州中心支行支付结算处及时向支付宝公司提出监管意见,要求其立即暂停线下条码(二维码)支付、虚拟信用卡有关业务,采取有效措施确保业务暂停期间的平稳过渡。此外,还要求中国人民银行杭州中心支行支付结算处遵循监管原则,要求辖区内商业银行、支付机构在推出创新产品与服务、与境外机构合作开展跨境支付业务时,应至少提前30日履行业务报备义务。

(三) 建立互联网金融风险防控机制,提高风险预警能力

一是严把准入环节。要求从事互联网金融业务的企业进行申报,明确规定申报条件和所需资料,获得监管部门批准后,方可正式营业。二是建立信息披露制度。要求互联网金融企业建立对资本充足率、流动性、交易系统的安全性、客户资料的保密与隐私权的保护、电子交易记录的准确性和完整性等信息资料进行独立评估报告的备案制度;要求互联网企业向客户提供每一笔交易的信息,使客户可以方便地查询投资进度和拥有的资产状况;要求借贷双方要标明利率、期限等要素,对合同的订立、履行、终止以及债务追偿、司法介入作详细规定。三是建立风险评估系统。建立能够全面动态评价互联网金融风险、实现分类监管的风险评估系统。设定预警指标,建立风险评价模型,确定各指标的风险区间和临界值;从审计、

管理、发展成果等方面综合测算互联网风险，并对风险划分等级，根据从高到低的风险程度进行监督管理。

(四) 加快信用体系建设，提高消费者风险防范意识

国外互联网金融特别是互联网借贷的快速发展，与其较为健全的信用评级体系关系紧密。在当前我国信用体系较为依赖不良信息记录的情况下，互联网金融投资者可以依照不良信息的存在与否决定是否投资，但很难通过不良信息的多寡有无定量判断投资风险。因此，应建立多层次的信用评级体系，建立大数据分析系统，逐步推出信用评级机制。我国可将在P2P网贷平台业务开展中产生和采集、查询到的大量信息数据，经本人同意后提供给征信机构，在征信机构与P2P网贷平台之间建立起完整的信息共享数据库，对信息的提供和使用进行规范化管理。征信机构通过整合与管理相关的各类信息，建立起良好的信息管理系统和严格的安全管理制度体系。互联网金融企业可通过征信机构的数据全方位评估借款人信用情况，快速解决信息失灵问题。另外，要引导互联网金融消费者正确使用互联网平台，提高风险防范意识和维权意识，构建金融消费者权益保护的长效机制。

(五) 加强消费者权益保护，促进互联网金融的良性竞争

互联网金融给金融消费者的权益保护带来的挑战，主要集中在身份认证和资金监管方面。应进一步明确数字签名的法律效力，增强网络账户的安全性，防范制式电子合同包含侵犯客户权益的不合理条款。对于大额客户资金应当通过银行等金融机构进行第三方托管，保证客户资金安全。对于资产和业务比重较大、具有较高重要性的互联网金融企业，应对其资金配置方向有所限制，控制其高风险资产的余额、比例和集中度。对于集中社会资金较多、资金来源较为广泛的互联网金融企业，监管部门应对其信息披露制定义务性规定，使其客户充分知晓企业资金运用的风险水平。互联网金融企业对于客户的身份、财产、投资偏好等重要信息应加强保密管理，对泄露客户信息造成严重后果的，应处以罚款并限制其经营公众业务。此外，要促进互联网金融的良性竞争。互联网金融具有行业门槛低、经营方式灵活且容易复制的特点，新的参与者和参与形式不断出现，竞争相对激烈。因此需对竞争手段进行规范，鼓励互联网金融企业进行业务模式创新，并对创新的业务模式设立合理的保护期，防范同质化的过度竞争。同时，提高互联网金融从业者的金融知识素养和风险防范意识，积极建设发展多层次资本市场，丰富互联网金融企业的资产配置渠道，扩大互联网资本来源，为互联网金融企业的发展壮大提供有利的资本成长环境。

立体化阅读

透过"e租宝"事件　看互联网金融现状

项目小结

本项目阐述了互联网金融风险的特点，对互联网金融的各种风险成因进行了分析，在此基础上，介绍了相对应的风险评价方法，并对互联网金融风险控制的风险要素、方式以及理念都进行了阐述。最后，以我国为例，给出了建议，可以使学生更好地理解互联网金融在实际中的表现形式。

互联网金融风险包括互联网技术方面的风险、互联网金融业务方面的风险和互联网法律政策方面的风险。互联网金融风险具有并存性、多样性、虚拟性、超越性和速发性。从具体风险类型看，对不同的互联网金融风险应采取不同的控制方法。

课后思考题

1. 互联网金融风险的特点有哪些？
2. 列举互联网金融风险类型。
3. 阐述互联网金融的典型风险。
4. 概述互联网金融风险的宏观环境以及未来风险控制理念。

参 考 文 献

[1] 许伟,王明明,李倩. 互联网金融概论[M]. 北京:中国人民大学出版社,2016:41-45.

[2] 唐勇,赵涤非,陈江城. 互联网金融概论[M]. 北京:清华大学出版社,2017:30-36.

[3] 冯科,宋敏. 互联网金融理论与实务[M]. 北京:清华大学出版社,2016:84-92.

[4] 宁小军. 一本书搞懂互联网金融:图解版[M]. 北京:化学工业出版社,2016:24-36.

[5] 周雷. 互联网金融理论与应用[M]. 北京:人民邮电出版社,2016:76-82.

[6] BR互联网金融研究院. 互联网金融年鉴2014-2016[M]. 北京:中国经济出版社,2017:62-70.

[7] BR互联网金融研究院. 互联网金融报告[M]. 北京:中国经济出版社,2017:43-51.

[8] 谢平. 互联网金融手册(精装)[M]. 北京:中国人民大学出版社,2014:14-22.

[9] 谢平. 金融互联网化:新趋势与新案例[M]. 北京:中信出版社,2017:97-102.

[10] 曹国岭,陈晓华. 互联网金融风险控制[M] 北京:人民邮电出版社,2016:101-112.

[11] 谢平,邹传伟大. 中国金融改革思路:2013—2020[M]. 北京:中国金融出版社,2017:25-35.

[12] 胡世良. 互联网金融模式与创新[M]. 北京:人民邮电出版社,2015:33-39.

[13] 史浩. 互联网金融支付[M]. 北京:中国金融出版社,2016:55-60.

[14] 郭勤贵. 互联网金融商业模式与架构[M]. 北京:机械工业出版社,2014:44-51.

[15] 宋玲. 互联网金融年鉴[M]. 北京:经济管理出版社,2016:79-86.

[16] 刘向南,坚鹏. 互联网金融路线图[M]. 北京:清华大学出版社,2017:66-75.

[17] 封北麟. 中国互联网金融:发展、风险与监管[M]. 北京:中国财政出版社,2017:11-30.

[18] 苏保祥. 互联网金融实践与创新[M]. 北京:中国金融出版社,2015:66-75.

[19] 刘伟毅. 互联网金融:大数据时代的金融革命[M]. 北京:中国经济出版社,2014:83-94.

[20] 艾瑞咨询. 2016年中国互联网金融发展报告[R]. 2016:2-30.

[21] 胡吉祥,吴颖萌. 众筹融资的发展及监管[J]. 证券市场导报,2013,12:60-65.

[22] 宫晓林. 互联网金融模式及对传统银行业的影响[J]. 南方金融,2013,5:86-88.